人物叢書

新装版

徳川秀忠《とくがわひでただ》

山 本 博 文

日本歴史学会編集

吉川弘文館

徳川秀忠像（天崇寺所蔵，上越市立歴史博物館提供）

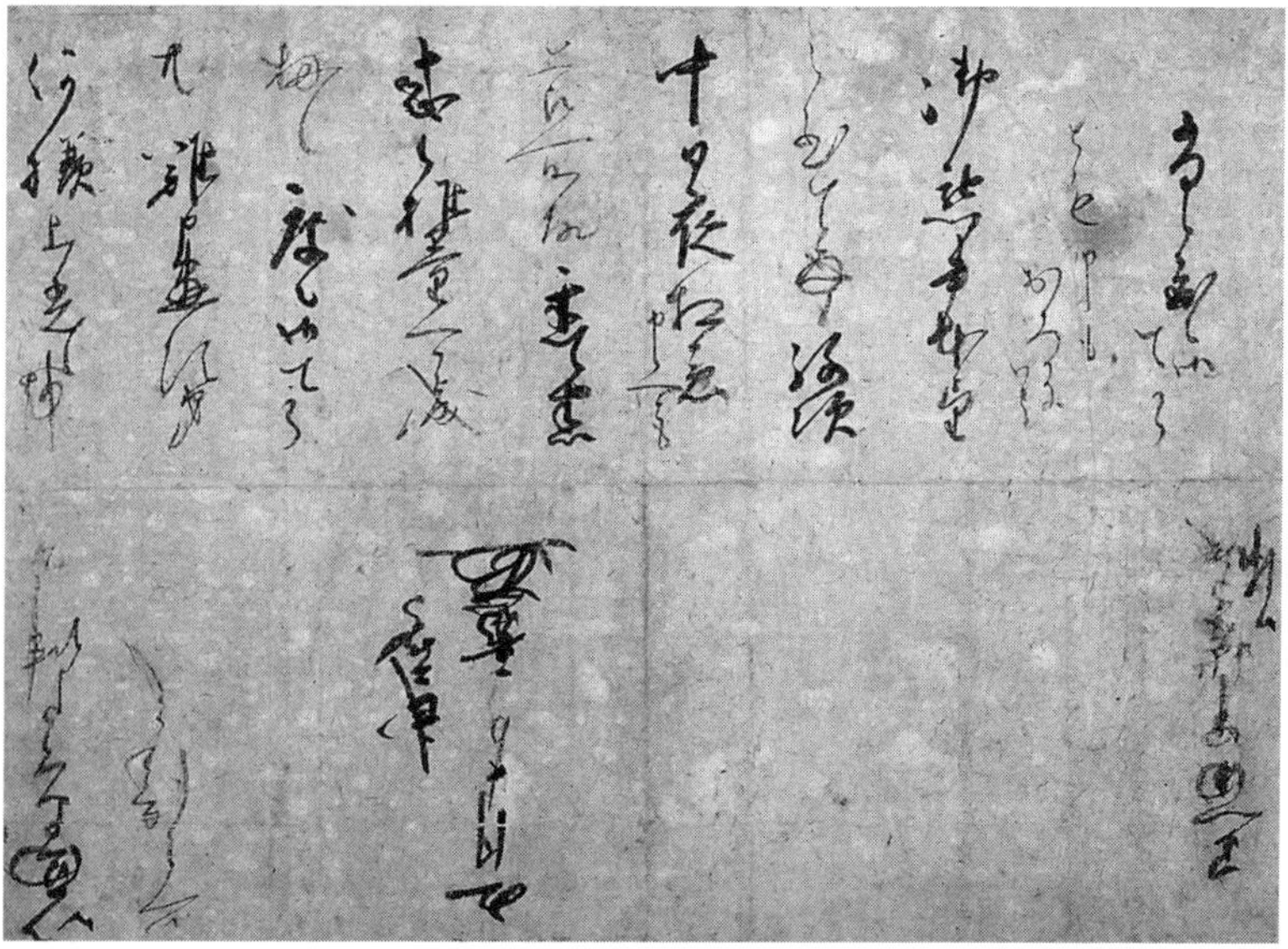

黒田長政宛徳川秀忠自筆書状

（〈慶長５年〉９月20日付け，福岡市博物館所蔵，画像提供：福岡市博物館／DNPartcom）

はしがき

徳川秀忠は、江戸幕府第二代将軍である。

江戸幕府を開いた父家康と「生まれながらの将軍」で息子の家光の間にはさまれ、従来から影の薄い将軍と見られてきた。幕府の正史である「台徳院殿御実紀《たいとくいんでんごじっき》」（付録巻一）でさえ、次のように書いている。

兄の信康《のぶやす》や秀康《ひでやす》、あるいは同母弟の忠吉《ただよし》が、家康の血を引いて武功雄略に勝れていたのに対し、秀忠は、幼い時から仁孝恭謙《じんこうきょうけん》の徳が備わり、なにごとも家康の意に背かず、いささかも縦恣《じゅうし》（勝手気まま）の挙動がなかった。そのため、仁柔に過ぎると思う者もあったという。

戦国武将にとって、武功は第一の要件である。それが備わっていないと考えられた秀忠は、徳川家の跡取りとして育てられながら、関ヶ原合戦に遅参したためその資質が問題にされたというエピソードなど、屈辱的な評価がなされたこともあった。

家康は、ある時、側近の本多正信《ほんだまさのぶ》を召し、「秀忠はあまり律儀すぎる。人は、律儀のみではならぬものだ」と言った。正信は、これを秀忠に伝え、「殿もたまには嘘をも仰せられるのがよいのでは」と言ったところ、秀忠は笑って、「父君の嘘はいくらでも買う者がいる。自分は何事もなしとげたことがないので、嘘をついても買う者はあるまい」と言ったという（「台徳院殿御実紀」付録巻二）。素直で誠実だが勇猛さや大胆さに欠けるというのが、伝統的な評価だったことがわかる。

しかし、幕府制度は、秀忠の時代に大きく方向づけられた。たとえば、年寄《としより》（後の老中《ろうじゅう》）が合議して政務を行う体制は秀忠時代に確立されたし、中国船以外の外国船の入港地を長崎と平戸《ひらど》に限定したのは、家光が行った「鎖国《さこく》」政策の前提となる。

大名統制の上では、元和《げんな》五年（一六一九）に居城の無断修築を理由に福島正則《ふくしままさのり》を改易《かいえき》した。有力な豊臣大名だった正則の改易は、諸大名に衝撃をもって受け止められた。元和八年には御家騒動《おいえそうどう》のあった最上家《もがみけ》を改易し、同時に家康の側近で年寄として使っていた本多正純《まさずみ》も改易、さらに兄秀康の子松平《まつだいら》忠直《ただなお》も豊後に配流している。

これらの事件を詳細に検討すると、非常に慎重な姿勢で行っており、家康のように強引で理不尽な処置はとっていない。しかし、必要とあれば果敢な決断をなしたことがわかる。

高木昭作氏は、秀忠時代の大名改易が家康・家光の時代と遜色ないことなどを理由に秀忠の再評価を試みた(「江戸幕府の成立」)。また、朝尾直弘氏も同様に、「秀忠の政治は意外に豪毅果断な側面が認められる」(『日本の歴史一七　鎖国』)と述べ、さらに元和六年の徳川和子《まさこ》(秀忠の五女)入内《じゅだい》あたりを契機に「将軍権力」が朝廷から独立し、「史上はじめて制度的基礎を確立した」と評価している。その後の研究は、この両者の研究を踏襲する形で進んできた。

個別の論点では、江戸幕府年寄本多正純の改易や土佐藩の藩政改革などを検討した高木昭作氏の一連の研究(『日本近世国家史の研究』所収)があり、年寄連署奉書《れんしょほうしょ》や江戸幕府領知宛《あて》行制《がい》を検討した藤井譲治氏の研究(『江戸幕府老中制形成過程の研究』『徳川将軍家領知宛行制の研究』)、関ヶ原合戦や福島正則の改易を検討した笠谷和比古氏の研究(『近世武家社会の政治構造』『関ヶ原合戦と近世の国制』)、御家騒動を検討した福田千鶴氏の研究(『幕藩制的秩序と御家騒動』)などの優れた研究が積み重ねられてきた。

外交関係については、定評のある概説である岩生成一氏の『日本の歴史一四　鎖国』以後、加藤榮一氏の『幕藩制国家の形成と外国貿易』、永積洋子氏の『平戸オランダ商館日記』『朱印船』などの研究が積み重ねられている。

なお、秀忠の年譜や血縁関係に関しては、福田千鶴氏の『徳川秀忠』が詳しい。筆者も、秀忠政権時代の政治史について、細川忠興《ほそかわただおき》・忠利《ただとし》父子の往復書状の分析から、『江戸城の宮廷政治』を書いている。

このほか、この時代に関する個別研究は数多いので、関係するところでそのつど紹介していく。

本書では、これらの諸研究に学びながら、秀忠の生涯をたどるとともに、秀忠独自の各政策を分析し、秀忠という人物の本質に迫りたいと思う。

なお、史料の引用は、重要な史料については書き下し文にして二字下げで引用し、比較的難解と思われる史料には現代語訳を付した。本文中に史料を引用する際は、現代語訳して掲げるか、ごく短く書き下し文にして掲げた。

頻繁に引用する東京大学史料編纂所編『大日本古文書（家わけ）』は「家わけ第八　毛利《もうり》家《け》文書之一」を『毛利家』一、同『大日本近世史料　細川家史料一』は『細川家』一などと略称した。中村孝也氏の『新訂　徳川家康文書の研究』（上巻・中巻・下巻之一・下巻之二）は『家康文書』、『大日本史料』第一二編は『史料』一二とし、引用史料を〔光豊公記〕のように明記した。

また、『新訂増補国史大系　徳川実紀』については、「台徳院殿御実紀」「大猷院殿御実紀」のように元の題名で引用し、『徳川実紀』の書名は省略した。『徳川諸家系譜』所収の各種家譜については、「徳川幕府家譜」のように細目で引用し、『系譜』一というように出所を明記した。『十六・七世紀イエズス会日本報告集』も同様で、「一六〇五年の日本の諸事」のように細目で引用し、『イエズス会』Ⅰ―五と出所を明記した。

二〇一九年九月

山本博文

目次

口　絵

徳川秀忠像

黒田長政宛徳川秀忠自筆書状

挿　図

第一　徳川家の跡取り

一　秀忠の誕生

誕　生

秀忠は、天正《てんしょう》七年（一五七九）四月七日、三河・遠江を領していた戦国大名・徳川家康の三男として遠江国浜松城《はままつじょう》に生まれた。

幼名は、「徳川幕府家譜」（『系譜』第一）では「童名《どうみょう》を長松《ちょうまつ》君、のちに竹千代《たけちよ》君と号した」とするが、天正十七年と推定される九月十七日付けの徳川家康書状に「長丸上洛之儀」と書いていることから、「長（丸）」だったことがわかる。秀忠は翌年元服するので、秀忠が「竹千代」と号した時期はなく、家康の世嗣として正統性を高めるために、竹千代と改めたことにしたのだろう（福田千鶴『徳川秀忠』）。

母・西郷局

母は、戸塚五郎太夫忠春《とづかごろうだゆうただはる》という者の娘で、最初はお愛の方といい、後に西郷局《さいごうのつぼね》と称された。

お愛は、まだ幼少の頃、兄戸塚忠家《ただいえ》が討ち死にし、母に連れられて祖父西郷弾正左《だんじょうざ》

宝台院（西郷局）墓（静岡市）

衛門尉正勝《えもんのじょうまさかつ》のもとに保護された。その後、正勝の嫡孫右京進義勝《うきょうのしんよしかつ》と結婚した。しかし、その義勝も討ち死にしたため、藤正尚《ふじまさなお》（初名・服部《はっとり》平太夫《へいだゆう》、簑笠之助《みのかさのすけ》とも言う）という者の屋敷にいた母の元に身を寄せた。

天正六年、家康が正尚の屋敷を訪れた時、お愛を見初め、そのまま浜松城に連れ帰った。お愛は、伯父・西郷左衛門尉清員《きよかず》の養女となり、家康の側に仕えた。その後、家康の指示で西郷局と名前を改めた。

西郷局は、天正七年四月に秀忠を産み、同八年九月には忠吉《ただよし》を産んだ。この頃は、家康に愛されたが、天正十年頃からは、新たに下山《しもやま》の方（妙真院殿《みょうしんいんでん》）が家康の側近く仕え、天正十一年九月十三日、五男信吉《のぶよし》を産む。

下山の方が仕えるようになってから、西郷局は子どもを産むことなく、天正十七年五月十九日、駿府《すんぷ》で死去した（法名は竜泉院殿《りゅうせんいんでん》、のち宝台院殿《ほうだいいんでん》と改号）。享年二十八（一説に三十）

だったという。家康の寵愛を受けたのは、わずか四年ほどのことだった。

長兄信康の死

秀忠が誕生した時、家康の跡取りには長男で岡崎城《おかざきじょう》主だった信康《のぶやす》がいた。ところが同じ年、徳川家にとっては大事件が起こる。信康が切腹するのである。

信康の生母は、家康の正室で今川氏《いまがわし》の一族関口義純《せきぐちよしずみ》の娘築山殿《つきやまどの》である（浅倉直美「天文〜永禄期の北条氏規について」）。築山殿の母は、今川義元《よしもと》の妹とも伯母とも伝えられ、この縁組みは、今川義元の計らいで実現したものだった。義元は、自分の血縁につながる娘を、駿府に暮らしていた家康に与えたのである。信康の誕生は、永禄《えいろく》二年（一五五九）三月六日で、幼名は家康と同じ竹千代だとされる（「徳川幕府家譜」『系譜』一）。

翌三年五月、義元は、桶狭間《おけはざま》の戦いで信長に討ち取られた。松平家の当主として出陣し、最前線の大高城《おおだかじょう》に兵糧を搬入していた家康は、これを機会に岡崎城に帰り今川家から独立を図ろうとした。信康は、いまだ母とともに今川氏の居城である駿府城《すんぷじょう》にいたが、同五年、家康は人質交換を行い、築山殿と信康を岡崎城に引き取った。

翌六年三月、竹千代は信長の五女徳姫《とくひめ》と婚約した。まだ五歳であるから、これは信長と家康の同盟のあかしである。家康は、この時、元康から家康に改名し、今川家からの独立を明確にした。松平から徳川に改姓するのは、永禄九年末のことである。

信康と徳姫は、永禄十年五月に結婚した。元亀《げんき》元年（一五七〇）八月二十八日、信康は元服して岡崎次郎三郎《おかざきじろうさぶろう》信康と名乗った。烏帽子親《えぼしおや》は信長で、「信」は信長の一字である。

信康は、父家康や妻徳姫との折り合いが悪かった。また信康は、武田勝頼《たけだかつより》との内通が疑われていた。徳姫が手紙で信長へそれを書き送ったため、信長は信康を切腹させるよう家康に命じ、家康はそれに従わざるを得なかったとされる（『三河物語』）。しかし、尊経閣文庫《そんけいかくぶんこ》の『安土日記』や『当代記《とうだいき》』は、信康の切腹は信長が命じたものではなく、家康の意志だったとする。原因は、信康の家来である岡崎衆のクーデター未遂と推測されている（谷口克広『信長と家康』）。

天正七年八月四日、岡崎城を出された信康は、九月十五日、切腹させられた。母の築山殿も小藪村《こやぶむら》で殺害された。

次兄秀康

秀忠の次兄秀康《ひでやす》は、天正二年二月八日に生まれた。母はお万《まん》（小督局《こごうのつぼね》）と言い、永見《ながみ》志摩守吉英《しまのかみよしひで》という者の娘であった。永見は、三河の池鯉鮒《ちりゅう》明神《みょうじん》の社人（神主）だとされる。

お万は、幼い頃から築山殿に仕えていた侍女だったので、身ごもったことを知ると密かに浜松城を出て、本多作左衛門忠勝《ほんださくざえもんただかつ》を頼ったとされている。こうして秀康は城外で生まれ、しばらくは家康に対面もかなわなかった。不憫に思った信康は、家康が岡崎城を訪れた機会に、秀康も岡崎城に呼び、父との対面を果たさせた。

こうした事情で、秀忠は秀康の五歳年少の弟ながら、生まれた時から家康の跡取りとされていた。

二　秀吉と秀忠

秀康は秀吉の養子に

天正十二年（一五八四）、小牧《こまき》・長久手《ながくて》の戦いの講和の時、家康は、秀吉の求めに応じて、秀康（当時はまだ於義丸《おぎまる》）を秀吉の養子として大坂に行かせることにした。

しかし、家康と秀吉の関係を考えた時、嫡子の秀忠が上洛していないことは、家康が完全には秀吉に従った形になっていないことを示している。これは、両者にとって不安材料だった。天正十七年九月一日、秀吉が諸大名に妻子上洛令を出すと（『多聞院日記』）、家康はその機会に十一歳の秀忠を上洛させることにした（片山正彦「豊臣政権の対北条政策と『長丸』の上洛」）。

秀忠の上洛に先立って秀吉は、北条氏攻めを談合するため、家康に「馬十騎計にて」急いで上洛するよう命じた。上洛した家康は、明年正月二十八日の出馬を命じられ、すぐに駿河に向かった。一方、上洛するはずだった秀忠は、「幼少であり遠路は困難だろうから」と秀吉から上洛を止められ、途中に逗留していた。これを知った家康は、十二月二十八日付け書状で「さたのかぎり」とし、「ふかくこ《(不覚悟)》者と上様にも見かき《(限)》られ候ハんと存じ候、早々上洛有るべく候」と叱責した（福田千鶴『徳川秀忠』）。

娘督姫を秀吉と敵対する北条氏直の室としている家康にとって、秀忠の上洛は秀吉への忠誠を示す重要な証しだった。いかに秀吉から好意的な申し出があったとしても、それは受け入れてはならないものだったのである。

翌年正月三日、秀忠は浜松城を発ち、五日から九日まで岡崎城に逗留、十三日に京都に着いた。供奉《ぐぶ》したのは、井伊直政《いいなおまさ》・酒井忠世《さかいただよ》・内藤清成《ないとうきよなり》・青山忠成《あおやまただなり》である。秀吉からは長束正家《なつかまさいえ》が迎えに派遣された。

秀忠聚楽第で秀吉に拝謁

十五日、秀忠は聚楽第《じゅらくてい》に登城し、秀吉に拝謁した。秀忠の上洛は、家康が完全に秀吉に服属した象徴だったから、秀吉は大喜びだった。孝蔵主《こうぞうす》が秀忠を奥に連れていき、秀吉の母大政所《おおまんどころ》が自ら秀忠の髪を結い改め、秀吉は秀忠の頭に櫛《くし》を入れ調えてやった。着物や袴などもすべて新しいものを秀吉方で用意していて、秀忠に着せた。そして奥から秀忠の手を引いて表に出て、井伊直政ら供奉の者に言った（「台徳院殿御実紀《たいとくいんでんごじっき》」巻一）。

大納言《(家康)》にはよき子をもたれ、年のほどよりもおとなしく、さぞよろこばるべし、田舎風をかへて都ぶりに改め返すなり。大納言《だいなごん》にもさぞ待ちかねらるべきに、いそぎ帰国あるべし、秀吉に拝謁した秀忠は、徳川家の正当な跡取りとして認められた。秀康は、この年八月六日、関東の名族結城晴朝《ゆうきはるとも》の養子となり、結城家を継いだ。

最初の縁組

奈良・興福寺《こうふくじ》大乗院《だいじょういん》の僧侶である多聞院英俊《たもんいんえいしゅん》は、次のように書いている（『多聞院日記』）。

御本所御チヤセン（織田信雄）の息女小姫《おひめ》君と云う、当年六才、関白《かんぱく》殿の養子にて二三才の時より御育て也。今度去廿一日か、家康の世継の子御長殿（秀忠）と云う一三才、これと受（聚）楽においで祝言これ在ると云々。関東存分においては、ケワイ（化粧）料に三ケ国遣わさるべきの由也と云々。事々敷祝言の様也と、松林院の得業《とくぎょう》語られ了。

〔現代語訳〕織田信雄《おだのぶかつ》の息女の小姫は、現在六歳、二、三歳の頃から秀吉殿の養女として育てられていた。今度、さる二十一日かに家康の嫡子《ちゃくし》の御長殿という十三歳の者と、聚楽第で祝言をあげたということだ。関東の北条氏《ほうじょうし》を滅ぼせば、化粧料として三ヵ国を遣わされるということです。たいへん大規模な祝言の様子だったと松林院の得業が語られました。

小姫が、秀忠と聚楽第で縁組の祝言をあげたことが記されている。小姫は、織田信長の次男信雄の六女で、秀吉の養女となっていた。秀吉は小姫をたいそうかわいがっていたという。日付や秀忠の年齢に相違があるのは、これを書いた英俊が奈良におり、秀忠もこの時はまだあまり中央では知られていなかったことを考えれば、やむを得ない間違いである。秀忠が十二歳、小姫は六歳だったから、家柄といい年齢といい釣り合いのとれた縁組である。

当時は、まだ幼時のうちに縁組が決まることも珍しくない。秀吉が、最も気を遣った家康の嫡男である秀忠に、養女との縁組を結ばせたことは自然なことである。小姫は信長の孫であり、長く信長と同盟関係にあった家康の跡取りの相手としていかにもふさわしい。

ただ、秀忠がまだ十二歳（『多聞院日記』では十三歳とされている）ということで、「事々敷祝言」が行われたといっても、実質的な結婚はまだ先のことである。婚姻関係を結ぶということは人質の意味もあり、当時の慣習から言って小姫は秀忠とともに駿府に赴くことが一般的であるが、豊臣家との力関係からか小姫はなお聚楽第本丸《ほんまる》で秀吉の手元で育てられていた。

同年二月に始まった小田原《おだわら》攻めでは、相模国湯《ゆ》ノ本《もと》に着いた秀吉が、諸将を集めて酒宴を開き、軍議もあった。この時、秀吉は家康に、秀忠を呼んでこの大軍を見せてやれ、と言った。招かれて急いで出頭した秀忠に対し、秀吉は、自らの甲冑《かっちゅう》を取り出して秀忠に着せてやり、「わが武運にあやからせ給え」と言って、その背中を何度も撫でたという（「台徳院殿御実紀」付録巻二）。編纂史料ではあるが、秀吉は諸大名の嫡子を自らの側近くに仕えさせ、厚意を示すことが多かったから、こうしたことがあっても不思議ではない。

縁組の破談

小田原攻めで北条氏が滅亡すると、家康には後北条氏が領していた関東が与えられ、家康の領地には織田信雄が入るよう命じられた。しかし、信雄がそれを固辞したため、秀吉の勘気《かんき》を蒙り、領地を奪われ、下野国那須《なす》郡にわずか二万石を与えられて隠居に追いやられる。このため、秀忠と小姫との縁談も破談となったようである。小姫は、天正十九年七月九日、わずか七歳で没している（「時慶卿記《ときよしきょうき》」『史料』一二―二九）。

「秀忠」と名乗る

この年十一月、秀忠は再び上洛した。秀吉は、秀忠のために従四位下侍従《じじゅう》叙任を執奏した。叙任されたのは天正十八年十二月二十九日で、侍従任官、いわゆる「公家成《くげなり》」の儀式が行われた。しかし、名乗り（実名《じつみょう》）が決まらなかったため、宣旨《せんじ》が実際に発給されたのは天正十九年正月二十六日だった。勧修寺光豊《かじゅうじみつとよ》の日記には、「家康御長宣旨二枚、今日書く也、日づけは天正十八十二廿九也、御長名のり定まらざるにより、今日までのび申し候也」（天正十九年正月二十六日条）とある。

福田千鶴氏は、これによって、秀忠の名乗りが決まったのは天正十九年正月であり、天正十八年正月に秀吉が「秀」の一字を与えて秀忠と名乗らせたという「台徳院殿御実紀」の説を否定している（福田前掲書）。その通りであろう。

そうであれば、秀忠の元服は、「公家成」の儀式が行われ、「秀忠」の名乗りが決まった天正十八年十二月から天正十九年正月の頃と見られる。天正十九年ならば数え年で十三歳である。妥当なところであろう。

その後、秀忠は、官位を急速に上昇させていく。天正十九年、正四位下少将《しょうしょう》を経て参議《さんぎ》（宰相）となり、右近衛《うこのえ》権中将《ごんのちゅうじょう》を兼ねた。秀忠はわずか二年で、秀吉の養子として官位を優遇されていた秀康に追いついたのである。すでに述べたように秀康は、天正十八年八月六日、結城晴朝の養子となり、下総の名族である結城の家を継いでおり、この時はすでに秀吉の養子ではなくなっている。

翌二十年九月九日には、従三位権中納言《ちゅうなごん》に昇進した。中納言は、武家では毛利輝元《もうりてるもと》や上杉景勝《うえすぎかげかつ》ら後の五大老《ごたいろう》クラスしか任じられない高い官職である。秀忠が家康の嫡男として優遇されたことがわかる。

秀次事件

文禄《ぶんろく》四年（一五九五）七月、秀吉は甥の関白秀次《ひでつぐ》を自害に追い込んだ。文禄二年に淀殿《よどどの》との間に二男秀頼《ひでより》が生まれていたため、秀次の存在を危ぶんだのであろう。

秀忠は秀次と親交があったから、身の危険を感じた。この時期の秀吉は、何をするかわからない。文禄二年十二月から秀忠付き年寄《としより》になっていた大久保忠隣《おおくぼただちか》は、密かに土井《どい》利勝《としかつ》ら数人に供をさせ、伏見《ふしみ》の館に移らせた。秀忠はすぐに秀吉に拝謁し、賞賛されたという（福田前掲書）。江戸にいた家康も、急いで伏見に向かい、秀吉に対面した。

秀吉は、諸大名を秀頼中心に結束を固めさせるよう起請文《きしようもん》などをとった。また、八月三日付けで「御掟」（徳川家康・宇喜多秀家《うきたひでいえ》・毛利輝元・小早川隆景《こばやかわたかかげ》・前田利家《まえだとしいえ》の五大名連署《れんしよ》）や「御掟追加」（先の五大名に上杉景勝が加わる）の法令を発布させた（『浅野家』二六五・二六六）。上杉景勝はこの時国元にいたが、名前を加えられている。この発給者が後の五大老《ごたいろう》になる（小早川隆景は慶長《けいちよう》二年〈一五九七〉六月十二日没）。

お江と結婚

秀吉にとっては徳川家への対策が最重要の課題だったと思われる。そのため秀吉は、淀殿の末妹お江《ごう》と秀忠を結婚させることにした。お江は、天正十三年十月十八日、秀吉の甥羽柴秀勝《はしばひでかつ》と結婚したが、秀勝は天正二十年九月九日、朝鮮出陣中巨済島《きよさいとう》で病死していた。お江には秀勝との間に長女完子《さだこ》が生まれていたが、まだ二十歳の若さだった。

文禄四年九月十七日、秀忠はお江と結婚した。秀吉の意図は、お江と秀忠を結びつけることによって、秀頼を支える重臣にすることだった。

お江も秀忠も、最初の結婚は名目だけのものだったから、十七歳の秀忠は実質的には初婚、二十三歳のお江は実質的に二度目の結婚だった。

秀忠は、秀吉の相婿という立場になることによって、天下人である秀吉や豊臣家と密接な関係を築くことになった。この意味でお江は、秀忠にとっては秀吉から地位を認められたことを保証する存在である。当然、秀忠はお江を大切にせざるを得なかった。

完子は淀殿の養女とされ、大坂城の淀殿の手元で育てられることになった。完子は、慶長九年六月三日、中納言九条忠栄《くじょうただひで》（慶長十三年に関白、寛永《かんえい》八年〈一六三一〉に幸家《ゆきいえ》に改名）に嫁いだ。

三　秀吉の死

慶長の役

慶長三年（一五九八）正月二十五日、秀忠は、朝鮮に出陣している浅野幸長《あさのよしなが》と黒田長政《くろだながまさ》に宛てて書状を書き、蔚山《ウルサン》の戦いでの奮戦をねぎらっている（『浅野家』八九、『黒田家文書』一―一九）。

蔚山の戦いはかろうじて勝利したが、朝鮮の日本軍は苦戦を続けていた。

正月十日、秀吉は、越後春日山城《かすがやまじょう》の上杉景勝を、下野宇都宮《うつのみや》に移封した蒲生秀行《がもうひでゆき》の旧領会津《あいづ》に転封《てんぽう》させた。景勝の旧領には、越前の堀秀治《ほりひではる》・同直政《なおまさ》・村上忠勝《むらかみただかつ》・溝口秀勝《みぞくちひでかつ》らを移した。これは、後の関ヶ原合戦の契機を作ったという意味で大きな事件だった。

醍醐の花見

同年三月十五日、秀吉は、秀頼を伴って醍醐寺三宝院《だいごじさんぼういん》の花見に赴いた。北政所《きたのまんどころ》・淀殿・京極氏《きょうごくし》ら正室・側室等を伴い華やかな宴を催した。これが、秀吉の人生最後のきらめきであった。

死期迫る秀吉を見舞う秀忠

同年五月五日、端午《たんご》の祝儀に登城した大名を謁見した秀吉は、その日のうちに体調を崩した。五月下旬には食事も思うようにとれなくなり、六月初頭には深刻な状態に陥った。

同年七月十日付けの浅野《あさの》長政《ながまさ》宛秀忠書状には、次のように書かれている（『浅野家』一四二）。

貴札《きさつ》拝見仕《つかまつ》り候、仍《よ》って　上様《うえさま》御煩い、昨日よりいよ〳〵御本復《ほんぷく》なされ候由、目《め》出《で》度《たき》とも申すもおろかに候、毎日御城御見舞申し上ぐべく候由、仰せ越され候、その意を得存じ候、何事も面上の時、申し入るべく候、恐々謹言

〔現代語訳〕書状を拝見しました。上様のご病気は、昨日よりずいぶんよくなっています。めでたいことです。毎日御見舞いに登城すべきであると承りました。了解致しました。なにごともお会いした時に申し入れます。恐々謹言

秀吉の側にあった五奉行《ごぶぎょう》の一人浅野長政から、秀吉の病気が快方に向かっていることを知らされ、毎日登城して見舞いを申し上げるようにと助言されたことに対して、御礼を述べたものである。

秀忠は、毎日秀吉を見舞う資格のある者と見做されていることがわかる。秀忠は長政とも親しく交際しており、御茶に招かれたりしている（『浅野家』一四二・一四四）。この年四月三日には、子の幸長《よしなが》の帰国を祝っている（『浅野家』一四三）。

しかし、秀吉の病状はそれほどよいものではなかった。七月十五日には、伏見の前田利家邸に在伏見の諸大名が集まり、家康・利家に対して、「秀頼様へ対し奉り、御奉公の儀、太閤《たいこう》様御同前、粗略を存ずべからず候」を始めとする五ヵ条の誓詞《せいし》を提出した。かなり深刻な状況だった。

同年八月、死期を悟った秀吉は、伏見城に主だった大名を側に呼び、自分の死後の措置について遺言《ゆいごん》同様の申し置きを行った。その場には、浅野長政・石田三成《いしだみつなり》・増田長盛《ましたながもり》・長束正家・前田玄以《まえだげんい》の五奉行と、秀吉の側に仕える侍女たちもいた。また、徳川家康・同秀忠・前田利家・同利長《としなが》・宇喜多秀家・毛利輝元も呼ばれてその部屋に入っていた。

この秀吉の言葉を書き取ったのは浅野長政で、日付のない覚書《おぼえがき》が残されている（『浅野家』一〇七）。これを読むと、秀頼を思う秀吉の肉声が聞こえてくるようである。

秀吉は、まず家康に対し、次のように申し置いた。

内府《だいふ》（家康）は、これまでずっと律儀なところを見て来たので、近年はたいへん親しい間柄である。それゆえ、秀頼を孫婿にするので、秀頼をもり立てて下され。

秀吉は、これを、利家と年寄五人（五奉行）のいる所で何度も繰り返して言った。

そして、利家に対しては、次のように言った。

大納言は、幼友達の時から律儀であることを知っているので、秀頼の傅《もり》に付けるので、もり立てて下され。

この言葉も、家康と年寄五人（五奉行）のいる所で何度も言った。

秀頼と千姫の縁談

そして次に秀忠についてはこう言った。

江戸中納言は、秀頼様御しうとになされ候条、内府御年もよられ、御煩気にも御成り候はば、内府のごとく、秀頼様の儀、御肝煎《きもいり》候へと、右の衆居り申す所にて御意なされ候事、

〔現代語訳〕秀忠は、（秀吉様が）秀頼様の御舅《しゅうと》になされたので、家康が年も寄り、病気がちになった時には、家康のように秀頼様のことをよろしく後見してくれと、右の者たちがいるところで仰せになりました。

秀吉は、五奉行の前で「秀忠は秀頼の舅にしたので、家康が年をとって病気がちになった時には、家康のように秀頼のことをよろしく頼む」と言ったのである。

慶長二年、秀忠とお江の間に、長女千姫《せんひめ》が生まれていた。千姫は、まだ満一歳になる

かならないかの内に、秀頼との縁組が決められたのである。この縁組は、当時の秀吉にとって、いかに家康の存在が大きいものになっていたかを示している。

秀吉は、利家の子利長については次のように言った。

羽柴肥前（利長）は、大納言（利家）が年も寄り、病気がちになっているので、同じように秀頼の傅に付けるので、それを面目を施すありがたいことだと思い、命に代えて懸命に努めよ。

すでに利家は、少し病気がちだったのである。

宇喜多秀家に対しては、次のように言った。

備前中納言（秀家）は、幼少の頃より取り立てており、秀頼とは特別な関係にあるので、御奉行（五大老）五人に加わるように。またおとな（五奉行）五人のうちへも入り、彼らの職務を、贔屓偏頗《ひいきへんぱ》なしに助けよ。

上杉景勝・毛利輝元へは、次のように言った。

景勝・輝元は、御律儀な者たちなので、秀頼のことをもり立ててくだされ。

輝元はその場にいたので、直接語りかけられたが、景勝は会津に帰っていたので、その場にいる者に、この旨を仰せ置かれた。

この遺言でもわかるように、家康と利家の二人は、他の三大老に比べて特別扱いだった。この二人がもり立ててくれないと秀頼の将来はない。秀吉にはそれがよくわかっていたのである。

家康は、伏見城にあって、五奉行の職務を助けることになる。当時、政治の中心は伏見城であり、秀吉も秀頼もこの時は伏見城にいた。利家は、秀頼が移る大坂城に入り、すべてについて総覧することになった。そして、大坂の「御城御番之儀」は、全員で務めることとされた。

秀吉の死

五奉行の任務分担は、八月五日付けの秀吉遺言覚書案によると、伏見城には前田玄以と長束正家が留守居《るすい》として入り、残る三奉行の内一人が交代で加わること、大坂城には残る二人の奉行が留守居として入ることとされた。秀吉の構想では、あくまで五奉行が中心的に政務を担い、それを家康・利家を中心とする五大老が支える、というものだった。

注目すべきなのは、秀吉が臨終の床で、秀忠にも重要な遺言を残していることである。秀忠は、秀頼の舅とされ、ゆくゆくは秀頼を支える第一人者になるべき者だったのである。

この年八月十八日、秀吉が死去した。享年六十二と伝えられる。秀吉の死は極秘事項とされ、五大老連署状で朝鮮で戦っていた全軍に撤退の命令が出された。

第二　関ヶ原合戦と秀忠

一　上杉景勝攻め

秀忠、江戸へ

慶長《けいちょう》三年（一五九八）八月十九日、秀忠は秀吉の病が重篤なのを聞き、急いで大坂から伏《ふし》見《み》に行った。秀吉は十八日に没しており、京・伏見は騒然としていた。秀忠は、家康《いえやす》から江戸《えど》に帰るよう命じられたので、十九日の夜、伏見を発ち、九月二日、江戸に着いた（「台徳院殿《たいとくいんでん》御実紀」巻二）。

家康は、政治的混乱が予想される上方から秀忠を江戸に帰らせ、しばらく上方を離れられない自分の代理で国元を治める役割を秀忠に託したのだろう。お江《ごう》も秀忠に付いて江戸に下向したものと思われる。

五大老・五奉行の体制

秀吉没後、しばらくは五大老《ごたいろう》・五奉行《ごぶぎょう》の体制で政権が運営されることとなった。五大老の一人で国元の会津《あいづ》にいた上杉景勝《うえすぎかげかつ》も、九月には国元を発し、上洛してきた。十月二日、家康は早速の上洛をねぎらっている（『上杉家』三―一〇八七）。

ところが、翌慶長四年閏三月三日、大坂城で秀頼を守っていた前田利家《まえだとしいえ》が病没したことにより、五大老・五奉行の力関係が大きく変化する。家康の実力が他を圧するものとなったのである。

石田三成、襲撃される

利家がいないと、諸武将に睨みをきかせる者がいない。利家が没した日の夜、細川忠興《ほそかわただおき》・加藤清正《かとうきよまさ》・福島正則《ふくしままさのり》・浅野幸長《あさのよしなが》・黒田長政《くろだながまさ》・蜂須賀家政《はちすかいえまさ》・藤堂高虎《とうどうたかとら》の七武将が大坂の石田三成《いしだみつなり》邸を襲撃した。屋敷を逃れた三成は、伏見城の「治部少丸《じぶしょうまる》」と呼ばれた曲輪《くるわ》に籠もり、彼らと対決しようとした。そこで家康が調停に乗りだし、三成は領地佐和山《さわやま》（滋賀県彦根市）に引退することになった。

七武将をなだめ、三成を引退させた家康は、向島《むこうじま》の屋敷から伏見城西の丸に入った。多聞院英俊《たもんいんえいしゅん》は、「天下殿になられ候」（『多聞院日記』慶長四年閏三月十四日条）と書いている。

秀忠の役割

この年七月、上杉景勝は、帰国の許可を得て伏見を発し、会津に向かった。秀忠は、景勝が会津に帰国したことを知り、次の書状（『上杉家』三―一〇九二）を送った。

御下国に付きて、その筋御通りなさる由候。爰許《ここもと》程近くの儀に候間、御立ち寄りたるべくと存じ候処、直に御下りの由、一段御残り多く存知候。去りながら、久々にて御下向の儀に候条、御急ぎの段尤もに存じ候。猶使者申し含め候条、一二に能わ

ず候。恐々謹言

八月十日

羽柴武蔵守《はしばむさしのかみ》

秀忠（花押）

会津中納言《ちゅうなごん》殿

人々御中

景勝が下国途中、江戸に近い道筋をとったので、江戸に立ち寄ると思っていたところ、通過してしまったことを残念に思うという内容である。

秀忠は、慶長三年九月二十日、会津に転封《てんぽう》になった景勝に、「御移国之御祝儀」を祝儀の書状とともに贈っている（『上杉家』三—一〇九一）ように、かねてから書状の遣り取りをしている。

この頃の秀忠の役割は、家康のいない江戸城を守り、関東周辺や東北地方の大名と書状をやり取りして関係を安定させるというものだった。

秀忠は、この時、数えで二十一歳である。弘治《こうじ》元年（一五五五）生まれの景勝は四十五歳、秀忠が生まれた天正《てんしょう》七年（一五七九）には上杉景虎《かげとら》の御館《おたて》城《じょう》を落とし、鮫ヶ尾城《さめがおじょう》で景虎を自害させている。両者の年齢の開きはずいぶんと大きい。秀忠としては、他大名と書状のやり取りをするだけでもかなりたいへんなことだったと思われる。

帰国した景勝は、領内の「仕置《しおき》」にあたり、それを家康に報告し、家康もそれを「尤候」と認めている。景勝は会津に移ったばかりで上洛し、ようやく下国した機会に支城の修復や道作りなどにはげんでいた。

家康の動向

九月七日、家康は重陽《ちょうよう》の祝儀を前に、伏見城を発して大坂に行き、石田三成の旧邸に入った。この時、増田長盛《ましたながもり》から、前田利長《まえだとしなが》が家康の暗殺を企てているという知らせがあったという。家康は厳重に警戒し、同月九日には予定通り大坂城に登城して淀殿《よどどの》と秀頼に重陽の祝儀を言上した。

同月二十六日、秀吉の正室北政所《きたのまんどころ》は、家康のために大坂城西の丸を出て、京都に移った。家康は、翌二十七日、大坂城西の丸に入った（『家康文書』中巻）。この時も世上は物騒がしく、大小名や町人まで右往左往する様子だった。

上杉景勝の謀反

慶長五年初頭、会津との境目の堀秀治《ほりひではる》の領地で、越後の国侍が一揆を起こした。秀治は、景勝が手を引いているものと考え、二月、景勝謀反を家康に報告した。このため四月一日、家康は、家臣伊奈昭綱《いなあきつな》と増田長盛の家臣河村長門《かわむらながと》を使者として使わし、西笑承兌《さいしょうじょうたい》に書かせた景勝への詰問状を送った。

一方、秀忠は、この年三月二十一日、景勝の書状に答えて返書を送っている（『上杉家』三―一〇九三）。景勝が領内に実施している「御普請《ふしん》以下」についてもっともに存じますと言い、上方はいよいよ静謐《せいひつ》です、と申し送っている。景勝との問題発生は、秀忠にはまったく知らされてなかったようである。

四月十四日、景勝の老臣直江兼続《なおえかねつぐ》は、上杉家の正当性を主張し、家康を愚弄するかのような書状を返す。世に言う「直江状」である。この史料は真偽が疑われているものだが、おおむね実際に出されたと考えてよいと思う（拙著『天下人の一級史料』）。

堀直政《なおまさ》が上杉家の不穏な動きを訴えてくれば、豊臣政権を預かり、関東に本拠を持つ家康は、大坂で座してそれを見ていることはできない。少なくとも政権を預かる以上、そういう姿勢を示す必要があった。秀吉の死によって、諸大名への統制力は弱まっていた。もし上杉家が旧領越後の回復を企てたとしたら、再び混乱状態になる可能性がある。家康にとっては、江戸の背後にある常陸の佐竹氏《さたけし》の動きも気がかりだった。

家康は、秀吉恩顧の大名を動員し、会津遠征に向かうことにし、六月十四日、伏見城に移った。ここで、伏見城の留守居《るすい》として残す鳥居元忠《とりいもとただ》と別れの盃《さかずき》を交わした。

家康の軍事行動は、景勝の謀反を口実に上方を離れ、石田三成に挙兵させるのが目的だった、というのが通説である。五大老の地位のままでは、いずれ秀頼に政権を返還することになるので、三成の挙兵を待って軍事的決戦に持ち込み、一挙に覇権を握ろうとした、というのである。

しかし、緊迫した情勢の中で関東に向かう家康の行動は、そのように最初から結末を見据えたものと見ることはできない。家康の上洛要求は確かに妥当性を欠くものだったかもしれないが、五大老の筆頭である家康の指示に従わない態度を示したとしたら、毅然たる対応を取らなければならない。自分が上方を離れれば、上方で不穏な動きが起こる可能性があることぐらいは予想していただろうが、そうであっても会津に向かわなければならなかったのである。

六月十八日、家康は伏見を発し、大津城《おおつじよう》で城主京極高次《きようごくたかつぐ》に昼の膳を饗応され、石部《いしべ》で宿した。夜半、石部を発し、立ち寄りを約束していた長束正家《なつかまさいえ》の水口城《みなくちじよう》下を通り過ぎ、徹夜で鈴鹿峠《すずかとうげ》を越し、十九日の夜明けに、伊勢《いせ》の関に達した。長束や石田三成の襲撃を警戒したためである。

二十日、四日市《よつかいち》から船で三河の佐久島《さくしま》に進み、二十二日に三河吉田《よしだ》（愛知県豊橋市）に至り、池田輝政《いけだてるまさ》の饗応を受けた。その後、二十三日浜松《はままつ》、二十四日中山《なかやま》、二十五日駿河丸子《まりこ》、二十六日沼津《ぬまづ》、二十七日相模小田原《おだわら》、二十八日藤沢《ふじさわ》に至る。二十九日は鎌倉《かまくら》の鶴岡八幡宮《つるがおかはちまんぐう》に参詣《さんけい》し、七月朔日には神奈川に泊まった。翌二日、秀忠が品川《しながわ》まで家康を迎え、ともに江戸城に入った。

七月七日、家康は、江戸に集まった諸武将を江戸城で饗応し、同月二十一日を会津攻撃の期日とした。

これ以前、家康が会津遠征で伏見を留守にすると、毛利家《もうりけ》の家臣である安国寺恵瓊《あんこくじえけい》は、密かに三成の佐和山城《さわやまじょう》に赴き、三成と大谷吉継《おおたによしつぐ》と相談し挙兵することを決意させた（光成準治『関ヶ原前夜』）。

石田三成の挙兵

三成挙兵の報を受け、毛利輝元《てるもと》は広島を出船した。七月十五日に加藤清正に宛てた書状には、「三人の奉行よりこのような書状が到来したので、是非におよばず今日十五日に出船します。ともかく秀頼様への忠節を遂げますと言上しました。早い上洛を待っています」と清正を誘った（『松井文庫所蔵古文書調査報告書』二）。

十七日夕刻、毛利家一門の毛利秀元《ひでもと》は、大坂城西の丸にいた家康の留守居佐野正綱《さのまさつな》を追い出し、西の丸に入った。佐野はなすすべもなく城を出て、伏見城に合流した。十九日、大坂に着いた輝元も大坂城に入った。これらは、三奉行の要請によるものだった。これによって豊臣政権の実権は、輝元が掌握するところとなった。

西軍の攻撃はじまる

七月下旬、輝元と宇喜多秀家《うきたひでいえ》の二大老と三奉行（以後「西軍」と呼ぶ）は、諸大名を集めて軍議を開き、周辺の城を落として家康が上洛してくるのを待ち受けることにした。

ただちに鳥居元忠ら家康の留守部隊が守る伏見城攻めを敢行し、八月一日に落城させた。鳥居元忠・内藤家長《ないとういえなが》・松平家忠《まつだいらいえただ》ら一八〇〇余の将兵は、全員討ち死にした。

西軍は、家康方（以後「東軍」と呼ぶ）に付いた細川幽斎《ほそかわゆうさい》の丹後田辺城《たんごたなべじょう》、富田信高《とみたのぶたか》の伊勢安濃津城《あのつじょう》、古田氏《ふるたし》の伊勢松坂城《まつさかじょう》などを攻めた。

八月下旬に安濃津城が開城し、細川幽斎が守っていた田辺城も、九月十三日、後陽成《ごようぜい》天皇の調停で開城した。

秀忠、江戸を発つ

さて、江戸にあった秀忠は、七月十九日、家康に先立って江戸を発した。太田牛一《おおたぎゅういち》『関東軍記《かんとうぐんき》』（東京大学総合図書館「南葵文庫《なんきぶんこ》」）の供奉の武将は以下の通りで、総勢数万騎とされる。

松平下野守忠吉《まつだいらしもつけのかみただよし》（家康の四男）　武蔵忍城《おしじょう》主一〇万石
羽柴藤三郎《はしばとうさぶろう》（蒲生秀行《がもうひでゆき》）　下野宇都宮城《うつのみやじょう》主一八万石
皆川山城守広照《みながわやましろのかみひろてる》　下野長沼城《ながぬまじょう》主三万七〇〇〇石
成田左衛門尉長忠《なりたさえもんのじょうながただ》　下野烏山城《からすやまじょう》主三万七〇〇〇石
真田伊豆守信之《さなだいずのかみのぶゆき》　上野沼田城《ぬまたじょう》主二万七〇〇〇石
松平飛驒守　未詳
松平下総守忠明《しもうさのかみただあきら》（家康の外孫）　上野長根《ながね》七〇〇〇石
榊原式部大輔康政《さかきばらしきぶたいふやすまさ》　上野館林城《たてばやしじょう》主一〇万石
井伊兵部少輔直政《いいひょうぶのしょうなおまさ》　上野箕輪城《みのわじょう》主一二万石

本多《ほんだ》中務少輔《なかつかさしょうゆう》忠勝《ただかつ》　上総大多喜《おおたき》城《じょう》主一〇万石
日根野《ひのね》徳太郎《とくたろう》吉明《よしあき》　信濃高嶋城《たかしまじょう》主二万八〇〇〇石
石川玄蕃《いしかわげんば》三長《みつなが》　信濃深志城《ふかしじょう》主八万石
森右近大夫《もりうこんだゆう》忠政《ただまさ》　信濃川中島飯山城《かわなかじまいいやまじょう》主一三万七五〇〇石
仙石越前守《せんごくえちぜんのかみ》秀久《ひでひさ》　信濃小諸城《こもろじょう》主五万石
多賀谷左近《たがやさこん》　未詳
水谷右京大夫《みずのやうきょうのだいぶ》勝俊《かつとし》　常陸下館城《しもだてじょう》主四万七〇〇〇石

秀忠所用茶糸威二枚胴具足
（久能山東照宮博物館所蔵）

山川民部少輔《やまかわみんぶのしょう》（結城氏《ゆうきし》の幕下《ばっか》）　下野山川城主二万石

秀忠が率いたのは、榊原康政・井伊直政・本多忠勝らの徳川家譜代《ふだい》の部将のほか、武蔵・上野・下野・常陸・信濃の大名である。二十一日、秀忠は下総古河《こが》に着陣した。二十二日、秀忠は、滝川雄利《たきがわかつとし》に次のような書状を送っている（「古文書」博物館本『家康文書』中巻）。

我等事、十九日江戸を罷り出、昨廿一日古河に至り着陣せしめ候、彼表手間《かのおもてま》入る間敷く候間、御心安かるべく候、然れば其許雑沙汰《そこもとざつざた》申し候、大坂御奉行中、貴所各仰せ談じられ、別儀これ無きの由、珍重に候。猶追って申し述ぶべく候、

〔現代語訳〕私は十九日に江戸を発し、昨二十一日に古河に着陣しました。会津はすぐに制圧できるでしょうから、安心してください。さて、上方には不穏な動きがあることを聞きました。大坂御奉行や貴殿らが相談し、別儀はないとのこと、珍重です。なお追って伝えます。

大坂にいた滝川が、「其許雑沙汰」つまり三成の挙兵を伝えてきた書状に対する返事である。秀忠は、自己の動静を伝え、滝川が「大坂御奉行中」すなわち増田長盛・長束正家・前田玄以《まえだげんい》の三奉行に申し談じ、その動きを沈静化させたことに、「珍重に候」と感謝の意を伝えている。家康だけではなく、秀忠にも情報は伝えられ、的確に返答して

いることがわかる。

家康、江戸を発つ

家康は、二十一日、予定通り江戸城を発って会津に向かい、二十四日、下野小山《おやま》に到着した。この時秀忠は、すでに宇都宮に先行していた。

この前日付けで家康は、出羽山形城主の最上義光《もがみよしあき》に次のような書状を送っている（『譜《ふ》牒《ちょう》余録《よろく》』四最上刑部《もがみぎょうぶ》『家康文書』中巻）。

治部少輔（石田三成）・刑部少輔（大谷吉継）才覚を以て方々触状を廻すに付きて、雑説《ぞうせつ》申し候条、御働きの儀、先途《せんど》御無用せしめ候、

〔現代語訳〕石田三成と大谷吉継が方々に触状を回したということで、謀反の噂があります。会津攻めのことは、まずは控えてください。

この頃、家康がつかんでいた情報は、三成・吉継の挙兵のみだった（笠谷和比古『関ヶ原合戦と大坂の陣』）。

家康は、宇都宮の秀忠にこれを知らせ、また他の会津攻めに従軍している諸武将を小山に呼び戻した。秀忠は、蒲生秀行を景勝への押さえとして宇都宮に残し、小山へ戻った（『黒田家譜』）。

小山評定

以下は、『関ヶ原始末記』の記述である。

二十五日、家康は、小山に集めた上方大名に山岡道阿弥《やまおかどうあみ》・岡江雪《おかごうせつ》を遣わし、「景勝を

まず御退治なさるべきか、上方を鎮めらるべきか」を尋ねた。これに対し、福島正則・黒田長政をはじめとする大名たちは、「まず上方を御退治しかるべし」と答えた。

そこで家康は諸武将の前に姿を現し、西上することを告げた。ここにおいて掛川城《かけがわじょう》主山内一豊《やまうちかずとよ》は、堀尾吉晴《ほりおよしはる》と申し談じ、上方への道筋である東海道に領地を持つ諸武将は家康のために居城を引き渡すべき旨を建言し、田中吉政《たなかよしまさ》ら東海道の諸大名はみなそれに倣った。

この「小山評定《ひょうじょう》」については、フィクションだったという説がある（白峰旬『新解釈関ヶ原合戦の真実』）。しかし、笠谷和比古氏が言うように、もしこうした軍議がなかったとしたら、山内一豊ら東海道筋の豊臣系武将の居城が明け渡されて家康の部将が配置されるという重要な決定がいつなされたのかが説明できなくなる（『徳川家康』）。少なくとも七月二十五日前後に諸武将が小山に集まっていたこと自体は否定できない。藤井讓治氏は、関係史料を詳細に分析し、この見解を裏づけている（「慶長五年の「小山評定」をめぐって」）。

こうして、家康は、小山から反転して西に向かうこととした。家康は東海道を、秀忠は中山道《なかせんどう》を進むこととし、上杉景勝が背後を突く時の備えとして、宇都宮城に秀康《ひでやす》を置いてこれを守らせた。

ところが、家康のもとに、三奉行や毛利輝元までが三成に与党しているという知らせが来た。これは家康にとっては想定外だっただろう。あわてて黒田長政と方策を練ろうとしたが、すでに長政は西上の途にあった。家康は、奥平貞治《おくだいらさだはる》を遣わして長政を呼び戻させた。

豊臣政権との対決に

武蔵の厚木《あつぎ》まで進んでいた長政は、軍勢をそこに置き、少数の人数を連れ、小山に戻った。家康は、事情を話し、秀吉子飼いの福島正則が敵方に寝返るのではないかと懸念を示したが、長政は「正則は石田三成と仲が悪いので、三成には従わないでしょう。もし、三成の計策に欺かれて野心を起こした賭しても、私が理を尽くして諫めます」と答えた（『黒田家譜』）。

小山評定の時、想定した敵は石田三成だけだった。しかし、今は豊臣政権そのものと対決する情勢になっていた。いくら長政が請け負ったからといって、家康は迂闊には動けない状況に陥ったのである。

家康、江戸へ戻る

八月四日、家康は小山を出て江戸に戻った。会津への備えは、宇都宮に残った秀忠が、譜代の諸部将を指揮して行うこととなった。

そして家康は、江戸に一ヵ月近く留まる。福島正則らをまだ心底から信頼しているわけではなく、また景勝や常陸の佐竹義宣《さたけよしのぶ》らが背後から江戸を突くことを警戒していたのである。
この時期、家康は、諸武将にしきりに書状を送っている。福島正則ら先発隊へは行動を指示し、伊達《だて》政宗《まさむね》ら奥州の大名へは上方の情勢を報じ、肥後熊本の加藤清正には肥後・筑後両国を与えるとして自軍への参加を呼びかけるなど、さまざまな手立てを講じた。

会津に備える秀忠

秀忠も、八月十二日、伊達政宗へ次のように申し送っている（『伊達家』二―六九八）。

そこ許《もと》御行《おてだて》の儀、条数を以て内府《だいふ》へ仰せ達せられるの由、その意を得候、委曲《いきょく》の段は、内府より申し述べられるべく候条、その儀に任せらるべき段、勿論に存じ候、将亦《はたまた》我等事、この表仕置等致し候て、宇都宮にこれ有る事に候、爰元《ここもと》、弥《いよいよ》丈夫に申し付け候、

〔現代語訳〕会津攻めについて、家康へ詳しい書状で仰せ達せられたとのこと、了解しました。詳しいことは、家康から伝えられるでしょうから、それに従ってください。さて、私は会津攻めの対策をするため宇都宮におります。こちらはいよいよ堅固に命じています。

政宗は、家康に連絡していることを秀忠にも伝えていた。秀忠は、これに対し家康の指示に従うよう伝え、自己の動静を伝えたのである。「この表仕置等致し候て」という

のは、会津攻めにあたる伊達政宗に対して、会津の南の備えは万全であることを告げたものである。東北大名に会津攻めを命じている以上、秀忠は簡単には宇都宮を動くことはできなかった。

周囲を見れば、会津の上杉景勝のほか、常陸水戸の佐竹義宣は景勝に与している。他の陸奥の諸武将、牛越《うしごえ》の相馬義胤《そうまよしたね》、磐城平《いわきたいら》の岩城貞隆《いわきさだたか》らも、彼らとともに関東に攻めてくることもありうる。秀忠は、確実にこれらに対して万全の防衛体制を取っていることを示しておかなければならなかったのである。

本来の目的は真田攻め

八月二十三日、秀忠は、東海道を西上した福島正則と行動をともにしていた野間乙長《のまおつなが》に次の書状を送っている（懐古神社《かいこじんじゃ》付属 徴古館《ちょうこかん》所蔵、『真田幸村と大坂の陣』）。

当表隙明け候間、信州真田表仕置のため、明廿四日出馬せしめ候、

宇都宮での仕置を終え、ようやく上方へ向けて出陣することになったということだが、この書状にあるように、当初の目的は「真田表仕置」のためだった。去就が疑問視されていた信州上田城《うえだじょう》の真田昌幸《まさゆき》を服させることが重要だったのである。

そのため、同日、上野国沼田城主で昌幸の子真田信幸（後に信之）には次の書状を送っている（真田宝物館所蔵、『真田家文書（一）』一二）。

仍って廿四日、この地罷り立ち候、チイサ形（小県郡、真田昌幸の上田領のこと）相働き候の条、その分心得られ候て、

彼表え御出張有るべく候、

真田信幸に対し、その父の昌幸を攻めるので、そのつもりで出陣すべきことを命じたものである。

真田昌幸に対しては、七月晦日付けで石田三成が長文の書状を送っていた（『真田家文書（一）』五二）。家康と対決することを兼ねて知らせていなかったことを詫び、上方の情勢を報じるものである。

真田昌幸も、これまでの領地紛争の中で家康に不信感を持っていた。しかし、長男で上州沼田城主だった信幸は徳川家家臣本多忠勝の女婿である。そこで、昌幸・信幸・信繁《のぶしげ》（幸村《ゆきむら》、大谷吉継の女婿）三人の合議で、信之は家康方につき、昌幸と次男信繁は三成方につくことを決めた。これは、どちらが勝っても真田家を守ろうとしたとされるが、そうではなく、それぞれの意向・立場を尊重したものだろう。こうして、親子兄弟での対決が迫っていたのである。

西へ進む東軍

福島正則らの東軍諸武将は、東海道を西に進んでいった。東海道筋の大名は、すべて城を明け渡したので、八月十四日には、正則の居城で西軍との最前線にあたる尾張清洲城《きよすじょう》に集結した。

清洲城と対峙する岐阜城は、織田信長の嫡孫秀信《ひでのぶ》（三法師《さんぼうし》）の居城である。秀信は、秀吉の庇護のもとで成長し、祖父信長の住んだ岐阜城主となっていたのである。この時、二十一歳の若い武将であった。秀信は、三成らの要請に応じて西軍に味方したが、東軍の大軍を支えきれるものではなかった。八月二十三日には本丸にまで攻め込まれ、やむなく降伏した。

家康の出陣

これまで家康は、江戸を動かなかった。東軍の先鋒である福島正則らの真意が測れなかったからである。もし家康が出馬して、もともとは豊臣大名である彼らが志を変えて家康に向かってくるようなことがあれば、万事休すである。

そのため家康は、岐阜城陥落の知らせを受けてようやく出陣を決意したのである。このあたり、家康の慎重さをよく示している。

九月一日、家康は、三万の軍勢を率い、江戸城を発って西に向かった。

京極高次の東軍加勢

西軍の方は、石田三成率いる主力部隊が美濃に進出していたが、背後の近江大津城に異変が起こった。大津城は、秀忠の正室お江の次姉お初《はつ》の夫京極高次の城である。高次ははじめ西軍に属していたが、九月三日、北陸方面の戦いから大津城に帰り、西軍に対して手切れを宣言した。関東から引き返してきた東軍の先鋒隊が、岐阜城を落としたことに力を得たのだろう。

大津城は、京都から美濃方面への軍事的要衝であり、毛利氏もこの城に加勢として入ろうとしていた。京極氏の留守居は、本丸と二の丸には「御女房衆《にょうぼう》」がおられるので、と入城を謝絶した。「御女房衆」とは、秀吉の側室だった松丸殿《まつのまるどの》と高次の室であるお初のことを指している。

高次が大津城に入り、東軍に付くことがはっきりすると、西軍は大津城を攻めることにした。輝元から派遣された毛利氏の諸部隊と立花宗茂《たちばなむねしげ》や増田長盛からの援軍が、大津城の城攻めに参加した。西軍のまっただ中での籠城戦であるから、一歩間違えば城兵全員が討ち死にすることにもなりかねない。実際、三成方の大筒《おおづつ》から放たれた弾が本丸に打ち込まれ、松丸殿の侍女二人が即死し、松丸殿も気を失った。

九月十五日、大津城は二の丸まで占領された。松丸殿とお初を心配した北政所（秀吉の正室）と淀殿は、使者を遣わして講和の調停を行った。高次は降伏を決意し、剃髪して高野山《こうやさん》に入り謹慎《きんしん》の意を表明した。

この日は関ヶ原合戦の前日である。西軍の大軍を大津城に引きつけ、関ヶ原での両軍の決戦に参加させなかった功績は大きかった。もう一日耐えることができていれば、関ヶ原合戦の殊勲者の一人となっていただろう。

二　秀忠の関ヶ原遅参

八月二十四日、関東の備えを万全にした秀忠は、宇都宮を出発して中山道を目指した。関東の留守は、家康が結城秀康《ゆうきひでやす》に命じていた。秀康は秀忠の兄であり、この措置に対して不満を漏らしたが、家康に説得されしぶしぶ従った。家康にとって、徳川軍の主力は世子である秀忠が率いなければならなかったのである。

秀忠が率いていた武将のうち、弟の松平忠吉と井伊直政は、秀忠の出馬以前に関東を発し、東海道を上っていった。本多忠勝は、軍勢は嫡子の忠政《ただまさ》に預け、自身はわずかばかりの供を連れて忠吉らと同行した。先鋒軍の軍監《ぐんかん》を務めるためである。

秀忠とともに中山道を進んだ主な武将は、榊原康政・本多正信《まさのぶ》（上野八幡《はちまん》一万石）・大久保忠隣《おおくぼただちか》（小田原六万五〇〇〇石）・酒井重忠《さかいしげただ》（川越《かわごえ》一万石）・同家次《いえつぐ》（碓井三万石）・本多忠政、同康重《やすしげ》（上野白井《しろい》二万石）・牧野康成《まきのやすなり》（大胡《おおご》二万石）・小笠原信之《おがさわらのぶゆき》（武蔵本庄《ほんじょう》一万石）ら徳川家臣団の主力部隊である（『御当家紀年録』）。

これに、森忠政・仙石秀久・石川三長・日根野吉明・最上家親《いえちか》（義光の子）ら、信濃の大名らが従った（同前）。参謀役は、家康側近の本多正信だっただろう。それまで秀忠の

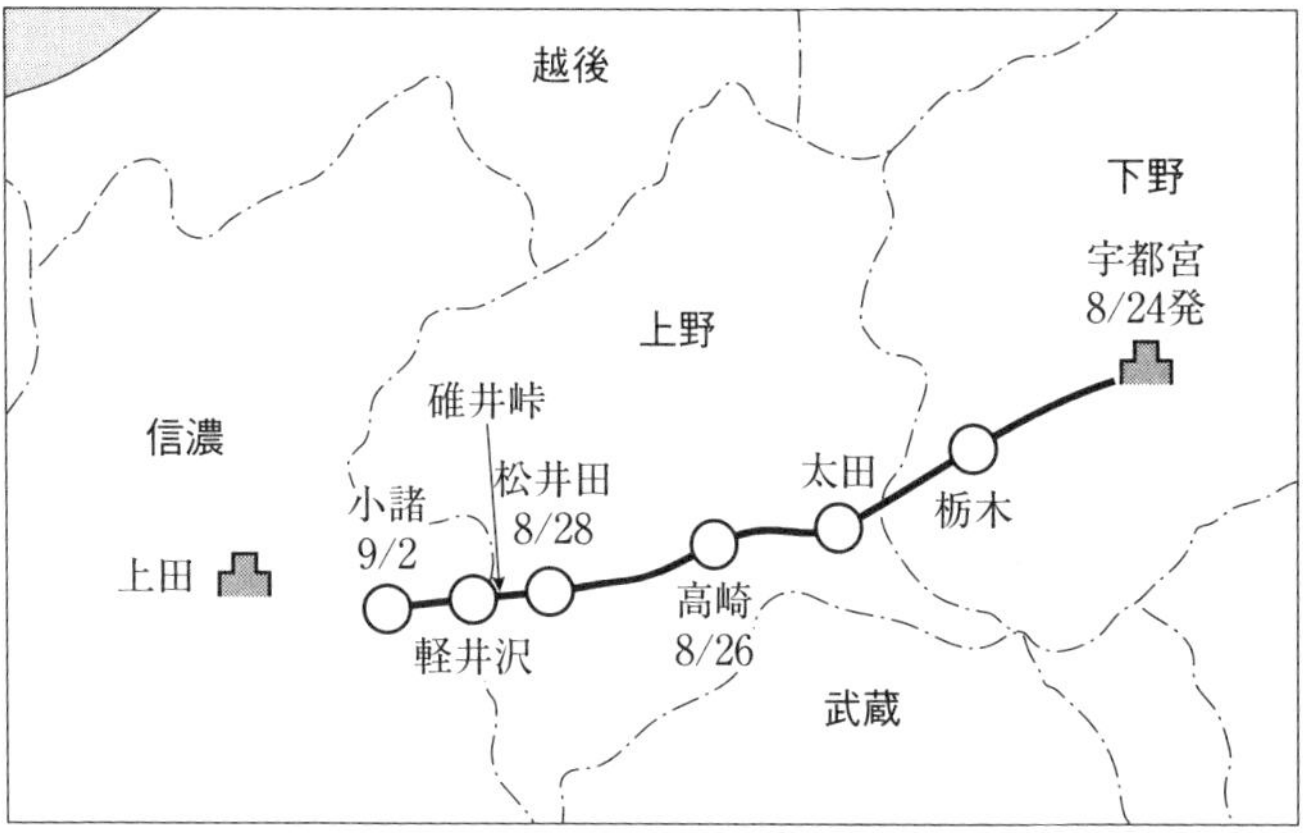

関ヶ原合戦関連地図1（宇都宮―小諸）

麾下《きか》にあった下野の武将は、秀康の指揮下に置かれ、関東の備えとして領地に留まった。

同月二十六日、秀忠は高崎《たかさき》に着いた。ここに家康からの使者青山忠成《あおやまただなり》が到着した。秀忠は、「真田表の儀、少しも油断申すまじく候」（桑名市博物館所蔵文書、『真田幸村と大坂の陣』）と返答している。すでに述べたように、秀忠の当初の目的は、信州上田城の真田昌幸の制圧だった。

同月二十八日、秀忠は、上州（群馬県）松井《まつい》田《だ》に着いた。

秀忠は、東軍方の黒田長政に、次の書状を送った（『黒田家文書』一―六）。

> 此中宇都宮にこれ有り而、境目丈夫に申し付け候間、信州真田表仕置申し付くべきため、去廿四日彼地を罷り立ち、今日

廿八日上州松井田に至り着陣せしめ候、近日彼地へ押し詰め、子（仕）置等申し付け、隙明け次第上洛を遂ぐべき覚悟に候、

〔現代語訳〕しばらく宇都宮に滞在して、境目等を堅く守るよう命じたので、信州真田表を制圧するため、去る二十四日に宇都宮を出発し、今日二十八日に上州松井田に着陣しました。近日、上田へ攻め込み仕置などを命じ、完了次第に上洛するつもりです。

松井田到着を知らせ、上田城の真田昌幸を攻撃することを述べ、上洛は上田城を制圧した後だと明言している。

この日、一柳《ひとつやなぎ》直盛《なおもり》や神保《じんぼ》相茂《すけしげ》に同様の書状を送っている（『家康文書』中巻）ように、秀忠は先発した東海道軍の諸大名と連絡を取り合っている。

この戦いを長期戦と見ていた家康は、この時まだ江戸にいた。先発した秀忠の任務は、中山道筋の大名を東軍方に付かせながら進軍することだった。特に上田は、上方と会津の上杉景勝を結ぶ重要拠点である。秀忠が率いた軍勢が、態度を鮮明にしない真田を帰順させようとするのは当然のことだった。

信濃に入る秀忠

九月一日、軽井沢《かるいざわ》を経て、二日に小諸城《こもろじょう》に着陣した秀忠は、真田昌幸に東軍に味方するよう勧告した。しかし、昌幸は、態度をはっきりさせずに時間をかせぎ、城周辺の

防備を固めていた。

岐阜城を落としたという知らせを受けた家康は、九月一日、江戸を出発し、東海道を進軍していた。

信州上田城

九月四日、浅野幸長から岐阜城落城の知らせを受けた秀忠は、次の返書を送っている（〔譜牒余録〕『家康文書』中巻）。

濃州表において、敵数多討ち捕られ、岐阜城即時乗っ取り、幷加勢として石田治部少輔人数ずいりやう（瑞龍）寺山に籠もり置き候処、柏原《かしはら》を始め悉《ことごと》く討ち果たされ候由、御手柄の段、寔《まこと》に比類無き儀共、申し尽くし難く候、将亦、真田表仕置のため出陣候、頓《やが》て隙明け次第上洛せしむべく候、

〔現代語訳〕濃州表で敵を多数討ち取られ、岐阜城を即時に乗っ取り、また加勢として石田三成の軍勢が瑞龍寺山に籠もっていた

上田攻め開始

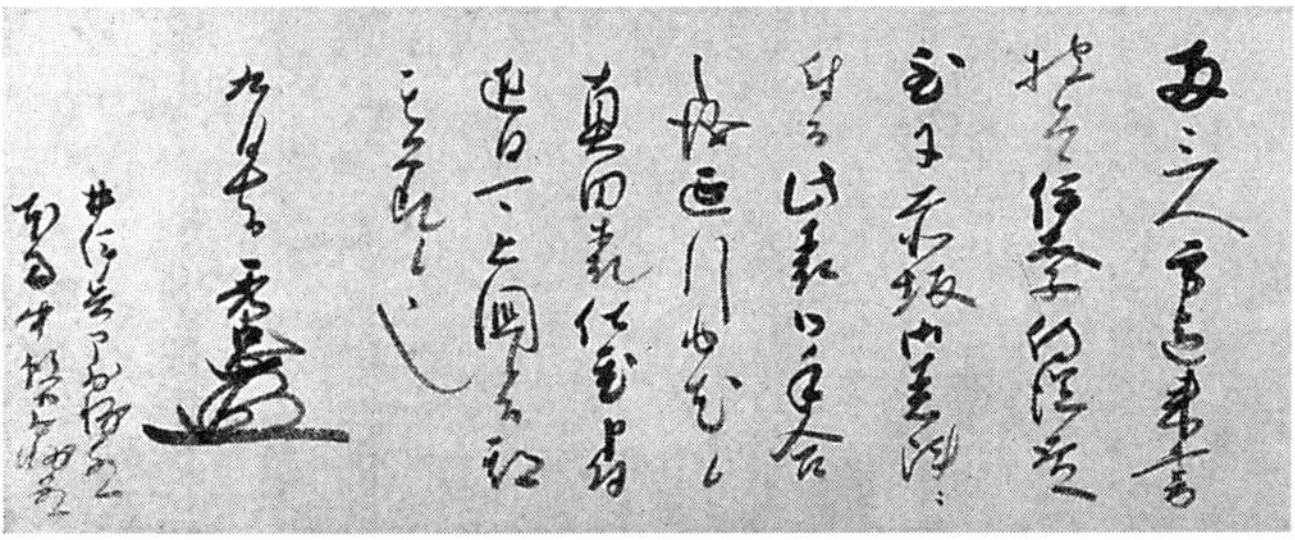

（慶長５年）９月７日付け秀忠書状
（東京都江戸東京博物館所蔵，Image：東京都歴史文化財団イメージアーカイブ）

ところ、柏原をはじめ悉く打ち果たされたとのこと、御手柄の段はたいへん比類ないことで、言葉に言い表せません。さて、私は真田表を仕置するため出陣しました。やがて真田を制圧し次第に上洛します。

秀忠は、まだ上田城攻めを始めていなかった。ようやく秀忠が上田城近くに布陣したのは、その翌日のことである。

八月晦日、家康は、「江戸を出陣するので中山道の軍も急ぎ上洛するように」との使者を秀忠に送っていたが、その使者が折からの長雨で増水した川を渡ることができず、まだ到着していなかった。

同月六日、秀忠軍と真田軍に小競り合いがあり、翌七日には挑発に乗った秀忠軍の牧野康成隊が上田城を攻めるが、巧みな防戦によって大きな損害を受けた。

同月七日、秀忠は、井伊直政と本多忠勝からの書状に対して、次のような返事を送っている（東京都江戸東京博物館所蔵、『真田幸村と大坂の陣』）。

両三人方迄の来書、披見候、伊奈侍従殿（京極高知）赤坂《あかさか》にいたり御着陣に付きて、この表御手合せの儀延引の由、尤もに候、真田表仕置申し付け、近日上国すべく候間、その節を期し候也、

〔現代語訳〕こちらまでの書状を読みました。京極高知《たかとも》が赤坂に着陣したということで、そちらの戦闘を延引しているということ、もっともです。私は、真田表の仕置を命じ、近日上方へ進みますので、その節を楽しみにしています。

この書状から、直政らが「信州飯田《いいだ》一〇万石の京極高知が西軍との最前線の赤坂に着陣したこと、西軍との開戦は見合わせていること」を知らせたことがわかる。これは、秀忠率いる軍勢の到着を待っていることを示唆したものだと思われるが、秀忠はまだ真田を制圧してからそちらに向かうと答えている。

秀忠に、上方の情勢に対する切迫感がまったくないのは不思議である。おそらく家康から、江戸を出たという知らせがなかったから、安心していたのだろう。

しかし、すでに述べたように、家康は九月一日に江戸を発ち、先陣の軍勢の軽挙を戒めつつ、上方に向かっていた。家康の使者が秀忠のもとに到着したのは、九日のことだった。

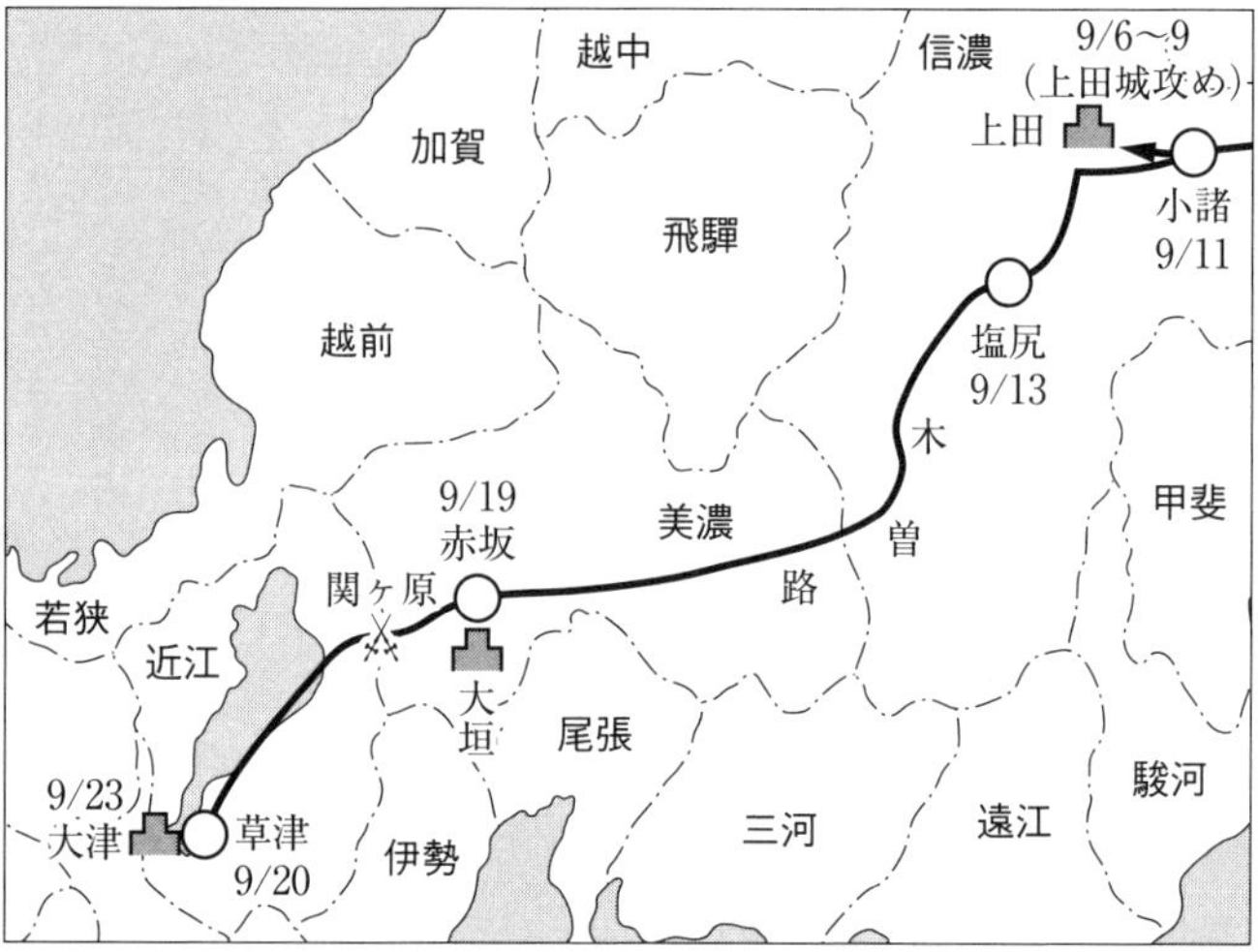

関ヶ原合戦関連地図２（小諸—大津城）

慌てた秀忠は、すぐに上方への進軍を命じた。同月十一日には、安房館山《たてやま》城《じょう》主の里見義康《さとみよしやす》に次の書状を送っている（「延命寺文書」千野原靖方『里見家改易始末』）。

この表仕置申し付け候ところ、大柿（大垣）の城に石田治部少輔（三成）、備前中納言（宇喜多秀家）、島津（義弘）、小西（行長）已下楯て籠り候ところ、先手の衆取り巻き候間、早速罷り上るべき由、内府より申し越され候に付きて、急ぎ上洛せしめ候、

〔現代語訳〕真田表を制圧していましたが、大垣城《おおがきじょう》に石田三成・宇喜多秀家・島津義弘《しまづよしひろ》・小西行長《こにしゆきなが》らが籠城していたところを、こち

らの先手の軍勢が包囲しているので早く上るようにと家康から申し越されたので、急いで上洛しています。

家康から、先手の武将が三成以下が籠城している大垣城を包囲しているので、急いで来るようにという指示があり、先を急いでいる、と知らせている。秀忠は、この時点でようやく上方の最新の情報を手に入れたのである。しかし、これは遅きに失した。

同月十三日、塩尻《しおじり》から木曽路《きそじ》に入った。しかし、木曽路は峻険で、長雨の影響で道が悪く、とても三万もの大軍を急行させることはできなかった。

同月十四日、秀忠は、藤堂高虎の書状への返書に次のように書いている（『高山公実録《こうざんこうじつろく》』上巻）。

先に進めない秀忠の焦り

我等事随分いそぎ候へ共、路次中節所故《せっしょゆえ》遅々、油断に相似、迷惑せしめ候、心中に任せざる故、察しあるべく候、去りながら、夜中を限らず罷り上り候間、近々上着せしむべく候、

〔現代語訳〕私はたいへん急いでいますが、道筋が峻険なため遅れに遅れ、油断しているように見え、困っています。思うに任せないこと、お察しください。しかしながら、昼夜兼行《ちゅうやけんこう》で上っているため、近々到着するでしょう。

秀忠は失点を取り返そうと先を急いだが、道筋が悪く大軍での移動は特にたいへんだ

った。そのため秀忠は、全軍で移動することはあきらめ、周辺の部隊を率いて、自分だけでも美濃に到着しようと道を急いだ。

この九月十四日は関ヶ原の決戦の前日である。家康も、少しは秀忠軍の到着を待った。しかし、いつになるかわからない秀忠の軍を待ち続ければ、大坂城の毛利輝元が秀頼を擁して出陣してくることも考えられる。そうなると、東軍方にも動揺する者が出てきて、下手をすれば総崩れになる可能性がある。

石田三成が主将となって大垣城に着陣している今こそ、動く時だった。

家康は、大垣城を通り過ぎて三成の居城佐和山城を攻めるという情報を流した。これを知った三成は、大垣城を出て、南宮山《なんぐうさん》の南を迂回して関ヶ原に陣を敷くことにした。十四日午後七時、三成は大垣城を出発、十五日午前一時、関ヶ原に到着した。島津・小西・宇喜多の諸隊もこれにしたがった。

家康が進軍を開始したのは、十五日午前三時頃だった。明け方、関ヶ原に到着し、前方に西軍が布陣していることがわかった。

この日は霧が深い日だった。午前八時頃に始まった戦闘は、正午頃まで互角だったと言われる。しかし、松尾山《まつおやま》に陣していた小早川秀秋《こばやかわひであき》軍が東軍方に寝返ったのが転機となった。かねて秀秋の寝返りを予測していた大谷吉継の軍勢は秀秋の軍勢を支えたが、秀秋の前方に布陣していた脇坂安治《わきさかやすはる》らの諸隊も裏切り、吉継を攻撃した。吉継の軍勢はそれを支えきれずついに壊滅し、吉継は自害した。

秀秋に側面を攻撃された宇喜多秀家勢も混乱し、ついに敗走が始まった。他の西軍諸隊も崩れていき、三成は戦場を離脱して伊吹山《いぶきやま》に逃げ込んだ。この秀秋の働きによって東軍の大勝利となった。

最後まで動かなかった島津義弘の軍勢は、敵の中央に向い、家康の本陣の脇をかすめ、伊勢方向に逃走した。井伊直政らが追撃したが、伏兵を忍ばせる島津氏の戦法に陥り、直政は負傷し、ついに追撃をあきらめた。もっとも島津氏の損害も甚大で、佐土原城《さどわらじょう》主島津豊久《とよひさ》が烏頭坂《うずざか》で討ち死にするなど犠牲者が続出した。

この島津義弘の戦いを最後に、関ヶ原合戦は終結した。すでに午後五時頃になっていた。家康は、天下分け目の戦いに勝利したのである。

秀忠、大遅参

関ヶ原合戦が行われていた頃、秀忠はまだ中山道を西上していた。

秀忠がようやく美濃の赤坂に到着したのは、合戦四日後の九月十九日夜である。すでに十七日には、三成の居城佐和山城も落ち、三成の父正継《まさつぐ》と兄正澄《まさずみ》が自害していた。

秀忠は、翌二十日、大津城に入っていた家康に面会を願い出たが、三日にわたって家康は許そうとしなかった。

榊原康政は、二十二日夜、密かに家康のもとに出頭して、秀忠の立場を擁護したという（以下〔藩翰譜《はんかんふ》〕「台徳院殿御実紀」附録巻一による）。康政は、まず「家康が合戦を急いだため遅れたので、秀忠の怠慢のためではない」と弁明した。家康は、使者を送ったはずだと答えたが、康政は驟雨《しゅうう》のためその使者が遅れたことを指摘し、「中納言殿もいいお歳で、行く末天下をもお譲りになる方に、弓矢の道において父君の御心にかなわないと世間の人に侮られたなら、子の恥辱だけでなく、父の御身にもその嘲りは及びます。これほど御遠慮のない成されようはございません」と涙を流しながら訴えた。このため家康の怒りも解け、翌二十三日、二人は大津城の陣所で対面し、互いの苦労を語り合ったとされる。

家康激怒の真相

しかし家康は、実は秀忠が遅参したために譴責《けんせき》したのではなかった。『慶長年中卜斎記』には、大津で家康が秀忠に対面した時のことを次のように書いている。

今度合戦に勝ち候、万一負け候ハヾ、吊《とむらい》合戦すべしと人数を揃へ上て能く候ハんに、道を急ぎ候迚《とて》まはらに上られ候と御機嫌あしく、

〔現代語訳〕今度は合戦に勝った（からよかった）。もし万一負けていれば、弔い合戦をしようと軍勢を揃えて上ってきたならよいが、道を急いで軍勢をまばらにして上ってくるとは（何を考えているのか）と御機嫌が悪く、

つまり家康は、遅れたことではなく、秀忠が軍勢を置き去りにして先を急ぐという軍事的な過ちに怒っていたのである。笠谷和比古氏が、「秀忠の取ったこの行動は、危険きわまりないものであったと言わなければならない。家康の東軍が関ヶ原で勝利したからよいものの、もし敗北でもしていたら、秀忠とその供回りの者たちは、西軍兵士たちによる掃討作戦や、土民たちによる落ち武者狩りの網にかかって命を落としてしまいかねない危険が大であった」と指摘している（『関ヶ原合戦と大坂の陣』）ように、家康の機嫌が悪かったのはまさにこの点で、大将としての資質に欠ける秀忠に失望したからだったのである。

しかし、当時の若い武将が命よりも遅れを取ることを嫌ったのと同じく、秀忠もどのような危険が待っていようと合戦に遅れることの方を嫌ったのであり、そうせざるを得ないほどに焦っていたのである。年齢や経験からいって、これは無理もないことだった。

なお、『慶長年中卜斎記』には、家康の機嫌が悪いことを聞いた康政が、御前にも出ず、すぐに旗を立て、軍勢を連れて伏見に進んだと書かれている。榊原家の『御当家紀年録』にも康政の弁明は収録されていないので、〔藩翰譜〕の逸話は事実ではないようである。

また、家康の命により、重臣が誰を跡継ぎにするかを議論したともいう（〔武徳大成紀〕

〔烈祖成績《れっそせいせき》〕「台徳院殿御実紀」附録巻二）。「台徳院殿御実紀」では、家康は秀忠を跡継ぎと決めていたが、人心の向背を試みて結束を固めようとしたのだと解説しているが、これらの逸話も信じ難い。

笠谷和比古氏は、戦いに遅参した秀忠の軍勢が徳川家の主力であったことから、東軍勝利において豊臣恩顧の大名の働きが大きく、関ヶ原合戦後の論功行賞に大きな影響を与え、豊臣系大名に相当に気を使わなければならなくなったことを指摘している（『関ヶ原合戦』）。秀忠の遅参は、このような影響から見れば確かに失態だった。

しかし、家康を主将として戦った関ヶ原合戦が勝利に終わった以上、家康の覇権がほぼ確立したことも事実である。この事実の前には、秀忠の遅参など取るに足らないことだったとも言える。

もともと秀忠は、まだ二十二歳の若者で、この時の戦いが実質的な初陣だった。補佐する老臣たちの意見もまちまちで、それを押さえるだけの権威も能力もなかったことを思えば、上田城攻めに虚しく時日を費やしたことも、秀忠のせいばかりではなかっただろう。そもそも本来の任務を考えれば、この遅参はやむを得ない部分もあったのである。

九月二十二日、大坂城西の丸にあった毛利輝元は家康と和議を結び、翌日、大坂城を退去した。

秀忠の弁明

秀忠は、九月二十三日の晩、大津城に入った。そしてその翌二十四日、黒田長政と浅野幸長とに宛てて同様の内容の書状を送っている（『家康文書』中巻）。浅野宛の書状は、次のようなものである。

昨晩伏見迄参着せしめ候、路次中《ろじちゅう》油断無く罷り上り候へども、節所《せつしょ》故遅参せしめ候、面を以て万々申し述ぶべくと存じ候処、先手ニ御座候に付きて、其儀に能わず、所存の外に候、然れば大坂の儀、相済み候様に承り及び候、其分に候哉、今度御粉骨により、天下平均に罷り成り、寔《まこと》に御手柄共に候、頓て面上を以て申し述ぶべく候、

〔現代語訳〕昨晩、伏見まで到着しました。道筋は油断なく上ってきましたが、峻険な道のため遅参しました。会っていろいろと話したいと思っていたところ、先手におられるので叶わず、残念です。さて、大坂城の引き渡しは済んだというように聞きました。その通りでしょうか。今度、皆様の御粉骨により天下が治まり、まことに御手柄だと思います。やがて会ってお話ししたいと思います。

幸長の手柄を賞する内容だが、まず自分の遅参について、その苦労を会って話したいと書いている。やはりよほど気になっており、弁解したいと思っていたのである。幸長（二十五歳）も長政（三十三歳）も二十二歳の秀忠と比較的年齢が近く、友人のような関係

でもあったから、話しておきたかったのだろう。

秀忠にとって天下分け目の合戦に遅れたことは、生涯の心の傷になった。これは後にもまた見ていくことになろう。

同月二十五日には、福島正則・黒田長政・藤堂高虎・浅野幸長・池田輝政から大坂城を請け取った旨の報告があったので、「本望の至りに候」と告げている。秀忠の内心は苦しいものだっただろうが、諸武将にとっては家康の世子であり、家康だけでなく秀忠にも諸事を報告しているのである。

家康・秀忠大坂城に入る

同月二十七日、家康と秀忠は、大坂城本丸で秀頼と対面し、家康は西の丸へ、秀忠は二の丸に入った。

この日、家康は、井伊直政・本多忠勝・榊原康政・本多正信・大久保忠隣・徳永寿昌《とくながひさまさ》に命じて、諸武将の軍功を議論させた。秀忠の老臣である榊原康政と大久保忠隣も入っており、秀忠の意向も反映する構成だった。

関ヶ原の論功行賞

覇権を握った家康だったが、関ヶ原合戦は、東西両軍とも秀頼様のためという名目で戦っていたから、この時点ではまだ秀頼が主君だった。

しかし、関ヶ原合戦後の論功行賞で、全国の大名配置は大きく変化する。家康と対抗できるだけの実力を持っていた毛利氏は、それまで備後・安芸・周防・長門・出雲・石見・隠岐の七ヵ国と備中・伯耆の一部を領していたが、周防・長門の二ヵ国だけに削減された。これは、輝元が西軍の大将として活動したことへの懲罰であった。

輝元の根拠地だった安芸の広島は、関ヶ原合戦で大功のあった福島正則に与えられた。正則にとっては大幅な加増であるが、清洲から広島への転封はありがたいとは思えなかっただろう。清洲城には、家康の四男松平忠吉が入ることになった。

会津の上杉景勝は、一二〇万石の領地を大幅に削減され、わずか三〇万石で米沢《よねざわ》に移封された。常陸の佐竹義宣も、秋田に移ることを余儀なくされた。

鹿児島へ逃げ帰った島津義弘は、兄義久を中心とする島津氏のねばり強い交渉があって、なかなか家康に服さなかった。家康は、島津氏に領地保全の起《き》請《しよう》文《もん》を渡し、慶長七年（一六〇二）十月、ようやく義弘の子忠恒《ただつね》が上洛し、のち伏見城で家康に謁して領地を維持した。

三　家康の将軍宣下と千姫の豊臣家入輿

関ヶ原合戦により、家康の軍事的な覇権は決定的なものとなった。

慶長六年（一六〇一）十月、家康は江戸に帰り、翌七年二月、伏見城に戻った。

一方の秀忠は、ずっと江戸を守っていた。この年、加賀の前田利長が江戸に至り、秀忠に拝謁した。

家康は、十月二日、伏見城を出て江戸に帰り、十一月二十六日にはまた伏見城に向かった。

慶長八年三月二十五日、家康は征夷大将軍宣下《せいいたいしょうぐんせんげ》を受けた。これにより家康は、諸大名への指揮権を手中にした。しかし、大名にとって豊臣家は依然として主家であり、秀吉の遺児である秀頼は特別な存在だった。

将軍宣下の直後の四月、家康は右大臣《うだいじん》に昇進し、秀頼が家康の後を受けて内大臣《ないだいじん》に昇進した。内大臣補任《ぶにん》の勅使が大坂へ遣わされた時、「予これを察するに、関白《かんぱく》宣下の為の勅使と云々」(『鹿苑日録《ろくおんにちろく》』『史料』一二—一)と考える者がいた。

もし家康が死んだとすれば、秀頼が関白になり、結果として政権の座に就くという可能性は皆無ではなかった。家康に従っている諸大名の大半は、秀吉恩顧の大名たちであり、家康の家臣ではない。しかも関ヶ原合戦を経て国持ちの大大名となって全国に配置されている。その意向は無視できない。

千姫の輿入れ

こうした中、同年七月二十八日、家康は、秀吉の遺言通り、千姫《せんひめ》を秀頼に輿入《こしい》れさせた。秀頼十一歳、千姫七歳だった。

秀頼と千姫の縁組の約束は、予断を許さないものだった。しかし、家康・秀忠にとって、諸大名の主家である豊臣家と縁組みすることは徳川家の地位をより高いものに引きあげることになり、逆に周知の事実であるこの縁組みを無視したのでは諸大名からの評判を落とすことになる。家康に他の選択肢はなかったと思われる。

秀忠は千姫を送り出しただけだったが、お江は、懐妊中にもかかわらず千姫に付き添い、江戸から伏見までのぼった。

お江は、千姫とともに舅の家康のいる伏見城に入った。伏見城から大坂城までは、秀忠の年寄大久保忠隣が千姫の輿に従い、黒田長政ら西国大名が警固する中を通行した。大坂城では、浅野幸長が輿を迎えた。

淀殿の侍女の渓心院《けいしんいん》は、次の消息（手紙）を残している（「渓心院文」『史料』一二—一）。

天しゅ院《天樹院、千姫》さま御つれ候て、大さか《坂》へ御こし入まいらせられ候時、御心もとなくおほしめされ候て、大坂へ大御台《お江》さま、御くたりましとて、なしまいらせられ候、

〔現代語訳〕千姫様を御連れになって、大坂へ御輿入れされた時、心配にお思いになって、お江様は大坂へ御下りなされたいということで、大坂まで御下りなさいました。

お江は、豊臣家に輿入れさせる千姫のことを心配に思い、いてもたってもいられず大

初姫はお初の養女に

坂まで付き添ったのである。

お江は、しばらく伏見城に留まり、四女の初姫《はつひめ》を産んだ。「徳川幕府家譜」（『系譜』一）には、「慶長七壬寅於江戸城御誕生」と記されているが、この時期、お江は伏見城に滞在していたので、伏見城で誕生したというのが正しい。

渓心院の消息によれば、初姫は、お江の姉お初が産屋からそのまま連れ帰り、養女として育てたという。京極家は、浅井家《あさいけ》の主筋にあたる近江の名門である。つまり、お江にとっても主筋であるから、自分の娘の一人を京極家に養女にやることは自然な話である。

第三　駿府政権と将軍秀忠

一　秀忠、二代将軍となる

秀忠の上洛

慶長《けいちょう》十年（一六〇五）三月二十一日、この日は折良く快晴で、秀忠は京都の上下の目を驚かす十万余騎という大軍を率いて京都に入った。

前関白《かんぱく》二条《にじょう》昭実《あきざね》・梶井《かじい》門跡《もんぜき》・九条《くじょう》忠栄《ただひで》・鷹司《たかつかさ》信房《のぶふさ》らとこの行列を見物に行った醍《だい》醐《ご》寺《じ》三宝院《さんぼういん》の義演《ぎえん》によると、秀忠の行列は先陣が榊原康政《さかきばらやすまさ》、次が伊達政宗《だてまさむね》、そのほか一八名の大名の軍勢が前駆し、秀忠の軍は鉄砲六〇〇、弓三〇〇、槍四〇〇〜五〇〇の後、秀忠が騎馬で進み、その後ろを徒歩の軍勢二〇〇〜三〇〇、供の騎馬一〇〇〇、二列で行進する鉄砲、弓槍の部隊が一万余、後陣にも大名一〇人ばかりが従うというもので、朝辰刻（午前八時頃）から酉刻（日暮れ時）に及ぶ壮麗な大行列だった。威令は行きわたっており、下々に至るまで誰も一言も発しなかった（『義演准后日記《ぎえんじゅごうにっき》』）。

この時の秀忠の上洛は、前代未聞の軍勢を率いての上洛であるばかりでなく、「路次行粧奇麗美々」というものだったため、「京中町人御迎、其外貴賤見物」という状況だった（〔梵舜日記《ぼんしゅんにっき》〕『史料』一二―三）。

同年四月八日、家康は、伏見城《ふしみじょう》を出て二条城《にじょうじょう》に入り、十日に参内《さんだい》した。この参内の模様は、〔時慶卿記《ときよしきょうき》〕同日条（『史料』一二―三）の記事が簡にして要を得ている。

十日、天晴、将軍参内、堂上《とうしょう》群参例の如し、門へ出迎え、諸大夫直垂《しょだいぶひたたれ》、太刀《たち》帯衆百余人、前駆《ぜんく》又衣冠《いかん》の諸大夫、同じく用心の体也、進物例の如し、献同じ、長橋《ながはし》にては一献《いっこん》と、女院（中和門院）御機合能く御対面、献ありと、大沢（基宿）太刀持ち内々迄参上候、

〔現代語訳〕十日、晴天。将軍が参内し、堂上はいつものように群参し、門へ出迎えた。諸大夫は直垂、太刀帯衆は百余人、前駆も衣冠の諸大夫で、同じく用心の様子だった。進物も例の通り。献も同じ。長橋にて一献し、中和門院《ちゅうわもんいん》と良好に御対面し、献があった。大沢基宿《おおさわもといえ》が太刀持ちとして内々まで参上した。

家康の参内にあたって、いつものように堂上公家《くげ》が群参し、家康の参内を門まで出迎え、歓待した。中でも、烏丸《からすま》父子、日野《ひの》父子三人、広橋《ひろはし》父子三人、万里小路《までのこうじ》父子、勧《かん》修寺《じゅじ》、藤宰相《とうさいしょう》父子、飛鳥井《あすかい》父子、山科《やましな》父子、四条隆昌《しじょうたかまさ》、柳原《やなぎわら》、舟橋《ふなはし》、冷泉《れいぜい》侍従らは、「昵近《じっきん》之衆」と呼ばれており（〔慶長日件録〕『史料』一二―三）、彼らが家康の意向を忖度《そんたく》して動いていた。

将軍職を秀忠に譲りたい

後の経過を見れば、この時の参内が将軍職を秀忠に譲るためのものであったことが明らかである。果たして四月十二日には、内大臣《ないだいじん》豊臣秀頼が、右大臣《うだいじん》に昇任した。これは、秀忠が将軍宣下《しょうぐんせんげ》を受ける前提となる人事だったと思われる。

家康は、内大臣で将軍宣下を受け、右大臣に昇進した。室町幕府の将軍は必ずしも大臣になっていないが、家康の先例から秀忠も同時に大臣に昇進させたということなのだろう。そのためには大臣職に空きが必要だが、秀頼が内大臣だったから、秀頼を右大臣に、秀忠を内大臣にという人事がなされたものと考えられる。こうした措置を着々と実現していったのは、「昵近之衆」である大納言《だいなごん》・中納言《ちゅうなごん》クラスの公卿《くぎょう》たちだっただろう。

『大日本史料』第一二編之三では、四月七日条に、家康が将軍職を辞し秀忠にこれを譲ることを、家康が朝廷に奏請したという記事が見える。

将軍宣下

同月十五日、家康は伏見城に帰った。そして、その翌十六日、秀忠に将軍宣下が行われるが、これがいつ頃から計画されたものかは明らかでない。『言経卿記《ときつねきょうき》』三月十五日条には次のように記されている。

三月十五日己丑、陰雨、大外記《だいげき》(中原)師生来る、右大将(秀忠)殿任槐《にんかい》これ有る歟の由申し、同兄弟(結城秀康)越前宰相モ黄門《こうもん》に拝任の由申し、談合了、

〔現代語訳〕三月十五日己丑、陰雨、大外記の中原師生《なかはらもろう》が来た。秀忠殿が大臣に任

じられそうだということを申し、秀忠の兄の結城秀康《ゆうきひでやす》も中納言に任じられるということを申し、談合した。

三月十五日には秀忠の大臣昇任がほぼ既定方針であったことがわかる。

公家の日記では、『義演准后日記』四月九日条に、「（家康の）御子息右大将殿《（秀忠）》江近日将軍与奪宣下云々」とあり、将軍職を秀忠に譲ることが一般に知らされたのは、十六日のわずか一週間ほど前にすぎなかったことがわかる。

将軍職を徳川家で世襲

秀忠が江戸を出立する時から、この上洛が将軍宣下を受けるためのものだという計画があったのだろうか。諸史料を読む限りそうではない。京都においても、この大軍を率いての上洛が、必ずしも将軍宣下のためと思われていたわけではなかった。秀忠は、同月二十九日に参内するが、それは去々年右大将宣下の御礼と考えられている（『義演准后日記』）。

幕府の正式な解釈も同様である。幕府の正史である「台徳院殿御実紀《たいとくいんでん》」にも次のようにある。

十年二月　御父君はとくより都にましゝます。公《（秀忠）》は江戸より御上洛あるべしとて、其行列をとゝのへ給ふこと、例よりは厳重なり。これは大将かけ給ひはじめて御上洛たるが故なるべし。上杉《うえすぎ》、伊達、佐竹《さたけ》、最上《もがみ》をはじめ、外様譜第《とざまふだい》の諸大名あまたしたがひ奉る。

〔現代語訳〕十年二月、御父君の家康公は早くから都にいらっしゃった。秀忠公は江戸から上洛するということで、その行列をいつもより厳重に調えなさった。これは右大将になってから初めての御上洛だからであろう。上杉・伊達・佐竹・最上をはじめ、外様・譜代《ふだい》の諸大名が大勢供奉《ぐぶ》した。

家康が秀忠を呼んだのが、将軍職を譲るためだったとは書いていない。しかし、最初から大行列を仕立てて上洛しているのだから、そういう連絡は当然あっただろう。

慶長十年は、家康が将軍に就いてからわずか二年である。家康から願わないことには、秀忠へ将軍を譲ることは誰も考えつかなかったであろう。これは、周知のように、将軍職を徳川家で世襲する姿勢を明らかにしたということに間違いない。

こうした事情は、イエズス会宣教師も正確に見抜いている（「一六〇五年の日本の諸事」『イエズス会』I―五）。

（家康は）本年、決意を明らかにし、帝国を己のものとして占奪するだけでなく、自らの一族のうちに永遠に留めることに決めた。これゆえ、己が世襲の領国である関東諸国から息子を上洛せしめた。二男ではあるが、彼に将軍或いは公方《くぼう》の称号を与え、自分の死後は帝国を相続するよう、彼を嗣子《しし》（かつ）相続人にしておいたのである。この若君は、その国だけではなく近隣諸国のすべての領主を伴い、七万の戦士とともに来た。この随行者たちを引き連れて、父が待っている都に近い伏見の政庁と城に到着した。

イエズス会宣教師は、家康が将軍職を譲ることによって「帝国」を秀忠に伝えようとした、と正確に理解している。この将軍職の与奪の意味に関しては、外国人の方が日本人よりもはるかに正確な政治的把握をしていたのである。

秀忠の将軍宣下の儀式

四月十六日に行われた秀忠の将軍宣下の儀式は、家康の時とほぼ同じであるが、ここで概観しておこう。

この日卯刻（日の出時）、将軍宣下の陣儀が行われた。上卿《しょうけい》は中納言勧修寺光豊《みつとよ》、奉《ぶ》行《ぎょう》は頭左中弁《とうのさちゅうべん》広橋総光《ふさみつ》だった。右中弁坊城俊昌《ぼうじょうとしまさ》、参議《さんぎ》飛鳥井雅庸《まさつね》も参陣し、そのほか、大内記《だいないき》五条為経《ごじょうためつね》、両局《りょうきょく》（左大史《さだいし》〈官務《かんむ》〉小槻孝亮《おづきたかすけ》・大外記〈局務《きょくむ》〉中原師生）、六位外記史《げきし》、出納《すいのう》（平田《ひらた》）らが参加している。

陣儀が終わると、伏見城へ勅使が派遣された。この日の勅使は大納言広橋兼勝《かねかつ》で、陣儀に参加した上卿勧修寺光豊以下の役者もこぞって伏見城に赴いている。以下、明経《みょうぎょう》博士《はかせ》舟橋秀賢《ひでかた》の『慶長日件録』（『史料』一二―三）によって紹介しよう。

伏見には、早朝から六条宰相有広《ろくじょうさいしょうありひろ》、冷泉中将為満《れいぜいちゅうじょうためみつ》、山科内蔵頭言諸《くらのかみときお》、四条少《しょう》将《しょう》(不詳)が連れだって行っている。これらは、家康の取り巻きたちで、この日陣儀があり、次いで勅使《ちょくし》が派遣されるのを知っているから、自ら秀忠に伺候《しこう》しているわけである。

午刻(正午)、上卿以下この日の宣下の役者たちが伏見に着いた。秀忠は、紅直垂を着用し、小刀を差して出御した。次いで勅使広橋大納言が参り、宣下を伝えて着座した。続いて上卿・参議・奉行・職事《しきじ》・少納言《しょうなごん》・輔代《ふだい》といった役者が座席順に着座する。

官務の小槻孝亮が将軍宣旨を持参し、簀子《すのこ》のところで細川忠利《ほそかわただとし》に渡す。忠利は、それを受け取って秀忠の前に持参する。秀忠は箱を開け、宣旨を頂戴して脇へ置く。箱には砂金《さきん》袋二つが入れられ、官務に返却される。官務はそれを戴いて退く。

次に大内記五条為経が位記《いき》を持参する。取次は、将軍宣旨の時と同じく細川忠利である。秀忠が頂戴して脇へ置くと、箱に砂金一袋が入れられ、返却される。

次に官務が淳和院別当《じゅんないんのべっとう》の宣旨を、次に大外記中原師生が内大臣宣旨、次いで牛車《ぎっしゃの》宣旨《せんじ》を順に持参し、それぞれ同様の儀礼を持って受け取る。これで一応将軍宣下の儀式は終わりである。

午後には、勅使や上卿らに、新将軍から禄が給された。広橋大納言へ金五枚、上卿へ金一〇枚、奉行弁に金五枚、職事に金五枚、参議・大内記・少納言らへ御服一重と金一枚である。次いで、勅使と上卿に鞍置馬《くらおきうま》が下賜され、両人は御太刀を進上してお礼を言上した。

その後、地下の者がことごとく御礼（お祝い）を言上し、太刀を進上する。その後、舟橋秀賢ら取り巻きの者が太刀を持参し、御礼を言上して退出する。

舟橋らは、それから家康のもとに赴いたが、家康は「方外御機嫌也」とたいへん機嫌がよかったことが証言されている。

秀吉に劣らない威勢

翌十七日、秀忠は、伏見城から上洛して二条城に入った。二十六日には諸大名を供に従えて将軍宣下御礼の参内を行った。この参内の儀式が、秀忠が将軍になったことを天下に知らせる行事だった。この時の盛儀は、『義演准后日記』の次の記述によってよく表されている。

廿六日、陰、今日新将軍参内、無為珍重々々、日本国諸侍悉《ことごと》く供奉と云々、太閤《たいこう》御威勢の時に劣らずと云々、

日本の武家たちが皆供奉と噂されるほどの盛儀で、秀吉の時に劣らないほどの新将軍の威勢だったというのである。この行列の構成は次のようなものだった（「慶長十年御参内行列記」『史料』一二―三）。

一番　雑色《ぞうしき》一二人

二番　長持《ながもち》（献上物の行列）
三番　先打《さきうち》（長刀の行列）
四番　随身衆《ずいじんしゅう》　島田兵四郎《しまだへいしろう》・牟礼江右衛門《むれごうえもん》ほか一〇名
五番　白張《はくちょう》　一二人
六番　歩行諸大夫衆《かちしょだいぶしゅう》　浅野采女正《あさのうねめのかみ》・松平長門守《まつだいらながとのかみ》（毛利秀就《もうりひでなり》）ほか八〇名
（この後に長刀と秀忠の車が続き、周囲に多くの旗本《はたもと》が従っている）
七番　騎馬諸大夫衆　小笠原秀政《おがさわらひでまさ》・松平忠吉《ただよし》ほか一四騎
八番　塗輿之衆　上杉景勝《かげかつ》・毛利秀元《ひでもと》・京極高次《たかつぐ》・伊達政宗・島津家久《しまづいえひさ》・福島正則《ふくしままさのり》・松平忠輝《ただてる》・佐竹義宣《よしのぶ》・最上義光《よしあき》・堀秀治《ほりひではる》・蒲生秀行《がもうひでゆき》・前田利光《まえだとしみつ》の国持大名一二人

これにまた歩行諸大夫等が続く。

このような大行列が二条城から御所に進んだ。出発地から到着地まで、行列はほとんど途切れなかっただろう。

この時の参内で、秀忠は、天皇に白銀一〇〇〇枚、女院へ同二〇〇枚、親王へ同三〇〇枚、女御《にょうご》へ同一〇〇枚、典侍《てんじ》へ同三〇枚、内侍《ないし》へ同二〇枚、長橋局《ながはしのつぼね》へ同五〇枚を献上した。

豊臣と徳川の関係

家康は、秀忠の将軍襲職をよい契機として、高台院《こうだいいん》（秀吉の正室、ねね）を通じ、秀頼に秀忠のいる伏見城と京の二条城の自分を訪問するよう勧めさせた。秀頼が伏見城に出向いて秀忠に挨拶するというのは、豊臣家が徳川家に臣従したということを天下に示すことになる。

果たして淀殿《よどどの》は、「もし無理にでもそうするなら、秀頼を殺させ自分も自害する」としきりに言い、また上方大名の中には「秀頼公が伏見（秀忠）に上るのは勿体ない」と言上する者がいた。この噂が広まると、大坂の庶民は戦いになるのを恐れ、荷物を運び出すなど動揺した（『当代記《とうだいき》』）。

秀忠は秀頼の舅である。主筋であることへのこだわりを捨て、伏見城に出向いて秀忠に拝謁し、将軍宣下を祝していれば、豊臣と徳川の関係も変わっていたかもしれない。しかし淀殿は、主家としての誇りからこれを受け入れようとはしなかった。そしてまだ十三歳の秀頼も、母の強い意志に逆らえるはずもない。こうして秀頼は大坂城を出なかったが、この時は家康も無理強いはしなかった。

二　駿府政権と秀忠

駿府政権の時代

秀忠が将軍宣下を受けた慶長十年（一六〇五）四月から家康が没する元和《げんな》二年（一六一六）四月までを「駿府《すんぷ》政権」の時代とする。

家康と秀忠の二元政治

家康は将軍時代には「公方」と称し、秀忠に将軍を譲ると「大御所《おおごしょ》」と称した。将軍になった秀忠は、「公方」と呼ばれることもあるが、一般には「将軍」と呼ばれた。大御所と将軍が並立することから、藤井譲治氏は「二元政治」の時代とする（『一七世紀の日本』）が、政治の中心は駿府城に隠居した大御所家康にあったから、「駿府政権」あるいは「大御所時代」と称した方が適切だと考える。

ただし、この時期の知行《ちぎょう》制は、以下に紹介する藤井氏自身による研究（『徳川将軍家領知宛行制の研究』）で明らかにされたように複雑なものだった。

慶長十三年三月七日、秀忠は越後の堀忠俊《ただとし》に次の直書《じきしょ》を与えている。

越後国の事、前々の如く相違なくこれを申し付け訖《おわんぬ》、然る上は、全く亡父左衛門《さえもんの》督《かみ》仕置の旨に任すべき者也、

慶長十三

三月七日　（徳川秀忠花押）

松平《堀忠俊》越後守とのへ

秀忠が堀秀治の跡目相続を子の忠俊に認めたいわゆる「継目の判物《はんもつ》」だが、三月十五日には家康が同じ堀忠俊に次の御内書《ごないしょ》を与えている。

越後国の儀、将軍より前々の如く申し付けらる旨、満足せしめ候、弥《いよいよ》将軍え忠勤を抽《ぬき》んずべき旨なり、

三月十五日　（徳川家康花押）

松平越後守とのへ

領知相続の許可は秀忠から申し渡されたが、家康も御内書を発給してそれを了承している旨を伝えたのである。大名側からすれば、やはり家康の承認が欲しく、家康が保証のため御内書を発給したのだろう。ここに家康と秀忠の位置関係が如実に表れている。家康は、領知宛行《あてがい》権は将軍である秀忠に一元化しようと考えていたのである。

秀忠の領知朱印状

しかし、大坂の陣の直後には秀忠に先行して領知を与えることもあった。慶長二十年五月、家康は、井伊直孝《いいなおたか》に五万石加増を告げる領知朱印状《しゅいんじょう》を発給して与えた。これに対し、この年十一月二日、秀忠も、直孝に対して五万石の加増を与える領知朱印状と知行目録を発給する。

これについて藤井氏は、以下のように指摘する。

> とすれば、秀忠の領知朱印状は、家康のそれを追認したに過ぎず、豊臣政権が最終的に消滅したこの段階を迎えても、領知宛行権は、将軍秀忠のもとにはなく、大御所家康によって掌握されていたのである。にもかかわらず秀忠が領知朱印状を発給したことは、領知宛行権が追認・安堵といった限定的ではあれ秀忠に認められていたことを示しており、見落とせない重要な点である

藤井氏はこの体制を、「家康が秀忠への領知宛行権ひろくいえば政権委譲をスムーズにするため、秀忠の立場を強化・顕現化させようとしたことによる」と評価している（藤井前掲書）。

おおむね首肯すべき議論である。ただし、この事例は家康の先走った行動で、家康は領知宛行権を握っていたが、それを将軍である秀忠が領知朱印状を発給して与える形式を取ることにしていたはずなのである。つまり、「領知宛行権が追認・安堵といった限定的ではあれ秀忠に認められていた」というのではなく、本来、主従関係に基づく領知宛行権、したがって家康に権限があると自他ともに認めるものを将軍の職務として行わせることで秀忠の地位の強化をはかっていたのである。

慶長十四年、後陽成《ごようぜい》天皇の「近習《きんじゅう》之女房《にょうぼう》衆」広橋局・唐橋局《からはしのつぼね》らが、洛中で若手の

関与しない秀忠

公家と酒盛りをするという宮中の不祥事があった。いわゆる「猪熊事件《いのくまじけん》」である。仮名《かな》草子《ぞうし》の『花山物語《かざんものがたり》』によれば、単なる酒盛りではなく淫らなものだったとされる（鈴木健一『江戸詩歌の空間』）。お膳立てをしたのは、兼保備後《かねやすびんご》（頼継《よりつぐ》）という者とその妹で命婦《みようぶ》の讃岐《さぬき》である。

これを知った後陽成天皇は激怒し、駿府《すんぷ》の家康に勅使を送り、不祥事を起こした若公家と女官をすべて斬罪にするよう命じた（『当代記』）。

武家伝奏《ぶけてんそう》勧修寺光豊は、家康の側近である本多正純《ほんだまさずみ》に七月十八日付け書状を送り、「禁中《きんちゅう》方御外聞能《よ》き様に御馳走、専要に存じ候」と後陽成の意に反して善処を望んでいた（「勧修寺光豊公文案」二『史料』一二―六）。

また光豊は、秀忠付きの年寄《としより》本多正信《まさのぶ》・大久保忠隣《おおくぼただちか》・酒井忠世《さかいただよ》に、次のような書状を送った（「勧修寺光豊公文案」二）。

今度女中方若堂上衆不慮の仕合、前代未聞に候、然者《しからば》、叡慮以ての外の御逆鱗、斜《なのめ》ならず候、已来《いらい》の御法度と思し召すの間、急度曲事《きっとくせごと》に仰せ付けらるべき叡慮に候、此等の旨、然るべき様に申し入れらるべく候、猶巨細の段、板倉伊賀守（勝重）より申し越さるべく候、恐々謹言

七月二十三日　光豊

本多佐渡守殿
大久保相模守殿
酒井雅楽頭《うたのかみ》殿

〔現代語訳〕今度女官と若い堂上の行動は前代未聞のことです。そのため天皇は激怒されておられます。以後の示しをつけるためにも、厳しく処罰を命じられるべきだとの御考えです。これらのことを然るべき様に申し入れてください。詳しくは板《いた》倉勝重《くらかつしげ》より申し越されるでしょう、恐々謹言

実権は家康が握っているにせよ、光豊は秀忠にも伝えるべきだと考えていたのである。八月四日、駿河から大沢基宿《おおさわもといえ》と板倉重宗《しげむね》が遣わされてきて、家康の回答を伝えた（『お湯殿の上の日記』九）。

こんとの女中らんたい《（乱態）》、けきりん《（逆鱗）》もつともにて候まゝ、いかやうにも仰したい《（次第）》たるへきとの御事也。さりなから、こうなん《（後難）》もなきやうに御きうめい《（糾明）》かんよう《（肝要）》のよし、

〔現代語訳〕今度の女中たちの乱態は、天皇のお怒りはもっともなので、どのようにでも仰せ次第との事です。しかし、後難もないように御糾明することが大切ですとのことでした。

後陽成の逆鱗をもっともとして、仰せ次第にすると言いながら、後難がないよう御糾

明することが肝要だと忠告したのである。怒りにまかせて全員を斬罪にするのは、やはり後難を招くと考えたのだろう。

この時、秀忠からも堀淡路守が使者として送られてきて、光豊への回答の書状が渡された。これには「こんとの御事御尤もの由」と書かれている。秀忠はさしたる意見を表明していない。

後陽成は、家康の返答を受け、摂家衆《せっけしゅう》を呼び出し、清涼殿《せいりょうでん》で談合した。後陽成は、あくまで「きつと仰つけられ候はん」と言い張り、摂家衆も「もっとも」と答えた。そこで、京都所司代《きょうとしょしだい》が駿府に使いに行くことになった。新上東門院《しんじょうとうもんいん》(後陽成の母)の使者帥局《そちのつぼね》や女御近衛前子《このえさきこ》の使者右衛門督《うえもんのかみ》、揚林院《ようりんいん》も同行した。

勝重らは、八月二十三日に帰京した。彼らがもたらした家康の判断は、公家衆九人を西国に流し、五人の女官は東国に流す、というものだった。

九州に逃亡していた猪熊は捕らえられ、首謀者だということで斬罪となり、兼保も斬罪となった。

処罰のゆくえ

公家の処罰について、確かに秀忠にも知らされたが、朝廷が頼みにしたのは家康であり、交渉も駿府で行われた。秀忠は、事態の推移を追認していたにすぎない。これが駿府政権期の意思決定のあり方だった。『当代記』には、この年、「中国・西国・北陸大名衆」すなわち秀忠麾下《きか》でない大名たちに、十二月に関東に下り、江戸で越年するよう指示があったが、「是　併《しかしながら》　駿河より内々御諚に依る也」とされている。秀忠は、まだこれらの大名に指示を出すことなく、家康が秀忠への参勤を命じ、秀忠に権威を付けさせようとしていたのである。

秀忠独自の判断で書状

ただ、秀忠が家康の保護下にあって何もしていなかったわけではない。秀忠は自身の判断で諸大名に書状を送り、将軍としての存在感を示そうとしている。慶長十四年、加賀藩隠居の前田利長《としなが》の富山城が火事で焼失したという報告があった時は、次の文書を送った（「加藩国初遺文」八『家康文書』下巻之一）。

そこ元相残らず火事出来の由、心元なく候に付き、即ち申し達し候、委曲本多佐渡守（正信）申すべく候、謹言

卯月四日　秀忠御判

越中中納言（前田利長）殿

居城が全焼したことへの見舞い状である。これに対して秀忠付き年寄大久保忠隣・本多正信に対して出した利長の礼状が残っている（同前）が、それには「御内書を成し下され」としている。この文書は「謹言」で書き留めるなど、室町将軍の御内書《ごないしょ》よりは鄭重で、いわば直書の書札礼だが、秀忠は将軍であるから「御内書」と称されているのだ

ろう。

さらに同年、薩摩藩島津家が琉球出兵の成功を報告した時も、次の文書を出している（『旧記雑録後編』）。

御内書を発給するようになる

琉球に至り兵船を指し遣し、時日を移さず一戦に及び、彼党数数多これを討ち捕り、剰《あまつさ》え国王降参の上、幷三司官《さんしかん》以下その地に至り不日《ふじつ》渡海たるべきの注進、誠に以て比類無き働き共に候、猶本多佐渡守申すべく候、謹言

七月五日　（花押）

薩摩少将殿（島津家久）

琉球出兵により国王が降参し、三司官（琉球の大臣）が鹿児島に渡海することになったという島津家からの注進に対して「比類無き働き」と賞賛したものである。この文書も直書の書札礼だが、次の秀忠文書（『旧記雑録後編』）によると「内書」と認識されていた。

琉球早速退治の旨、先ず注進を回すに付きて、内書を以て申し越し候之処、重来音《いん》物《もつ》、青貝二十四孝之床道具幷緞子《どんす》十端到来、珍奇の至り、感悦に覚え候、猶本多佐渡守申すべく候也、

極月十五日　（花押）

薩摩少将殿

島津家からの床道具などの音物に対する礼状で、文中、七月五日付けの文書を、「内書を以て申し越し候之処」と書いている。また、この文書は、「申すべく候也」と書き下していて「謹言」がなく、まさに御内書の書札礼となっている。すでに家康文書は御内書の書札礼をとっていたから、ようやくそれに追いついたということだが、秀忠も諸大名に対して堂々と御内書を発給するようになったのである。以後、細川忠興《ただおき》・黒田《くろだ》長《なが》政《まさ》などに御内書で連絡している（「細川家記」「別本黒田家譜」『家康文書』下巻之二）。ようやく将軍として諸大名に対するようになったと言えよう。

ただ、これも全大名一律というわけではない。元和六年十一月二十一日、駿河台《するがだい》の工事を担当した伊達政宗に対して送った内書は次のようなものである（『伊達家』二―八三六）。

今度当城普請の儀、入念申し付けらるるにより、早速出来、怡覚え候、殊更美作守（伊達忠宗）入精の段、感ぜしめ候、下々苦労の至りに候也、謹言

十一月廿一日　秀忠（花押）

仙台

宰相殿（伊達政宗）

普請が早速に完成したことを賞するものだが、政宗に対しては家康死後のこの時点においても「謹言」を付け、直書の書札礼をとっている。

なお、琉球の扱いについて、ここで述べておこう。慶長十五年五月十六日、島津家久《いえひさ》は、琉球国王尚寧《しょうねい》を連れて鹿児島を発し、八月六日駿府に到着した。八日には尚寧を連れ駿府城に登城し、家康に拝謁した。その後、江戸に向かい、二十五日江戸着、二十八日、家久は尚寧を連れ江戸城に登城し、秀忠に拝謁した。

尚寧を引見した秀忠は、以下のようなものだったという（『琉球属和録』『史料』一二—七）。

秀忠公大いに憐れみ給ひ、薩摩侯付庸の国といひながら、諸大名なみにして、列は御老中の次に座し、十万石以上の格とぞ定められける、

秀忠は尚寧に同情的だったが、これまで独立国だった琉球国は、一〇万石以上の大名の格式とされ、島津家の付庸国とされたのである。

三　家康・秀頼の対面と秀忠

慶長十六年（一六一一）三月六日、家康は上洛のため駿府を発した。九男義直《よしなお》と一〇男頼宣《よりのぶ》も同行していた。

十七日、京都に着いた家康は、二条城に入った。

二十日、義直と頼宣がともに右近衛権中将兼参議に任じられた（『徳川諸家系譜』）。

二十三日には家康が参内し、二十七日、後陽成天皇が譲位《じょうい》した。新天皇になる政仁《ただひと》親王は十六歳である。

この日、大坂を船で出た秀頼は、船中で一泊し京都に入った。供は、織田有楽《おだうらく》・片桐《かたぎり》且元《かつもと》・同貞隆《さだたか》、大野治長《おおのはるなが》らの豊臣家宿老《しゅくろう》の者たちだった。

織田有楽は、信長の弟で、淀殿にとっては叔父にあたる。片桐且元・同貞隆の父孫右衛門直貞《まごうえもんなおさだ》は、淀殿の父浅井長政《あさいながまさ》が自害する寸前まで長政のもとを離れなかった浅井氏の旧臣である。且元は、秀吉に仕え、賤ヶ岳《しずがたけ》の七本鎗の一人に数えられている。大野治長は、秀頼の乳母大蔵卿局《おおくらきょうのつぼね》の子で、乳兄弟が側近として取り立てられるのは当然のことだった。

家康からは、義直と頼宣が迎えのため遣わされた。我が子を遣わすことにより、秀頼の身の安全を保証するという意味があった。この二人に浅野幸長《よしなが》と加藤清正《かとうきよまさ》が従った。彼らは秀吉恩顧の大名として、もしもの時には秀頼の身を守ろうとするであろう。

家康と秀頼の対面

家康と秀頼の対面は、二条城で行われた。家康は庭上まで出て秀頼を迎え、秀頼はこれに慇懃《いんぎん》に感謝した。家康は「互いの御礼（対等の対面）」を提案したが、秀頼はこれを固辞し、下座で挨拶した。当然、膳部《ぜんぶ》も美麗に用意されていたが、「かえって隔心のようだ」としてただ吸い物だけが饗された（『当代記』）。

こうして家康と秀頼の対面は、両者が献上の美徳を示して首尾よく終わった。高台院（秀吉の正室、ねね）も二条城に来ており、久しぶりに秀頼と対面した。

秀頼が京の大仏殿を参詣し、大坂に帰る時、多くの京の民衆が秀頼を拝み見たという。家康が秀頼と対面した頃、江戸に残っていた秀忠は、江戸城西の丸普請の様子を連日見回っている。秀忠は秀頼の舅だが、こうした重要な案件でもまったく関与していない。

後水尾天皇の即位式

四月十二日、紫宸殿《ししんでん》で後水尾《ごみずのお》天皇の即位式があった。家康はこれを見物し、式終了後、勧修寺光豊の屋敷で装束《しょうぞく》を着し、正式に参内してこれを賀した（「光豊公記」『史料』一二―八）。

家康の法令三ヵ条

この日、家康は、法令三ヵ条を定め、近畿・中国・四国・西国の諸大名から誓書を徴した。以下のようなものである（「前田家所蔵文書」『史料』一二―八）。

条々

一、右大将家（源頼朝）の如く、以後代々公方の法式これを仰ぎ奉るべく、損益を考えられ、江戸より御目録を出さるに於ては、弥《いよいよ》堅くその旨を守るべき事、

一、或いは御法度を背き、或いは上意を違るの輩、各国々隠し置くを停止すべき事、

一、各抱え置くの諸侍已下、もし反逆殺害人たるの由、その届け有るにおいては、互いに相拘ふるを停止すべき事、

右条々もし相背くに於ては、御糾明を遂げられ、厳重の法度に処せらるべき者也、

慶長十六年四月十二日

後水尾天皇の即位を機として、武家の基本原則を定めたものである。

内容は、一条目が鎌倉時代以来の将軍家の法令を守り、江戸から法令を出されればそれに従うべきこと、二条目は法度や上意に背く者を領地に隠し置くことの禁止、三条目は反逆殺害人と届けられた者を他の家中で召し抱えることの禁止である。

これに署名した者は、細川忠興・松平忠直《ただなお》・池田輝政《いけだてるまさ》・福島正則・島津家久・森忠政《もりただまさ》・前田利常《としつね》・毛利秀就・京極高知《たかとも》・京極忠高《ただたか》・池田輝直《てるなお》・加藤清正・浅野幸長・黒田長政・藤堂高虎《とうどうたかとら》・蜂須賀至鎮《はちすかよししげ》・山内忠義《やまうちただよし》・田中忠政《たなかただまさ》・生駒正俊《いこままさとし》・堀尾忠晴《ほりおただはる》・鍋島勝茂《なべしまかつしげ》・金森可重《かなもりよししげ》の二二名である。在京していた者が署名したものだが、法令の内容は全国に発せられたものである。

法令の内容自体はまさに一般原則というべきもので、家康独自のものとはいえないが、第一条で「江戸より御目録を出さるに於ては」とあることが注目される。今後、江戸の将軍秀忠から、より網羅的な法令が出させることを予告しているわけである。ここでも家康は、武家の棟梁《とうりょう》は将軍（「公方」）であることを宣言し、秀忠の地位を後見し、将軍職の権威を高めることを意図していたといえよう。

秀忠も三ヵ条を

そして慶長十七年正月五日、秀忠も同様の三ヵ条への誓詞《せいし》を、主として東国の大名に提出させている。一通は津軽信牧《つがるのぶひら》・南部利直《なんぶとしなお》・里見忠義《さとみただよし》・最上義光・蒲生秀行・佐竹義宣・立花宗茂《たちばなむねしげ》・伊達政宗・丹羽長重《にわながしげ》・松平忠直・上杉景勝の一一名、もう一通は佐久間《さくま》安正《やすまさ》をはじめとする五〇名である（『家康文書』下巻之一）。

秀忠の役割

猪熊事件の処理、中国・西国・北陸諸大名への指示、後陽成天皇の譲位にあたっての参内や秀頼との会見など重要な政治的事件は、すべて家康が行っていた。この時期の政治は、依然として駿府の家康を中心に回っていた。

駿府政権期の秀忠の主たる役割は、東国大名への指揮権を家康から委ねられ、東国大名を動員して江戸の整備を行うことだったと見られる。家康は、全国政治ににらみをきかせながら、諸大名に江戸で越年するよう命じるなどして将軍秀忠の権威を確立させようとしていた。そして秀忠も、東国諸大名から誓詞を徴し、また御内書で西国大名に連絡をとるなど、家康の意図に沿った行動をとっていた。

四　大久保忠隣の改易

大久保忠隣の異変

慶長十七年（一六一二）暮れ、中国・四国・西国大名は駿府に滞在し、越年して翌十八年正月三日に駿府を発ち、江戸に下った（『当代記』）。道筋から、挨拶は駿府・江戸の順番になっている。

この年ははじめから、秀忠の年寄大久保忠隣の周辺に異変が起こっている。

正月八日に、山口重信《やまぐちしげのぶ》が改易《かいえき》された。大久保忠隣が石川康通《いしかわやすみち》の娘を養女にして重信に嫁がせたことが、将軍の許可を得ていないとして処罰されたものである。忠隣は目安《めやす》を提出したが、秀忠は取り上げなかった。次に、四月、忠隣の与力《よりき》で勘定頭《かんじょうがしら》だった大久保長安《ながやす》が、中風《ちゅうふう》のため死去した。すると五月には、長安の不正蓄財事件の廉《かど》で七人の男子が勘当《かんどう》となり、八月九日には全員処刑された。そして、十二月三日、江戸にいた家康は駿府で越年するために江戸を発つが、甲州の者で馬場八左衛門《ばばはちざえもん》という者が、大久保忠隣が謀反をたくらんでいると訴えた（『当代記』）。彼は山口重信の小人《こびと》だという。

同月十三日、家康と秀忠は小杉《こすぎ》の茶屋で密談し、翌日、家康は江戸城西の丸に入った。これも不思議な行動だった。

禁教令

この頃、幕府では禁教令（キリスト教の禁令）が出されている。慶長十七年三月、直轄領に禁教令を出し、翌十八年十一月十二日、これを全国に拡大した。

慶長十八年十二月三日、家康は江戸を発ち、駿府に向かった。ところが十三日、逗留中の武蔵中原《むさしなかはら》から小田原《おだわら》に行くはずのところ、急に江戸で越年するとして稲毛《いなげ》まで戻り、十四日には江戸に帰着した。十二日の晩、江戸の秀忠から土井利勝《どいとしかつ》が遣わされてきた。何事かを言上したためだったとされる（『駿府記』）。

同月十九日、家康は、伴天連《バテレン》門徒を追放することに決し、大久保忠隣を京都に派遣すると仰せ出した（『駿府記』）。すでに連絡を受けていたと思われる金地院崇伝《こんちいんすうでん》は、十八日に駿府を発ち、二十一日に江戸に着いた。

伴天連追放の文

二十二日夜、江戸城において家康は、金地院崇伝に、「伴天連追放之文」を書くよう命じた。崇伝はその夜執筆にかかり、「鶏鳴《けいめい》より曙天《しょてん》に至り」これを完成させ、二十三日に御前に提出した（『異国日記』『史料』一二一一三）。「御前」は家康を指すと考えられる。

漢文で六七三文字に及ぶ長文である。「それ日本は元これ神国也」とし、「キリシタン門徒が日本に商船を渡して貿易するだけではなく、邪法を弘めようとし、正宗（正しい宗教）を惑わし、日本の政治を改めようとするのは大禍の萌しである」と断罪し、「日本国のうちには寸土尺地も手足を置かないようこれを追い払う。もし命に違えれば刑罰を与える」とするものである。

秀忠が布告するかたちに

この文書は大高檀紙《おおたかだんし》に書かれ、秀忠の朱印が捺された。追放令を出すことを決めたのは家康だったが、将軍が全国に布告する形をとったのである。板倉重昌《しげまさ》が父で京都所司代の板倉勝重に渡すためこの朱印状を持参して上洛し、追放の総奉行には秀忠の年寄の大久保忠隣が任じられた。

二十六日、忠隣は、その用意のため江戸から領地の小田原に帰った。そして翌年正月五日、小田原を発って京都に向かった(『駿府記』)。慶長十九年正月十七日、京に着いた忠隣は、南蛮寺《なんばんじ》を焼き払った。京・大坂のキリシタンは多くが棄教したが、頑として棄教に応じない者も少なくなかった。

大久保忠隣の失脚

京滞在中の正月二十一日、忠隣は失脚することになった。上使《じょうし》として安藤重信《あんどうしげのぶ》が派遣され、忠隣の居城小田原城を受け取った。三十日には、板倉勝重が配流を命じる奉書を持って忠隣の宿舎を訪問した。

二月二日、忠隣は京から近江に下った。『当代記』は、「是駿府より下知に依るなり」と記している。また、「今かかる仕合如何と人皆不審の思いを成す」とも記す。誰もが意外に思う事件だったのである。

権力のない秀忠

忠隣も同様で、駿府に目安をあげたという。おそらく忠隣は、家康の信任はあるものと思っていたのだろう。しかし、家康はこれを見たが取り上げなかった。

忠隣は本多正信との確執があった(村上直「大久保忠隣と本多正信」)と推測されているが、正信に忠隣を失脚させるだけの権力はない。それができるのは家康か秀忠のどちらかである。

忠隣は、秀忠付きの年寄だった。関ヶ原合戦後、家康の命で老臣たちが跡継ぎを議論したことがあったという逸話を紹介したが、その時、秀忠支持の急先鋒は忠隣だったとされる。この逸話が史実でなくとも、秀忠・忠隣の密接な関係を周囲が認識していたということを示していよう。秀忠が忠隣を排除することはあり得ない。そう考えると、忠隣の失脚は両者の対立を家康が裁定したものとしか考えられない。そして、自分の年寄の人事であるはずなのに、この過程で秀忠の影はまったく見られない。自分の年寄の任免さえ自由にできないのが、この時期の秀忠の地位だった。

ポルトガル船書記との会見

この年六月、家康は、伏見町奉行山口直友《なおとも》に五〇〇人の兵士を付けて長崎に派遣した。長崎に信者の暴動が起こっているとの報告があったからである。これは実は暴動ではなく、六〇〇〇人もの信者たちが教会に集まって聖体を拝領しようとしたものだった。直友は「いかなる暴動も反逆も戦闘的な示威行動もなく、むしろ誰もが自分の商売に期待をかけているくらいだ」と家康に書き送った（「一六一四年度日本年報」『イエズス会』Ⅱ―二）。九月二十五日には、追放を命じられた高山右近《たかやまうこん》がマニラへ向けて出船している（『島津家』六―一二五六）。イエズス会は日本にいた一一六人の会員のうち、一八人の司祭だけを日本に残し、信者の多い地域に潜伏させた。

たまたま到着したポルトガル船の船長は、追放令を解除してもらうため、船の書記ら六人を駿府に派遣した。彼らは家康と会見することができたが、家康は、「もしもこの教えが広まりすぎたりすれば、時が経つにつれて自分の臣下たちが自分に服従したがらなくなるであろう」と言ったという（「一六一四年度日本年報」）。

家康は、自分の側近にキリスト教信者が多数おり、棄教するように命じても頑として応じなかったことが近い経験としてあった。また、かつて三河時代に一向宗の一揆に苦しめられたこともある。主君よりも神（デウス）を上に置くキリスト教徒は許せなかったのである。

ただ、家康がポルトガル船の書記の会見を許したのは、いまだ長崎でのポルトガル船との貿易に魅力を感じていたからである。この家康の路線は、秀忠の時代にそのまま受け継がれることになる。

第四　大坂の陣

一　方広寺の鐘銘問題

加藤清正と浅野幸長の死

慶長《けいちょう》十六年（一六一一）三月二十八日、家康が二条城《にじょうじょう》で秀頼と会見した時、秀頼に付き添ったのが加藤清正《かとうきよまさ》と浅野幸長《あさのよしなが》だったことはすでに述べた。この二人は秀吉恩顧の武将で、それが家康を牽制する行動だったことは間違いない。ところが加藤清正がその年六月に没し、浅野幸長も慶長十八年八月に没した。幸長はまだ三十八歳だったから、秀頼としては不幸としか言いようがない。

家康にとってみれば、秀頼の強力な味方がいなくなったわけである。特に浅野家の領地は紀州であり、ここが敵になると大坂城を攻めることは困難を極めていたはずである。この頃から家康は、豊臣家を滅ぼそうという決意を固めたように見える。

いまだに影響力のある秀頼

諸国の大名には、駿府《すんぷ》・江戸に参勤するとともに、秀頼にも挨拶に行っている大名が多い。特に西国大名は、まだ徳川家に完全に従っているわけではない。家康が領知朱印《しゅいん》状《じょう》を与えた大名はごく一部で、全大名一律に領知朱印状を発給はしていないから、秀吉とは違って全大名と主従関係を構築していたとは言いがたい。

もし家康が死ねば、諸大名は秀吉の遺児である秀頼を主君とみなすようになるかもしれない。秀忠は将軍であるが、朝廷がそうした大名の行動を見て、もし秀頼を関白《かんぱく》に任じたとすれば、将軍権力と関白権力が並立することになる。ようやく天下人の地位に立った家康にとってこれは悪夢のようなものである。秀忠のことを考えれば、このままにしておくことは不安が大きすぎた。

笠谷和比古氏は、「家康の死は、これまで半ば諦めていた領土の回復という問題を、彼ら（毛利《もうり》・上杉《うえすぎ》・佐竹《さたけ》氏らの――筆者注）旧族系大名たちの間に強い現実味を帯びて甦らせていくこととなる」と推測する（『徳川家康』）。旧族系大名であっても保身のため徳川家にすり寄る姿勢が強かったから、家康が死んでも彼らがそうした行動に出る可能性は少なかったと思うが、家康の不安だとすればありそうな話である。

しかし、秀頼は素直に二条城に出頭し礼を尽くしている。戦国の世ならともかく、何の落ち度もないのに秀頼を攻めることはできない。七十歳を超えた家康はじりじりした気持ちを抑えることができなかっただろう。

方広寺の鐘銘

慶長十九年、秀頼が建設していた京都の大仏殿が完成した。八月一日に大仏殿の堂供養、十八日の秀吉の祥月命日《しょうつき》に大仏の開眼供養が予定されていた。

　七月二十一日、方広寺《ほうこうじ》の新しく鋳た鐘の銘に不吉の文字が記されているという報告が駿府の家康に届いた。有名な「国家安康」「君臣豊楽」の文字である。これは偶然ではなく、鐘の銘文を撰述した南禅寺《なんぜんじ》の清韓《せいかん》が意図して「家康」と「豊臣」の文字を入れたもので、清韓によれば家康の支配が長久に続くことを言祝《ことほ》ぐものだったという。

　笠谷和比古氏は、諱《いみな》の文字を入れ、それを分断することは呪詛の嫌疑を受けてもしかたがないものとする（『関ヶ原合戦と大坂の陣』）。家康が、本気で怒ったかどうかはわからないが、家康はこの千載一遇の豊臣方の失点を利用していく。自分の名前を分断して呪い、豊臣を君主とすることを祈願するものだとして怒りを発し、豊臣家を追い詰めようとしたのである。

片桐且元の弁明

　八月十四日未刻、秀頼の家老《かろう》片桐且元《かたぎりかつもと》は、実弟の片桐貞隆《さだたか》に書状を書いている（石川武美記念図書館「成簣堂文庫《せいきどうぶんこ》」）。これによると、鐘の銘に家康を呪う箇所が二ヵ所あるということが且元に伝えられ、且元は仰天したというのである。豊臣家は何も意図したことではなく、これが晴天の霹靂《へきれき》だったことが明らかである。

　この書状の後半では、清韓が、難癖を付けた五山《ござん》の僧侶に対し出頭して申し開きをすると確かに言ったので、且元は「先《まず》以って我等大慶に存じ候」と喜んでいる。また且元は、板倉重昌《いたくらしげまさ》が駿府に下らないうちに、清韓に人を添え板倉勝重《かつしげ》のところに行って弁明してもらいたい、と告げている。しかし、清韓は出奔《しゅっぽん》した。もちろん出奔しなかったとしても、事態は何も変わらなかっただろう。

弁明のため且元は大坂を発し、八月十九日に駿府に到着した。しかし、家康とは会見できない。そもそも家康は、且元に会うつもりはなかった。

家康と大蔵卿局の会見

且元の駿府滞在が長引いているので、淀殿《よどどの》は大蔵卿局《おおくらきょうのつぼね》らを駿府に遣わしていた。駿府に着いたのは八月二十九日である。家康は大蔵卿局らと会見し、次のように言った(『慶長年録』)。

淀殿にはさぞかし何事もうしろめたく心遣ひせらるべきこそ、いとほしけれ、

〔現代語訳〕淀殿はさぞかし何事も不安で心配していることでしょう。お気の毒なことです。

家康は、ふだんと変わらない温厚な様子で、何の心配もする必要はないかのように振る舞った。

圧力をかけられる且元

九月六日の晩、江戸に使いした本多正純《ほんだまさずみ》が駿府に戻ってきた。翌七日、正純は金地院崇伝《こんちいんすうでん》とともに且元に会い、次のように告げた(『駿府記』)。

市正(且元)知行与《あたふ》る事、大御所(家康)仰せられ、秀頼において宛行《あてが》わる。弟主膳(貞隆)同前、是併《ともに》大

御所御恩に依る也、粗略に存ずるにおいては、不義《ふぎ》たるべし、その上秀頼御父子に対し調伏《ちょうぶく》の儀風説、将軍家御心底いかが、

〔現代語訳〕且元の知行は、家康が仰せになり秀頼が宛がった。弟の貞隆も同様で、これは家康の御恩によるものである。粗略に考えると不義である。そのうえ、秀頼が御父子（家康と秀忠）に対し調伏しているとの風説がある。秀忠公の気持ちがいかばかりでしょうか。

且元は、慶長六年一月二十八日、家康の計らいで一万八〇〇〇石余の加増を受けている（曽根勇二『片桐且元』）。正純の言っているのはそのことで、且元が二万四〇〇〇石の所領を持ち、秀頼の家老になったのは家康の配慮なのだから、家康の言葉を粗略に扱ってはならないと釘を刺し、秀頼が家康・秀忠を調伏しているという噂が秀忠をどれほど疵《きず》付けているかと伝えたのである。つまり正純は、家康が与えたわけでもない知行を家康の御恩とし、且元に圧力をかけているのである。

家康・秀忠は表に出ず、正純らが両御所の意向を忖度《そんたく》して解決策を示す、というやり方だった。これにより、直接、何かを要求するよりはるかに多くのものが手に入る。且元は、秀頼の安全を考えて、自発的な形で豊臣家からできうる限りの譲歩案を提示せざるを得ない。

『本光国師日記《ほんこうこくしにっき》』に書き留められた九月八日付の板倉勝重宛崇伝書状によると、家康は正純と崇伝を使者として且元に遣わし、大蔵卿局と同席のうえで次のように申し渡すよう命じたということである。

市正《(且元)》何も罷り上られ、各談合候て、江戸様と秀頼公と、以来疎意無き様に江戸様へ御意を得られ候様にと仰せ出され候、

〔現代語訳〕且元もほかの方々も大坂に帰り、みなで相談して、秀忠様と秀頼公が今後親しくできるよう、秀忠様にお話しになるようにと仰せ出された。

このように、且元ら使者たちには秀忠が満足できるような返事を用意する宿題が出されたのである。且元は家康に会見もできず、正純らから厳しい詰問を受け、何を提示すればよいかを悩んだ。一方の大蔵卿局は、家康から何の心配もないと伝えられていたので、楽観的だった。

且元と大蔵卿局の食い違い

九月十二日、且元は駿府を発して大坂へ向かった。同日、大蔵卿局も駿府を発った。且元は近江の土山宿《つちやましゅく》で大蔵卿局と遭遇し、対処の私案を示したが、納得は得られなかった。十八日に大坂に帰った且元は、二十五日、飛脚で大坂城に書状を遣わし、対処法を建言した（『駿府記』）。

末々将軍家不和奈何《いかん》、然る間、秀頼在江戸か、御母儀在江戸か、然らざれば大坂城

退かれ、御国替《くにがえ》然るべきの旨、

〔現代語訳〕今後将軍家と不和になればよくないと思いますので、秀頼様が江戸に下るか、淀殿が江戸に下るか、そうでなければ大坂城を退去し国替えをするのがよいでしょう。

大蔵卿局が伝える家康の友好的な態度を聞いていた秀頼と淀殿は、これを家康に佞《おも》ねる且元の裏切りと思い、且元を殺そうと言ったという。そのため且元は、暗殺を恐れて大坂城に出仕しなかった。

秀頼と淀殿は、且元に書状を送って出仕を要請した。特に淀殿は、「何にもそもじをひとへにたのみ申し候」（譜牒余録《ふちょうよろく》）片桐又七郎『家康文書』中巻）と書き、起請文《きしょうもん》まで出している。しかし且元は出仕せず、領地の摂津《せっつ》茨木城《いばらきじょう》に退去した。

且元の行動については、かつて中村孝也氏が「秀頼母子の書状や誓詞《せいし》を信頼しない且元・貞隆兄弟が、兵を以て自ら衛り、召命に応じなかったのは余儀なき次第である」（『家康文書』下巻之二）と書いた解釈が踏襲されている。しかし、且元は賤ヶ岳《しずがたけ》七本鎗の一人で、若い頃から秀吉に仕え、家康の口入れとはいえ秀頼から知行を与えられ、家老を務めているのである。たとえ殺されても大坂城に出仕し、あくまで秀頼に江戸参府をするよう諫めるべきであった。

九月二十八日、秀頼は、板倉勝重に「且元が自分の屋敷に兵を集め不届きの仕合なので、この旨を駿河・江戸に伝えてほしい」という書状を送った（〔譜牒余録〕本多中務大輔《なかつかさたいふ》『家康文書』中巻）。且元の不届きに対し、誅伐の許可を家康・秀忠に要請したものである。秀頼は徳川家と事を構えるつもりはまったくなかったのだが、誰が本当の敵かわかっていなかった。

二　大坂冬の陣

出陣の準備

慶長十九年（一六一四）九月七日、家康は、島津家久《しまづいえひさ》・細川忠興《ほそかわただおき》ら西国大名五〇名に対して自分と秀忠に対する誓詞を提出させた。

同月十八日には、駿府に来た姫路城《ひめじじょう》主池田利隆《いけだとしたか》に、兵を尼崎《あまがさき》に出し尼崎城主建部政《たけべまさ》長《なが》とともに大坂方に備えるよう命じた。大坂城で且元の扱いをめぐって内輪もめしている以前に、家康はすでにここまでの準備をしていたのである。且元が大坂城を退去したのは、家康の期待以上の行動だった。

十月一日、家康は江戸の秀忠に出陣の準備を通告し、東海・北陸・西国の諸大名にも出兵を求めた。同月八日には、伊勢津城《いせつじょう》主藤堂高虎《とうどうたかとら》に先鋒を命じ、大和の諸大名を統率し、東海道筋の諸大名の兵とともに天王寺口《てんのうじぐち》にむかわせた。
江戸に滞在していた浅野長晟《ながあきら》・鍋島勝茂《なべしまかつしげ》・山内一豊《やまうちかずとよ》・蜂須賀至鎮《はちすかよししげ》らは駿府に行き、家康に拝謁した。秀忠が大坂攻めを通告し、駿府に行くよう命じたのだろう。家康は彼らに、領地に戻り出陣の準備をするよう命じた。

大坂方では、浅野長晟・加藤忠広《かとうただひろ》・福島正則《ふくしままさのり》・蜂須賀家政《いえまさ》ら秀吉恩顧の大名、佐竹義《よし》宣《のぶ》・島津家久ら関ヶ原合戦で西軍についた大名、また前田利常《まえだとしつね》・伊達政宗《だてまさむね》・藤堂高虎・池田利隆・池田忠雄・細川忠興・黒田長政《くろだながまさ》・鍋島勝茂ら有力大名にまで助勢を依頼した。しかし、応ずる者は一人もいなかった。しかし、諸国の牢人《ろうにん》たちは、呼びかけに応えて続々と大坂城に入城した。真田信繁《さなだのぶしげ》（幸村《ゆきむら》）も、高野山《こうやさん》の麓の九度山《くどやま》から脱出し、十月十日頃、大坂城に入った。

大坂冬の陣のはじまり

十月十二日、大坂方は先手を取って堺《さかい》を攻め、これを占領した。次いで且元の茨木城にも兵を送った。且元からの救援要請を受けた京都所司代《きょうとしょしだい》板倉勝重は、丹波の諸大名に命じて救援させた。こうしてまだ家康が着かないうちに、大坂冬の陣は始まった。

同月十一日、家康は、兵五〇〇を率いて駿府を発した。供回りはわずかな軍勢で、主力は秀忠が率いるようにさせた。路次中放鷹《ほうよう》を行うという優雅な出陣だった。十二日に遠江掛川《とおとうみかけがわ》、十三日には中泉《なかいずみ》に着いた。ここでも路次で放鷹している。ここに江戸にいた広島城主福島正則の使者が着いた。

福島正則の説得

正則は、大坂方から来た大坂蔵屋敷《くらやしき》に備蓄していた大量の米の借用依頼を承諾した。それればかりではなく正則は、関東と大坂が戦いになることを憂え、淀殿と秀頼に使者を立てて書状を送っていたのである。

本多正純が正則の書状を内見したところ、以下のようなことが書いてあった（『駿府記』）。

今度大仏出入りの儀について両御所に対してこのような企てをするのは、天魔の所行です。早速改心し、淀殿を、詫び言のため江戸か駿府に在国させれば、秀頼様のご運は長久です

諸大名がみな家康に従おうとしている中で、秀吉の恩顧を受けて大名になり、なお秀頼を主君と思う正則は、何とか秀頼が生き延びることができるよう、いてもたってもいられずこうした書状を書いたのだろう。当然、徳川方に見られることは覚悟の上である。しかし、すでに時は遅かった。

家康、京に着く

家康は、吉田《よしだ》・岡崎《おかざき》と東海道を進み、十七日、名古屋に着いた。そこから美濃路《みのじ》を進み、岐阜・柏原《かしわばら》・佐和山《さわやま》・永原《ながはら》に宿泊し、二十三日、京都の二条城に到着した。

二日後の二十五日、家康は薩摩の島津家久に年寄連署奉書《としよりれんしょほうしょ》で次のように命じた（『島津家』六―一二五八）。

今度大坂忩劇《そうげき》に付き、大御所様〈家康〉今月二十三日、京都に至り御上着なされ候、然れば、御手前の儀、ご人数召し連れ、早々大坂表へ御出張有るべきの旨、御意御座候間、その御心得なされ、急ぎ御出陣なさるべく候、然れば、関東御仕置、如何にも丈夫に仰せ付けられ、公方様〈秀忠〉御動座なされ、五三日の内に御上着御座候、恐々謹言

本多上野介《こうずけのすけ》
十月廿五日　正純（花押）
安藤帯刀《あんどうたてわき》
直次《なおつぐ》（花押）
成瀬隼人《なるせはやと》
正成《まさなり》（花押）
板倉伊賀守
勝重《かつしげ》（花押）
島津陸奥守殿

〔現代語訳〕今度大坂の騒動につき、家康様が今月二十三日、京都にお着きになりました。貴殿は、軍勢を召し連れ、早く大坂表へ御出張すべきの旨、御指示がありましたので、急いで御出陣ください。関東の御仕置はたいへん堅固に命じられ、秀

忠様が江戸を発ち、数日のうちにお着きになります。

家康が京都に着いたことを知らせ、軍勢を召し連れ早く大坂表へ出陣せよとの家康の命を伝えている。一方の秀忠は、関東の体制を固め、近日中に京都に到着すると伝えられている。大坂の陣の軍事動員は、家康が主導したもので、秀忠はあくまで従の立場だった。

秀忠はあくまで家康に従う

秀忠は、大坂方との交渉に関与している節はほとんどないが、いざ大坂城攻めと決まると、にわかに興奮している。十月十一日に、先発した藤堂高虎に次の書状を送った（「藤堂家文書」三『家康文書』下巻之二）。

爰許《ここもと》仕置の義、油断なく候の間、心安かるべく候、すこしもはやく上り度事にて候、

尚替る義候はば、申し越すべく候也、

戦いにはやる秀忠は、「すこしもはやく上り度事にて候」と言い、尚々書にも「すこしもはやく上り度事のみにて候」と書いている。

秀忠の軍勢

秀忠の率いる軍勢は、次のような編成だった。

一番　酒井家次《さかいいえつぐ》・松平忠良《まつだいらただよし》・松平忠実《ただざね》・設楽貞代《しだらさだよ》・小笠原政信《おがさわらまさのぶ》・根津是宗《ねづこれむね》・水谷勝《みずのやかつ》隆《たか》・仙石忠政《せんごくただまさ》・仙石久隆《ひさたか》・相馬利胤《そうまとしたね》・六郷政乗《ろくごうまさのり》

二番　本多忠朝《ただとも》・真田信之《のぶゆき》・秋田実季《あきたさねすえ》・浅野長重《ながしげ》・松下重綱《まつしたしげつな》・一色義直《いっしきよしなお》・須賀勝政《すがかつまさ》

三番　榊原康勝《さかきばらやすかつ》・松平康長《やすなが》・北条氏重《ほうじょううじしげ》・成田氏宗《なりたうじむね》・丹羽長重《にわながしげ》
四番　土井利勝《どいとしかつ》・佐久間安政《さくまやすまさ》・佐久間勝之《かつゆき》・溝口善勝《みぞぐちよしかつ》・高力忠房《こうりきただふさ》・由良貞繁《ゆらさだしげ》
五番　酒井忠世《ただよ》・細川興元《ほそかわおきもと》・牧野忠成《まきのただなり》・脇坂安信《わきさかやすのぶ》・土方雄重《ひじかたかつしげ》・新庄直定《しんじょうなおさだ》・杉原直房《すぎはらなおふさ》・鳥居成次《とりいなりつぐ》・稲垣重綱《いながきしげつな》

この後に秀忠の本隊が続いた。秀忠の旗本《はたもと》隊の前を、本多忠純・立花宗茂《たちばなむねしげ》・立花直次《なおつぐ》・前田利隆《としたか》・日根野吉明《ひねのよしあきら》・岡部宣勝《おかべのぶかつ》・藤田信吉《ふじたのぶよし》・菅谷範貞《すげのやのりまさ》・那須衆《なすしゅう》・蘆田衆《あしだしゅう》・津金衆《つがねしゅう》・秋元長朝《あきもとながとも》が固めた。供奉の老臣は酒井忠世・土井利勝・安藤重信《しげのぶ》である。総勢二〇万騎余という大軍で、譜代《ふだい》と関東の大名を中心とする徳川軍の主力だった。

十月十七日には、伊達政宗が江戸城に登城し、秀忠に拝謁した。秀忠は、「今度一番の先隊たるべし」と命じた。

関ヶ原の遅参を思い出す

二十三日、江戸を出た秀忠は、神奈川から家康の側近くにある本多正純に次のような書状を送った（同前）。

やかて上着仕るべく候の間、御とりつめ成され候儀、我等まかり着き候まで、御待ちなされ下され候様、申し上ぐべく候、誠に自由なる申し上げ様にて候へども、此の時にて候間、能々然るべき様申し上ぐべく候、

〔現代語訳〕すぐに到着するでしょうから、大坂城攻めは、私が着くまでお待ちな

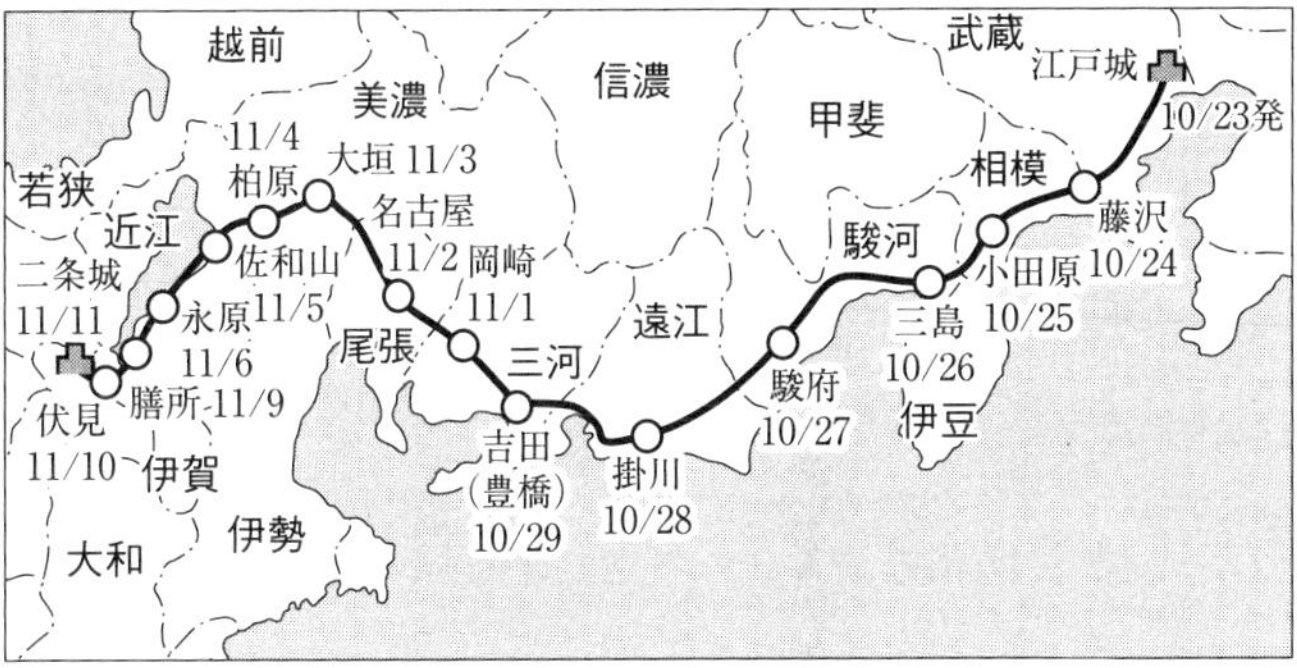

大坂の陣関連地図（江戸城―二条城）

さるように申し上げてください。誠に勝手な言い分ですが、（天下が決まるのは）この時のことですので、よくよく然るべきように申し上げてください。

自分が到着するまで、大坂城を攻めるのは待って下さいと家康に申し上げてほしい、というのである。関ヶ原合戦の時のように遅れはとりたくない、という秀忠の心情がよく吐露されている書状である。敵の大坂城中には長女の千姫《せんひめ》がおり、秀頼は娘婿だというのに、それに対する悩みや迷い、配慮などはなんら感じられない。

二十三日に江戸を発した秀忠が翌日にはもう藤沢《ふじさわ》に着いたことを聞いた家康は、「数十万の大軍を急速に進めることは難しい。もう少しゆっくり進むように」と伝えた。しかし、その指示が届かないうちに秀忠は、二十五日小田原《おだわら》、二十六日三島《みしま》、二十七日駿府、二十八日掛川、二十九日吉田と進み、十一月一日岡崎に着いた。ここでようやく秀忠は、家康から早飛脚で送られた書状を見た。

秀忠は、さらに二日名古屋、三日大垣《おおがき》、四日柏原、五日佐和山、六日永原と進み、ここで遅れた軍勢を待つことにした。伊達政宗が使者を立ててその旨を家康に報告すると、家康は機嫌良く、その使者に銀子《ぎんす》や菓子を与えた。

秀忠は、八日まで永原で軍勢の到着を待ち、九日に膳所《ぜぜ》まで進み、十日伏見《ふしみ》に到着した。政宗は二条城に先行し、家康に拝謁した。

十一月十一日、秀忠は二条城に行き、家康と対面した。秀忠は、自分の到着を待ち大坂進発を延引してもらったことを深く感謝した。家康が待ったのは当然である。軍勢の主力は秀忠が率いており、急ぐ戦さでもなかった。

家康・秀忠、大坂へ

十五日、家康は、秀忠とともに京都を発した。

秀忠は、この日、淀川《よどがわ》左岸を南下し枚方《ひらかた》で宿泊、十六日、枚方を出て高野街道《こうやかいどう》を南下し河内岡山《かわちおかやま》に宿営し、十七日、平野《ひらの》着陣というルートをとった。家康は、別ルートをとって大坂方面に進み、十七日に住吉《すみよし》に着陣した。十八日、家康は大坂城を遠望できる茶《ちゃ》臼山《うすやま》に上ることにした。秀忠は、平野から茶臼山に行き、家康の到着を待った。

茶臼山に着いた家康は、年寄の本多正信《まさのぶ》と先鋒の藤堂高虎を召し、城攻めの計画を練った。大坂城の四方を包囲する徳川方は、その数一九万四〇〇〇余と言われている。

蜂須賀家の攻撃

この日、徳島城主蜂須賀至鎮が、大坂湾近くの木津川砦《きづがわとりで》に攻撃を加えた。木津川の戦いである。砦の守将明石全登《あかしぜんとう》は大坂城に伺候《しこう》していて留守であり、砦はあっさり陥落した。

十九日、これを受けて秀忠は住吉の家康の陣所に行き、大坂の絵図を広げて評定《ひょうじょう》した。

蜂須賀至鎮は、二十九日にも博労淵《ばくろうぶち》の砦を攻撃した。守将薄田兼相《すすきだかねすけ》は神崎《かんざき》の遊女屋《ゆうじょや》に行っていて留守で、この砦も陥落した。緒戦では、水軍に秀でた蜂須賀家の活躍が目立った。

鴫野・今福の戦い

大坂城の北東には、大和川《やまとがわ》（現在の寝屋川《ねやがわ》）を挟んで北に鴫野《しぎの》、南に今福《いまふく》の二つの砦があった。この方面では、同月二十六日、鴫野・今福の戦いがあった。

鴫野砦は、鉄砲頭井上頼次《いのうえよりつぐ》が守っていた。戦闘が始まり、米沢藩主上杉景勝《うえすぎかげかつ》が激戦を制して砦を落とした。今福砦でも戦闘が始まり、秋田藩主佐竹義宣が砦を占拠したが、大坂城本丸から木村重成《きむらしげなり》が援軍に出て、後退させた。さらに後藤基次《ごとうもとつぐ》が援軍に駆けつけ、佐竹軍に大きな損害を与えた。

こうした戦闘はあったが、家康は極力兵力の損耗を防ぐ作戦だったようで、大軍で包囲しながら、しばらくはそれほど大した戦闘はなかった。

真田丸の戦い

十二月四日、秀忠は、平野を出て岡山に進んだ。この日、大坂冬の陣のハイライトとも言うべき真田丸の戦いがあった。合戦を前に、弱点を抱えた大坂城の南方、惣《そう》構えの外に築かれた真田出丸に対し、越前藩の松平忠直《ただなお》、彦根藩の井伊直孝《いいなおたか》、加賀藩の前田利常の軍勢が攻撃を開始したが、真田信繁の巧妙な戦いで大きな損害を受けたのである。秀忠は、この戦いに許可を与えていた。

徹底的に攻撃したい秀忠

この頃、家康は、常高院《じょうこういん》（お初《はつ》）を使者に立て、大坂方に和睦を打診していた。常高院は、浅井三姉妹の真ん中で、淀殿は姉、お江《ごう》は妹である。慶長十四年、夫京極高次《きょうごくたかつぐ》に先立たれ、剃髪して常高院と名乗っていた。

しかし、真田丸の戦いの敗戦の翌日（十二月五日）、秀忠は土井利勝を遣わして次のように家康の和睦交渉に意見した（『駿府記』）。

> 城中より御和睦の儀、申し上ぐるの由聞し召し、尤《もつと》も大御所《おおごしょ》御下知の外これあるまじくと雖《いえど》も、日本諸軍勢此の所に馳せ参り、然る所、是程の城郭《じょうかく》、なんぞ攻め落とせざるや、和平の後難如何、近々日限を定め、攻め入らせしめ給うべし、

〔現代語訳〕城中から御和睦を申し上げたということを聞きました。もちろん家康様の御下知に従いますが、日本中の軍勢がここに馳せ参じているのに、この程度の

城郭がどうして攻め落とせないのでしょうか。講和すると後が面倒です。近いうちに日取りを決め、攻め込ませてください。

大坂の陣は、まったく家康の主導で行われることになったもので、秀忠は家康の言いなりでしかなかった。しかし、自分に責任の一端がある真田丸の敗北によって、自らの面目を立てるため、「この程度の城郭がどうして攻め落とせないのでしょうか」と、徹底攻撃を主張したのである。

これに対して家康は、次のように秀忠を諭した。

将軍の御憤りはもっともであるが、小敵を見て侮るなともいう。そのうえ戦わずして勝つのが良将だとも言う。下知に従うように。

秀忠は「大御所は文武の道において天下無双の大将であるのに、ここでためらうのはおかしい」と不快を露わにしたが、本多正信が諫めてしぶしぶ納得した。このあたり、若いから仕方がないとは言え、大局観のある家康とはずいぶん器が違うと感じられる。

和睦交渉をすすめる

翌六日にも秀忠は岡山から茶臼山に行き、家康と対談した。

八日、大坂城中から織田有楽《おだうらく》・大野治長《おおのはるなが》の返事があり、本多正純と後藤庄三郎《ごとうしょうざぶろう》が披露した。

十五日、家康は、和睦について後藤庄三郎に尋ねている。

十六日、家康は、鉄砲鍛錬の者を数十人を選び、小筒《こづつ》・大筒《おおづつ》で敵の矢倉を打ち破るよう命じた。膠着状態になっていた戦況を動かすためだろう。

備前島《びぜんじま》にあった片桐且元の仕寄《しより》（城攻めの最前線）は、城に程近かった。しかも且元は、城の配置をよく知っている。家康が大筒を準備させ、淀殿の御座所を狙って撃ったところ、その玉の一つが矢倉を撃ち破り、淀殿の侍女七、八人が被弾して死んだ。

他の侍女たちは、片隅に寄り、この世の終わりとばかりに怯え、「太閤《たいこう》の御取り立てで、頼もしいと思っていた片桐が、情けなくも攻めるものかな」と涙にくれたという。

三　講和

大坂方も講和の方向へ

家康が持ちかけた最初の講和条件は、淀殿が人質となるか、大坂城の堀を埋めるか、城中の浪人を召し放つか、というようなものだった。

大坂方の返答は、「淀殿が人質となって江戸に下るが、集めた浪人を扶持《ふち》すべき領地がないので加増をしていただきたい」というものだった。しかし、大砲の弾が淀殿の御座所を直撃したため、城中では真剣に和睦が議論されるようになった。秀頼の伝記である『豊内記《ほうないき》』によると、秀頼が一番の主戦派であった。豊臣家の軍勢の中核をなす七組の将と、織田有楽・大野治長らが講和を勧めたが、秀頼は次のように拒否した。

　この籠城のはじめから、運を開こうというような気持ちはない。亡父の遺言に任せ、この城を墓場と思っているのだ。なにゆえ、お前たちは講和などと申すのだ。

これを聞いて、みな言葉がなかった。

そこで、長宗我部《ちょうそかべ》盛親《もりちか》・真田信繁・後藤又兵衛《またべえ》基次《もとつぐ》・明石全登など、新参の者の意見を聞くことにした。意見はまちまちだったが、弾薬や兵糧が尽きかけていること、城を守る軍勢に敵と内通している疑いがあることなどにより、まずは講和をして次の機会を待とう、という意見が主流となった。

淀殿も、「秀頼のためと言うなら関東へも行こう。どんな辛い目にあっても、少しも厭《いと》う気持ちはない」と言った。

城中の意見がほぼ講和に固まり、秀頼を説得したため、秀頼もついに講和を受け容れた。

和睦

慶長十九年（一六一四）十二月十九日、織田有楽と大野治長が使者として来て、常高院が京極若狭守の陣場に出たことを告げた。家康は、阿茶局《あちゃのつぼね》と本多正純を遣わした。翌二十日、常高院・二位局《にいのつぼね》・饗庭局《あえばのつぼね》が、城中から和睦に来た。大坂城二の丸と三の丸の堀を、大坂方の人数で壊すことを提案した。

織田有楽と大野治長の子が人質として提出された。また、大坂城二の丸・三の丸の堀は、城中の人数で埋めるように、と申し渡された。

和議の成立は十二月二十日で、二十二日には秀頼と家康の間で誓詞がかわされた。この日、島津家久ら九州の兵が、兵庫《ひょうご》の室《むろ》に着いた。家康は、各々に帰国を命じた。

大坂城の埋め立て

徳川方は、翌日から堀の埋め立てを行い、惣構えの堀だけではなく、三の丸・二の丸の堀まで埋め立て始めた。大坂方は抗議したが、対応した本多正信は適当に返答するだけで、本丸の堀を埋めるまで家康に伝えなかった。こうして大坂城は、ただの建物だけの裸城になってしまった。

家康の作戦は、豊臣家を挑発して戦争に持ち込み、いったん和議を持ちかけて大坂城の堀を埋め、さらに口実をもうけて戦いに持ち込む、というものだったようである。その意味では、断固として講和を拒否しようとした秀頼の方針が正しかった。あるいは、秀頼母子ともども江戸に下ることにでもしていれば、夏の陣の悲劇は防ぐことができたかもしれない。

翌慶長二十年正月三日、家康は二条城を出て、駿府に向かった。秀忠はしばらく大坂に残った。家康は鷹狩りをしながらゆうゆうと東海道を進んだ。

同月十六日には大坂城が二の丸まで破却され、十九日に状況を検分していた秀忠は伏見城に帰陣した。その後、伏見を発し、二月七日には遠江の中泉に達し、ここで家康と対面し、本多正信・正純、次いで土井利勝を召して密談した（『駿府記』）。その後、秀忠は江戸に帰り、家康も十四日駿府に着いた。

再戦に向かう

三月十三日、秀頼からの使者として常光院（お初）・二位局・大蔵卿局らが駿府に来た。十五日に対面した家康は、秀頼に大坂城を出て大和《やまと》郡山《こおりやま》に移るなど厳しい要求をした（笠谷和比古『関ヶ原合戦と大坂の陣』）。

秀忠は、これに先立つ十四日、年寄と西国大名の留守居《るすい》を江戸城に登城させ、大坂への米の輸送を禁じている。近いうちの再戦が予定されていたのである。

三月十九日に、真田信繁が姉婿の小山田茂誠《おやまだしげまさ》とその子之知《ゆきとも》に送った書状が残っている。秀頼が自分にたいへん懇《ねんご》ろであること、当年静かであればなんとか会いたいことなどを伝え、「さだめなき浮世にて候へ者、一日さきは知れざる事に候、我々事などは、浮世にあるものとは、おぼしめし候ましく候」（「小山田文書」『信濃史料』二一）と述懐している。もし戦いがなければ会いたいが、一日先はわからないと、諦観《ていかん》のような心情を吐露している。信繁としても、これが本音のところかもしれない。講和を結んだ以上、しばらくは今の状態が続いたとしても不思議ではないし、むしろそれを願っていたのであろう。

四　大坂夏の陣

状況を理解しない大坂方

大坂方では家康に使者を送って関係改善に努めていたが、警戒も解かなかった。しかし、それ自体が家康が豊臣家を攻撃する口実になった。

四月三日、家康は、九男義直《よしなお》の婚儀を理由として駿府を出て名古屋に行くことを発表した。内心は、再び大坂城を攻めることを決意していた。大坂城の様子は、織田有楽から逐次通報されている。淀殿の叔父である有楽は、完全に家康に通じていた。

しかし五日には、大野治長からの使者が来て、大坂国替えの件について詫び言をしている。大坂方は、まったく状況がわかっていなかった。

焦る秀忠

八日、本多正純は、島津家久に指示があるまで国元で待機するよう命じた。

十日、家康は名古屋城に着いた。

秀忠の先鋒は、冬の陣の時とほぼ同じく、一番の大将が酒井家次、二番の大将が本多忠朝、三番の大将が榊原康勝、四番の大将が土井利勝、五番の大将が酒井忠世で、それぞれ付属の者たちを率いた。秀忠は彼らを四月六日に先発させ、早く上洛して自分の着陣を待つようにと命じた。

秀忠は十日に江戸を発し、十四日に駿河の清水《しみず》に着いた。京着の予定は二十三、四日頃だった。秀忠は、安藤重信と成瀬正成を使者として家康に送り、「それ以前御合戦待たしめ給い、将軍家御先手仰せ付けられ下さるべき旨」を言上した（『駿府記』）。自分が着くまで開戦を待ってほしいということである。冬の陣に続き何としてでもこの合戦にも活躍したいという秀忠の思いがあった。これまでの戦いで活躍していないという焦りが見え、武士として先手を務めたいという痛切な感情は伝わってくる。しかし総大将の発想ではない。

十五日、家康は名古屋城を出発し、十八日、二条城に入った。

十七日、酒井忠世・土井利勝・安藤重信は、鍋島勝茂に連署奉書で、上方《かみがた》へ上る船舶は尼崎に着岸し、米やその他の物資は同地で換金するよう命じた。こうした大名への指示は、秀忠の年寄が行っていた。

二十一日、秀忠は伏見城に入り、翌日、二条城に行き、家康と対面した。

二十五日には、諸軍勢が関東から上洛した。家康・秀忠が動員した兵力は、一五万四〇〇〇余といわれる大軍だった。

大軍の秀忠

ここに注目すべき史料がある。五月六日付け長崎御年寄中宛ての長崎奉行長谷川権六《はせがわごんろく》書状である（『長崎図書館所蔵文書』東京大学史料編纂所影写本）。

一、上様（家康）昨日（五月五日）京を御立ちなされ、よど（淀）迄御出馬にて候、宰相様（義直）・中将《ちゅうじょう》様・兵衛《ひょうえ》様御供にて候、

一、将軍様伏見より昨日御立ち成され候て、河内国すな（須奈）と申す所迄御座なされ候、御人数おびただしき事にて御座候、

一、黒田筑前殿（長政）・加藤左馬殿（嘉明）、将軍様の御供にて、万事御陣の事は御談合之由に候、

一条目に家康が京を出て淀まで出馬していること、二条目に秀忠が伏見を出て須奈《すな》まで進んだことが伝えられている。特に秀忠の率いた軍勢は、驚くほどの大軍だったようである。そして、注目すべきなのは三条目である。現代語訳すると、「黒田長政殿・加藤嘉明《よしあき》殿が将軍様の御供に加わり、万事戦いの事は御談合されているということです」ということである。つまり秀忠には、万全を期して黒田長政・加藤嘉明という二人の武将が参謀に付けられていたのである。

迎え撃つ大坂方

二の丸の堀まで失った大坂城では、籠城は不可能である。大坂方の軍勢は城を出て、家康・秀忠の率いる軍勢を迎え撃つことにした。

五月五日深夜、後藤基次は藤井寺《ふじいでら》に進み、後続部隊の到着を待った。しかし来ないので、誉田《こんだ》を過ぎ、六日の明け方、道明寺《どうみょうじ》に到着した。すでに徳川方は近辺に展開していた。基次は小松山《こまつやま》を占領して敵を防ぐが、伊達政宗・本多忠政《ただまさ》・松平忠秋《ただあき》らの部隊が

攻撃をかけてきた。善戦した基次だったが、先鋒で孤立していたのでついに討ち死にした。遅れて到着した薄田兼相《すすきだかねすけ》も大軍を相手に戦い、討ち死にした。

昼頃、毛利勝永《かつなが》や真田信繁の部隊が道明寺方面に到着した。伊達政宗は、先鋒の片倉《かたくら》重長《しげなが》に敵の背後を襲うよう命じるが、真田隊はこれを破り、さらに伊達政宗の本隊にも攻撃を加え、道明寺付近まで後退させた。

徳川方は、松平忠輝《ただてる》らが戦線に加わり、大坂方は大野治長が援軍に駆けつけた。忠輝は進撃を主張したが、大きな損害を出していた政宗は拒否した。

同日、八尾《やお》・若江《わかえ》方面では、木村重成・長宗我部盛親の隊が藤堂高虎隊を撃破し、さらに進んで井伊直孝隊の先鋒も撃退した。しかし井伊の本隊が参戦してきて、木村隊は次第に崩れていった。部下は退却を進言したが、重成はあくまで踏みとどまって戦い、討ち死にした。

午後二時半頃、道明寺方面の大坂方は、若江・八尾の戦いの敗北が伝えられ、撤収した。

秀忠の本陣は、この日は戦局に関係なかった。

最後の戦い

翌七日、最後の戦いが行われるが、戦端が開かれたのは昼だった。これに注目した笠谷和比古氏は次のように推測している（『徳川家康』）。

和議交渉が粘り強く進められていたことであろう。家康としては、軍事力の行使も、豊臣家の軍事的滅亡も望んでいなかったということであろう。圧倒的軍事力で包囲したという圧力の下に、豊臣方を屈服させ、秀頼の大坂城退去と淀殿の江戸人質を受諾させることが狙いであったろう。この開戦延期という事態が、そのことを雄弁に物語っている。

これは斬新な解釈である。確かに当時の戦闘は夜明けを期して行われるのが常である。常高院が大坂城に入って講和を勧めていたはずだから、それに対してしばしの猶予を与えたという想定も成り立つかもしれない。しかし、果たして家康が「軍事力の行使も、豊臣家の軍事的滅亡も望んでいなかった」というようなことが言えるだろうか。講和を反故《ほご》にして戦いを仕掛けたのは家康なのである。

大坂城内では、敗北を悟った淀殿が、秀頼の命を助け豊臣家の存続を図るため徳川方の要求をすべて受け入れる意向を示したが、秀頼が強硬に反発したという。これまでの家康のやり口から考えて、大坂城を退去すれば再び攻め潰される可能性があったから、これも当然である。

そもそも家康が真剣に和議交渉をしていたかどうかもわからない。もし真剣だったなら、厳しく戦いを止める措置をとってもいいはずだが、そういうこともなかった。

毛利隊の進撃

昼頃、本多忠朝隊が毛利勝永隊に発砲したことから戦端が開かれた。これは偶然の出来事かもしれないが、特に開戦は止められていなかったのである。毛利隊は、本多隊を撃破し、本多忠朝が討ち死にした。勢いに乗った毛利隊は、大野治長隊と戦っていた小笠原秀政《ひでまさ》隊に攻撃をかけた。秀政は瀕死の重傷を負ってその夜に死去、長男忠脩《ただなが》は討ち死に、次男忠真《ただざね》も重傷を負った。

毛利隊は、余勢をかって榊原康勝・仙石忠政・諏訪《すわ》忠恒《ただつね》らの諸隊も破り、後方に控えていた酒井家次隊なども敗走させ、家康の本陣に迫った。

真田隊の猛攻

茶臼山の陣からこれを注視していた真田信繁は、麾下《きか》の軍勢三五〇〇に総攻撃を命じた。対する越前の松平忠直隊は一万五〇〇〇の大軍だったが、真田隊の猛攻の前で忠直隊は劣勢になった。

その間隙《かんげき》をぬって信繁は家康の本陣に突入し、三度まで攻撃を敢行した。しかし、ついに家康を討つことはできなかった。しかし家康も一時は自害を覚悟したともいい、信繁の戦いは、「真田日本一の兵」（『旧記雑録後編』）と賞賛された。信繁は、安居《やすい》神社で休んでいるところを越前兵に討たれた。

敗北に向かう大坂方

秀頼は、天王寺へ出陣し一戦を遂げて討ち死にしようともした。堂々たる大将の姿であったが、大野治長がこれを止めた。毛利勝永は、真田隊の壊滅を知り、大坂城に撤退

大坂城落城時の市中の混乱
（「大坂夏の陣図屛風」大阪城天守閣所蔵）

して秀頼に従った。

大坂城に火が出て、徳川方の軍勢は大坂城に突撃し、三の丸・二の丸と陥落させた。秀頼は天守に上って自害しようとしたが、淀殿が引きすがって止めたため、東の矢倉に入って夜を明かした（『豊内記』）。

これに先だって千姫が大坂城から脱出した（『駿府記』）。

諸牢人残らず討ち死に、今日姫君（千姫）城中出で給ひ、岡山に御座、……秀頼并御母儀命御助においては、修理（大野治長）を始め各切腹《せつぷく》仕るべき由、則上野介（本多正純）披露の処、御赦免あるべし、幕下（秀忠）問はせしむべきの旨仰せらるといへども、黄昏《たそがれ》に及び、右の使者、後藤少（庄）三郎に召し預けらると云々、

〔現代語訳〕牢人たちは残らず討ち死にし、今日千姫君は城を出て、岡山にいらっしゃる、……秀頼と淀殿の命を助けていただければ、大野治長をはじめ家臣たちが

切腹するということを本多正純が披露したところ、「赦免しよう、秀忠に聞いてみよ」と仰せられたけれども、黄昏に及んだので、右の使者を後藤庄三郎に預けられたということです。

落城が決定的になった時、大野治長は千姫を家康のもとへ送り届け、秀頼の助命を乞おうとしたのである。一説には、千姫付きの老女刑部卿《ぎょうぶきょう》の機転で、千姫を離そうとしない淀殿の注意をそらし、首尾よく矢倉を脱出したともいう。しかし、千姫は粗末ではあるが輿《こし》に乗り、上下六〇人あまりで脱出したとされる（『山本日記』『史料』一二―一九）から、送り届けられたものと考えてよいであろう。秀頼助命の最後の切り札として、千姫が使われることはあり得る話である。『義演准后日記《ぎえんじゅごうにっき》』でも治長が千姫を送り届けたとしている。

秀頼の助命を認めない

問題は、家康の言葉である。これを信じれば、家康は秀頼の助命を認め、将軍秀忠の意見を聞くよう言ったということになる。ただ、日が暮れる頃だったので、その使者は後藤庄三郎に預けられた。

翌八日の『駿府記』の記事は次のようなものである。

八日、辰刻、片桐市正《（且元）》使者言上申すと云ふ、秀頼幷御母儀、大野修理《（治長）》・速水甲斐守《（守久）》を始めその外究竟の士、二之丸帯車輪に引籠る由と云々、幕府《（秀忠）》御使として安藤対馬《（重信）》

守参上申すと云ふ、秀頼幷御母儀その外帯くるわに籠る処、則ち切腹申し付くの由仰せ上げられ、午刻井伊掃部助《かもんのすけ》直孝を召し、秀頼母子その外帯くるわに籠る処の族、切腹あるべきの由、仰せらるると云々、

〔現代語訳〕八日、辰刻、片桐且元の使者が言上したという。秀頼と淀殿、大野治長・速水守久をはじめその外の者たちが二の丸帯曲輪《くるわ》に引籠っていることだった。秀忠の使者として安藤重信が参上して申した。秀頼と淀殿、その外帯曲輪に籠っているので、切腹を命じると仰せ上げられ、午刻井伊直孝を召し、秀頼母子その外帯曲輪に籠っている者たちは切腹せよとの由を仰せられたということです。

秀頼たちの居場所は、朝早く大坂城を見て回った片桐且元が発見し、家康に知らせた。城内に詳しいだけに潜んでいる場所がわかったのだろうが、それを知らせる且元の心情が理解できない。

そして秀忠から安藤重信が使いとして家康のもとに来て、秀頼と淀殿に切腹を命じると伝えてきた。秀頼母子の切腹は、秀忠が決めたものだった。

『大坂陣覚書』は、おおむね次のように記している。

家康の陣所に着いた千姫は、家康の側近本多正信を介して、淀殿と秀頼の助命を乞うた。これを聞いた家康は、「お姫の願いは尤もである。秀頼母子を助けたとして

も何の問題があろう。願いの通りにしてやろう。しかし、お前は岡山の陣所に行き、将軍（秀忠）にこのことを申せ」と告げた。そこで正信が、岡山に行って秀忠に申し上げた。秀忠は、急に機嫌を損ね、「理屈の通らないことを言わず、なぜ秀頼と一緒に自害しないのか」とまったく聞き入れようとしない。正信は、秀忠をなだめ、「すべては大殿の指図にお任せになってください」と言って帰ったが、その間に秀頼母子はついに自害した

この史料では、城を脱出した千姫自身が秀頼らの助命を嘆願したことになっているが、秀頼と淀殿の切腹を決めたのが秀忠だという筋書きはこちらも踏襲している。

『豊内記』によれば、家康は井伊直孝に命じて秀頼の籠もった「東の矢倉」を包囲させた。そのうえで、片桐且元に秀頼の供の者の名前を尋ねさせた。且元の家臣梅戸《うめど》忠《ちゅう》助《すけ》という者が矢倉へ行き、聞いてきた。大坂方から出された書付によると、淀殿の供は大蔵卿局・饗庭局《あえばのつぼね》ら六人、秀頼の供は速水守久・毛利勝永・真田大助《だいすけ》・大野治長・氏《うじ》家内膳《いえないぜん》・津川左近《つがわさこん》ら二五人だった。

秀頼・淀殿の最期

昼過ぎ、矢倉の中では、敵に包囲されたことを悟った秀頼が速水守久に母淀殿を殺させ、自らも脇差《わきざし》で腹を切り、氏家内膳に介錯《かいしゃく》させた。供の者も切腹し、あるいは差し違えて死んだ。矢倉には火がかけられ、ほどなく炎上した。淀殿は四十九歳、秀頼は二

秀頼最期の地（大坂城）

十三歳の若さだった。

一説には、秀頼を助けようと考えた家康が秀忠に同意を求める使いを出しているうち、矢倉を包囲していた井伊直政《なおまさ》が独断で鉄砲を撃ちかけさせたため、最期を悟った秀頼らが自害を急いだとも言う。おそらくこれは、家康父子に秀頼殺害の罪を負わせないための創作だろう。

秀忠の冷酷さ

史実は、家康が秀頼の助命を容認しながら秀忠の決断に委ね、秀忠がそれを拒否して秀頼に切腹を命じたということのようである。

普通に考えれば、方広寺の鐘銘に難癖を付けて開戦に持ち込んだのは家康である。表面的にどのように言ったにせよ、家康は秀頼を殺すつもりだったはずである。そしてその家康の心底を知る秀忠が切腹を命じると言った、ということであろう。

ただ、七日の戦いが昼頃だったという史実から推論する笠谷氏の説を考慮すれば、家康の目的は秀頼を殺すことではなく、大坂城を退去させればそれでいいと考えていた可能性はある。だから、最後の局面で迷った、ということかもしれない。

そうであれば、秀忠の冷酷さが目立ってくる。自分から意図した戦いでないにもかかわらず、いざ開戦となると戦いにはやり、落城すれば秀頼の命まで取ろうとする。それがこの当時の秀忠の姿だった。あるいは、偉大な父家康に少しでも自分の強いところをアピールしたいという気持ちがあったのかもしれない。

家康にもし迷いがあったとしたら、秀頼への憐憫《れんびん》というより自己の外聞のためだっただろう。秀頼の切腹について、家康に近く豊臣方にあまり同情のない伊達政宗でさえ、次のように述べているのである（国枝寿賀次氏所蔵文書）『史料』一二—二〇）。

散々比興《ひきょう》なる相果たされ様、是非《ぜひ》無く候、

「比興」というのは、現代語の「卑怯」とは少し違うが、好ましくないことを表現する言葉であることには違いがない。「散々比興」とため息をつくようなやり方であって、「是非無く候」（仕方がない）と言っているが、残念な気持ちがうかがえる。

このような評判が立つことがわかっていたからこそ、家康は最後に迷ったのである。迷いのない秀忠とは好対照である。

国松も斬首

秀頼の子国松《くにまつ》は、大坂冬の陣が勃発した時、七歳になっていた。国松は、和平交渉のために大坂城に入った常高院に連れられ、大坂城に入った。常高院は、長持《ながもち》に国松を隠し、大坂城中に運びこんだのだという。京極家の家臣田中六左衛門と養育した後家《ごけ》が従っていた。淀殿と秀頼は、成長した国松を初めて見ることになった。

徳川方と講和が成立した後、国松はそのまま大坂城にとどまった。しかし、大坂夏の陣が勃発し、敗北が明らかになった時、淀殿は国松を城外に脱出させようとした。

国松は、父秀頼と別れの杯をかわし、田中六左衛門と後家に付き添われて城外に出たが、五月二十一日、徳川方の兵に捕らわれた。国松は、千姫の助命嘆願も虚しく、五月二十三日、京都・六条河原《ろくじょうがわら》で斬首された。敗北した者への当然の措置かもしれないが、家康が豊臣家を根絶やしにするつもりだったことがはっきりしている。

秀頼には、国松のほかに、側室との間に娘をもうけていた。慶長十四年（一六〇九）の生まれで、落城時は七歳だった。女子であるため千姫の嘆願によって命を助けられ、鎌倉の東慶寺《とうけいじ》に入った。後の二〇世天秀尼《てんしゅうに》である。彼女と千姫の交流は生涯にわたって続いた。

第五　元和一国一城令と公武の法度

一　元和一国一城令

大坂方の落人の処置

大坂の陣の後、秀忠に任された任務は大坂方の落人の処置である。慶長《けいちょう》二十年（一六一五）六月十四日、鹿児島藩主の島津家久《しまづいえひさ》に酒井忠世《さかいただよ》・土井利勝《どいとしかつ》・安藤重信《あんどうしげのぶ》の三年寄連署《としよりれんしょ》奉書《ほうしょ》が発給されている（『島津家』六—一二七二）。

これによると、大坂方の落人については、「去々年より当春迄の間に、御領分より大坂え奉公に罷り越し候者」（慶長十八年以降、今年の春までの間に島津領内より大坂へ奉公に出た者）がいれば、その名を言上すること、在所へ戻った者がいれば捕らえること、行方が知れず妻子を残している者は妻子が逃げないよう命じること、妻子のない者は親類の名を書き付けて言上すること、大坂の落人は念を入れて調査し捕らえて差し上げることが命じられている。

元和の一国一城令

その後、秀忠は、たばこ禁令（同年六月二十八日付け年寄連署奉書）を出し、同年閏六月十三日には「元和《げんな》一国一城令」を出した。

この元和一国一城令は、秀忠の年寄三人連署奉書で、西国大名中心に発給された。島津家久宛ての奉書は以下のようなものである（『島津家』二―一〇一〇）。

以上

急度《きっと》申し入れ候、仍《よ》って貴殿御分国中居城をば残し置かれ、其外の城は悉《ことごと》く破却あるべきの旨、上意に候、右の通《とおり》諸国へ申し触れ候間、其御心得なさるべく候、恐々謹言

（慶長二十年）壬六月十三日

安藤対馬守
重信（花押）

土井大炊助《おおいのすけ》
利勝（花押）

酒井雅楽頭《うたのかみ》
忠世（花押）

島津陸奥守（家久）殿

島津氏「御分国」の居城だけを残し、その他の城はすべて破却せよ、というのが「上意」で、そのように諸国に申し触れたから、その心得をするように、という指示である。

素直に読めば、諸国に命じられた法令である。そして、「上意」は、連署している三年寄が将軍秀忠を補佐するものである以上、秀忠の「上意」である。

この年寄連署奉書は、現在、毛利秀就《もうりひでなり》・山内一豊《やまうちかずとよ》・黒田長政《くろだながまさ》・鍋島勝茂《なべしまかつしげ》・島津家久の西国の五大名に宛てられたものしか残っていない。

一国一城令の効力

花岡興史氏は、奉書が永続的効力を持たず、限定的かつ時限的効力のみを持つとし、「元和の一国一城令は『法』もしくは『令』として絶対的な強制力をともなわないものであったと考えた方が自然である」（「江戸幕府の城郭政策にみる「元和一国一城令」」）と指摘している。

確かに幕府としては、一国規模の領地を持つ西国大名の何人かに、個別的に居城のみを残して支城を破却する指示をしただけである。しかし、大坂の陣で徳川家は、かつての主家である豊臣家を滅ぼしている。これに理不尽な感情を持つ大名も特に西国には多かったと推測されるが、そうであるだけにこの指示は、かなりの心理的な圧力を持って受け止められただろうことは想像に難くない。「絶対的強制力をともなわない」というのは言い過ぎのように思う。

花岡氏が指摘するように、小倉城《こくらじょう》主の細川忠興《ほそかわただおき》は、同月十一日付けで、「上様御城々、又御譜代《ふだい》衆の城計《ばかり》御残しなされ、其外日本の城一つも残らず御割りなさるべきとも申し候」（上様の持つ諸城や譜代大名の城だけを御残しなされ、そのほかは日本の城を一つ残らず破却するとも言われています）と報じ、秋田の佐竹《さたけ》氏は、六月十三日付けで重臣に対し「諸国残らず城わらせらるべきよし御内々にて仰せ出すの由候」（諸国の城はすべて破却すると、御内々に仰せ出されるということです。「秋田藩家蔵文書」東京大学史料編纂所影写本）と報じているから、奉書で指示されていない大名は城の全面破却という、より厳しい命令が出されたのではないかと案じている。

将軍の権威を高める

当時の「法」は、現代と違ってすべてが法令の形で発布されるわけではなく、内々の指示や口伝えや噂が「法」同様の効力を持つことが珍しくない。直接奉書も与えられず、口頭でも指示されていない大名も、上意を忖度《そんたく》して城の破却を考えたことだろう。したがって、この一国一城令は、ほぼ全大名が従わなければならない「法」の効力を持ったと考えてよいと思われる。そしてそれは、秀忠が年寄を通じて通告する形をとった。こうした伝達方式は以後も踏襲される。秀忠が直接命じるよりも将軍の権威を高める効果を持ったと考えられる。大名として見れば、秀忠と直接連絡を取ることは困難になり、年寄に取り次いでもらうことになる。

大名統制の基本となる一国一城令であるが、高木昭作氏は、一国に城は大名の居城だけという指示は、大名家の防衛力を削ぐというだけではなく、幕府の指示を後ろ盾にして大名が家臣団統制を推進する役割もあったとする（『日本近世国家史の研究』）。当時は、大名の老臣クラスも城を持ち、独立した家臣を抱えていたから、一国一城令を背景に、大名が老臣を城下町《じょうかまち》に集住させるようになっていくのは確かである。しかし、まだ徳川対諸大名の対抗関係は残っていたから、それが目的だったとは考えがたい。そしてこの指示は、次に紹介する同年七月七日に発布される武家諸法度《ぶけしょはっと》によって、確かな法令として永続性を持つことになる。

二　武家諸法度の制定

一国一城令が秀忠を主体として発給されたように、家康は秀忠に政務の委譲を図っていた。同年に発布される武家諸法度《ぶけしょはっと》も同様だが、幕府体制の根幹をなすものだけに、家康が深く関与している。

慶長二十年（一六一五）閏六月二十四日、秀忠は伏見城《ふしみじょう》に金地院崇伝《こんちいんすうでん》を召し、「武家之御法度条々」を仰せ出され、内々に相談した（『駿府記《すんぷき》』）。これが武家諸法度制定への動きであることは間違いない。そして『駿府記』の七月二日条には、次のように記されている。

伝（崇伝）長老法度之草案御前に捧げ、則ち伏見に参り、将軍言上すべきの旨仰せ出され、ここで「御前」というのは家康を指すと考えられるから、この記述は、崇伝は執筆した法度の草案をまず二条城《にじょうじょう》にあった家康に提出し、家康から「伏見に行き将軍へ言上せよ」と命じられたことを示している。つまり、「武家之御法度条々」は秀忠が崇伝に草案執筆を命じたが、崇伝は家康の意見を聞き、そのうえで秀忠に提出されたのである。

翌三日、秀忠から土井利勝が二条城に遣わされ、法度の内容が議論された。

そして七月七日、この日は伏見城で能が興行されることになっており、諸大名が登城した。能が始まる前の早朝、本多正信《ほんだまさのぶ》が「武家諸法度」一三ヵ条を制定することを仰せ出される旨を伝え、崇伝が全一三条に及ぶ全文を読み上げた。

すでに述べたように、家康は、慶長十六年四月十六日、三ヵ条の誓詞《せいし》を在京諸大名から徴収している。その中で、「江戸より御目録を出されるに於ては、堅くその旨を守るべき事」と告げていた。武家諸法度は、あくまで将軍が出すべきものだと考えていたのである。

大名支配の基本法に

武家諸法度は、第一条の「文武弓馬の道、専ら嗜《たしな》むべき事」にはじまり、諸国の居城の修補は言上を義務とし、新規の城構営は禁止（第六条）、私婚の禁止（第八条）、諸大名参勤作法（第九条）、国主は政務の器用を選ぶべし（第一三条）などの重要な指示がある。

この内、第六条の文面は、次のようなものである。

一、諸国之居城雖為修補《しゅうほたるといえども》、必可言上《ごんじょうすべし》、況《いわんや》新儀之構営堅令停止《ちょうじせしむ》事、

これには「城百雉《ひゃくち》を過ぐれば国の害也、峻塁浚隍《しゅんるいしゅんこう》、大乱の本也」という説明がある。城が多ければ国の害になり、険しい土塁や堀は大乱の本だ、というのである。居城以外のことは規定されていないので、すでに諸国には居城以外の城の建設は禁止された、と解釈できる。

ただ、大名家によって事情が考慮されており、たとえば細川氏は、元和二年（一六一六）正月四日、忠興の隠居城となる中津城《なかつじょう》の破却を免除されている（『細川家』一―一一〇）。しかし、それは幕府の許可の上でのことであった。後に述べるように、豊臣大名だった福《ふく》島正則《しままさのり》は、城の無断修築を咎《とが》められ、大幅に減封され転封《てんぽう》させられることになる。

笠谷和比古氏は、これらの条文が鎌倉幕府の貞永式目《じょうえいしきもく》以来の伝統的武家法や和漢の政道書、豊臣秀吉の御掟・御掟追加などの条文や趣旨が継承されており、「これらの古典・先例の引用によって条文を権威づけつつ、他方ではまた法文が武家政治の伝統に則っていることを明示することでその正当性を認識させ、これをもって大名支配の基本法となすものであった」と指摘している（『徳川家康』）。

この指摘は正当だが、第六条のように新しく規定された条項があり、徳川家が創設した幕府の新しい法度であるという画期性と、大名にこれを遵守させるだけの実力が幕府

にあったということを付け加えなければならない。

三　禁中幷公家中諸法度

慶長二十年（一六一五）七月十三日、改元して元和元年となった。朝廷の慶事ではなく、天下泰平、つまるところ豊臣家を滅ぼしたことが改元の理由になっている。もはや徳川家の天下は揺らぐことはないと予想された。

同月十七日、家康・秀忠は、二条城に摂家《せっけ》以下の公卿《くぎょう》・殿上人《てんじょうびと》を集め、饗応の後、広橋大納言兼勝《ひろはしだいなごんかねかつ》ら両伝奏《てんそう》を召し、「禁中《きんちゅう》幷《ならびに》公家《くげ》中諸法度《ちゅうしょはっと》」一七条を授けた。武家諸法度の発布から一〇日後のことである。末尾には、家康・秀忠に加えて、朝廷の重鎮である前関白《かんぱく》・准三后《じゅさんぐう》二条昭実《にじょうあきざね》が連署している。文章は広橋兼勝が公卿らに読み聞かせた。

第一条は、有名な「天子《てんし》御芸能の事、第一学問也」という条項である。続いて親王の座次《ざじ》は三公《さんこう》の次にすること（第二条）、摂家であっても器用のない者は三公摂関に任じないこと（第四条）、武家の官位は公家当官の外にすること（第七条）、改元は漢朝（中国）の年号から吉例を以て定めること（第八条）、紫衣《しえ》の寺の住持職は猥りに勅許しないこと（第一六条）などが定められている。

禁中幷公家中諸法度については、第一条が注目され、天皇の職務は学問を第一とする芸能の世界に押し込め、政治に関与させないようにしたとされていた。しかし近年では、その学問の内容は『貞観政要《じょうがんせいよう》』『寛平御遺誡《かんぴょうごゆいかい》』『群書治要《ぐんしょちよう》』という君主の心構えを教えるものであり、天皇が君主であるということを前提としたものであることが指摘されている（尾藤正英『江戸時代とはなにか』）。

江戸幕府が日本の主権者に

しかし、これは心構えの問題であって、そうした心構えを持ったとしても、天皇に政治を行わせるというものではなかったことには留意すべきである。

この法度を制定した意図を推測すると、猪熊事件《いのくまじけん》などに示される朝廷の綱紀の乱れを是正し、名目的には日本の最高の統治主体である朝廷をそれにふさわしいものにしようというものだったと思われる。家康も秀忠も、節目節目に上洛したように朝廷を尊重しており、それはただのポーズではなかったと見られる。

この法令が家康・秀忠・二条昭実の三人の連署で出されたのは、天皇の職務や親王・公家の座次、摂関の人事など朝廷の内部にまで口を出すものだったからであろう。秀忠は朝廷から将軍に任命されており、こうした法令を授けるのは越権行為にもなりかねない。そのため、公家の上に立つ家康と公家の長老である二条昭実が署名に加わったのだろう。武家が朝廷に法度を申し渡すというのは、豊臣政権の御掟という前例があるが、これほど体系的な法令が出されたのは初めてである。織豊期を経て成立した江戸幕府は、この時点で実質的に日本の主権者となったと言っていいだろう。

七月十九日、秀忠は伏見城を出て江戸に帰った。家康も八月四日、二条城を出て駿府に向かった。この頃、幕府は大坂の落人を許す旨を各国に令している。

四　家康の死

豊臣家の記憶

元和元年（一六一五）七月九日、幕府は、豊国《とよくに》の社《やしろ》を廃し、大仏殿《だいぶつでん》回廊の裏に移した。別《べつ》当照高院興意《とうしょうこういんこうい》を聖護院《しょうごいん》に移し、後に妙法院門跡常胤法親王《みょうほういんもんぜきじょういんほっしんのう》を大仏殿の住職とした。また内裏《だいり》に奏請《そうせい》し、「豊国明神」の神号を廃した。幕府は、豊臣家の記憶をなくすための施策を進めていた。

家康は、秀吉が有力大名に与えていた「羽柴《はしば》」の名字も、前の名字に改めるよう誘導した。九月には、福島正則が羽柴から福島に戻し、十二月二十四日、家康に拝謁した細川忠興も、いわれがないということで本氏の細川に復すよう命じられている。

家康と相談する秀忠

この年八月以降、秀忠は将軍として江戸城にあったが、いまだ独自の政策を行うこと

跡継ぎは家光に

はなく、駿府城の家康と相談して事に当たっている。たとえば九月八日には、水野忠元《みずのただもと》を駿府に遣わし、大坂の陣の論功行賞の件を相談している。また、この時期、問題となっていたのは、家康の六男で秀忠の弟、松平忠輝《まつだいらただてる》の件である。これは後に考察する。九月十六日、秀忠は、土井利勝を駿府に遣わした。密談数刻に及んだとされ、二十九日には家康が江戸出府を伝えてくる。十月十日、家康は江戸に着き、江戸城西の丸に入った。秀忠は、西の丸に赴いて対面した。

家康は十二月四日まで西の丸に滞在した。その間、十月十八日には、京都所司代板倉勝重《きょうとしょしだいいたくらかつしげ》から、大仏殿鐘銘を書き寺を逐電していた僧清韓《せいかん》を捕らえたという知らせが来ている。

駿府に帰った家康のもとには、大名が折々立ち寄り、拝謁している。

同月二十六日には、大坂の陣の論功行賞が発表された。これは、家康・秀忠合意のうえでなされた。この時期、秀忠と家康の間を往復して連絡をとっていたのは、土井利勝だった。利勝は、二万石を加増され、六万五二〇〇石の大名となった。

元和二年、秀忠は三十八歳になった。元旦、江戸城黒書院《くろしょいん》に出御した秀忠は、十三歳の家光《いえみつ》を左に座らせている。秀忠は、徳川家の跡継ぎが家光であることを明らかに示したのである。

久能山徳川家康宝塔

正月二十一日、家康は、田中へ鷹狩りに出ていたが、にわかに気分が悪くなった。これはすぐに江戸に報告された。翌日には、田中の旅館に在府の者が駆けつけた。秀忠は、二十五日、安藤重信を遣わして病状を問わせ、二十九日には土井利勝を遣わした。三十日、京都でも後陽《ごよう》成《ぜい》上皇・後水尾《ごみずのお》天皇が家康不例の知らせを受け、使者を遣わした。

二月一日、秀忠は江戸城を出て駿府に赴いた。夜道を急ぎ、二日戌刻には駿府に着いた。対面したところ、家康の機嫌はよかった。秀忠は、駿府城西の丸を居所とし、家康の病状をうかがい、時々看病した。しかし、この頃には家康は死期を悟っていたらしい。四日には、病床に藤堂高虎《とうどうたかとら》と金地院崇伝を召して話をしている。

三月十七日、朝廷は、家康の太政大臣《だいじょうだいじん》昇進のことをはかり、二十五日には太政大臣宣下の口宣《くぜん》が駿府に来た。秀忠は玄関で勅使を迎え、勅使は常の御座所で家康と対面した。この時、家康は病床を下段に移し、勅使は上段に着座した。禁中幷公家中諸法度を制定して朝廷を法で拘束した家康だったが、彼の中では朝廷が上位にあることは自明のことだった。

四月二日、家康は金地院崇伝・南光坊大僧正天海《なんこうぼうだいそうじょうてんかい》・本多正純《まさずみ》を召し、死後は遺骸を久能山《くのうさん》に納め、法会は江戸増上寺《ぞうじょうじ》で行い、霊牌は三河大樹寺《だいじゅじ》に置き、一周忌が終われば下野国の日光《にっこう》に小堂を営造して祀れ、と命じた。

三日、家康は遺言を述べ、秀忠にも、本多正純と金地院崇伝を使いとして「御密旨」を伝えた。

この頃から家康はほとんど食事も取れず、病状は重くなった。八日には、見舞いに来ていた前田利常《まえだとしつね》・島津家久・細川忠興らを召し、遺物の刀剣を下賜した。

四月十七日巳の刻　家康は没した。享年七十五だった。遺命により、夜、遺骸を久能山に移した。

第六　将軍秀忠の政治

一　年寄制の整備と秀忠の動静

名実ともに将軍に

家康が没した元和《げんな》二年（一六一六）四月十七日以降、秀忠が名実ともに将軍として、政治に当たることになった。これまで大坂の陣にせよ、武家諸法度《ぶけしょはっと》や禁中《きんちゅう》并《ならびに》公家《くげ》中諸法度《ちゅうしょはっと》の制定にせよ、すべての政策は家康の主導で行われていた。しかし秀忠も、家康のもとで経験を積んでおり、三十八歳という充実した年齢と相まって、これ以後、堅実な秀忠政治が展開していくことになる。

年寄による集団政治

第一の特徴は、土井利勝《どいとしかつ》ら幕府年寄《としより》に集団で政治を執らせる体制を確立したことである。家康政治では本多正純《ほんだまさずみ》が単独で大名《だいみょう》に指示することが多かったが、秀忠政治では本多正純・土井利勝・安藤重信《あんどうしげのぶ》・酒井忠世《さかいただよ》の四年寄連署奉書《れんしょほうしょ》で大名に指示することになる。

それまで本多正信《まさのぶ》・大久保忠隣《おおくぼただちか》・酒井忠世が秀忠の年寄役を務めていた。ところがす

四年寄

でに述べたように大久保忠隣は慶長《けいちょう》十九年（一六一四）に改易《かいえき》となり、家康の懐刀だった本多正信は、元和二年六月七日、家康の後を追うように没した。享年七十九だった。

正信の子の正純は、家康の年寄として活躍してきており、五月二十一日、上野国佐野《さの》一円二万石を加増され、下総国宇都宮《うつのみや》と合わせて五万七〇〇〇石となり、秀忠の年寄に加えられることになった。永禄《えいろく》八年（一五六五）生まれの五十二歳である。

土井利勝は天正《てんしょう》元年（一五七三）生まれの四十四歳で、幼い頃から家康に近侍し、秀忠が誕生した時に付属された側近中の側近である。慶長七年に一万石、同十五年には下総佐倉城《さくらじょう》主三万二四〇〇石になり、秀忠の年寄となった。同十七年には四万五〇〇〇石に加増され、「凡国家の政務あづかりきかずといふことなし。この後しば〳〵御使をうけたまはりて駿府《すんぷ》におもむき、あるひは御密談の席に候す」（『寛政重修諸家譜《かんせいちょうしゅうしょかふ》』）という役割を担った。これは『駿府記』に表れる利勝の動きで裏づけられる。

安藤重信は弘治《こうじ》三年（一五五七）生まれの六十歳で、家康から秀忠に仕えるよう命じられ、慶長五年の上田城《うえだじょう》攻めなどに従った。慶長十六年から「奉行《ぶぎょう》職に列して政務をあずかりきく」（『寛政重修諸家譜』）立場となった。秀忠付きの年寄となったということだろう。慶長十九年の大久保忠隣の改易の時は、小田原城《おだわらじょう》請け取りの任務を果たしている。

酒井忠世は元亀《げんき》三年（一五七二）生まれの四十五歳で、天正十八年から秀忠付属の「家老《かろう》職」となった。上田城攻めにも従い、慶長六年に一万石を領した。秀忠が将軍となると、本多正信・大久保忠隣と並んで年寄を務めている。その後、加増を重ねられて二万石となり、大坂の陣では秀忠の旗本《はたもと》にあった。元和二年には加増と父重忠《しげただ》の遺領相続により上野厩橋城《うまやばしじょう》主八万五〇〇〇石になった。

このほか酒井忠利は、永禄二年生まれの五十八歳、慶長十四年九月、川越城《かわごえじょう》主となり、大留守居《おおるすい》とされた。元和二年五月二十九日から家光に付属する年寄を勤めた。忠利の子忠勝は、家光を支える股肱《ここう》の臣《しん》となっている。

家康政治の継続

どの年寄も秀忠より年長で、十分な軍事的あるいは政治的経験を積んでいた。政治的経験という面では家康の年寄だった本多正純に一日の長があったが、土井利勝も家康との間の使者を務めており、経験は積んでいた。秀忠は年長の年寄をそのまま登用することで、家康政治の継続を図ったと言える。

六月十一日、駿府に仕えていた家臣たちはみな江戸に呼び寄せられ、徳川家臣団は一元化することになった。

松平忠輝の処置

懸案は、家康が末期の床でも許さなかった松平忠輝《まつだいらただてる》の処置だった。秀忠は、これに対しては果断に処置した。七月五日、秀忠は、忠輝の浅草《あさくさ》の屋敷に使者を送り、「大御所《おおごしょ》御遺命」として伊勢国朝熊《あさま》に移るよう命じた。忠輝は、兄秀忠のこの命に対し、「自分に何の異心があるというのか。このように遠国に流される覚えはない。罪があるというならこの場で首を刎《は》ねよ」と抗議した。

この抗議を聞いた秀忠は、「首を刎ねるようなことはしない。これは忠輝の罪をはっきりさせ、懲らしめるためだから、御遺命に従い朝熊に行け」と答えた。忠輝はこれ以上拒否することはできないことを悟り、配所に行くことを了承した。諸大名の目から見れば、一門の忠輝に対するこの果断な処置は戦慄すべきものだっただろう。

十四日、小田原宿に着いた忠輝は剃髪した。忠輝が朝熊に着き、金剛証寺《こんごうしょうじ》に着いたのは二十日のことである。道中、宿場や関所で随行する家臣を削減され、朝熊まで同行したのはわずか五、六人だった。

この頃、細川忠利《ほそかわただとし》が、「此中、公方《くぼう》様御隙なく色々の御仕置仰せ付けられ候」（『細川家』一―一二九）と父忠興《ただおき》に書き送っているように、将軍秀忠は精力的に政務に励んでいた。家康死後、政治の空白を作らないために奮闘している姿が見える。

土井利勝

諸大名から新たな権力者として注目されていたのは、年寄土井利勝だった。金地院崇《こんちいんすう》伝《でん》は、「今はだれもかれも大炊殿《おおいどの》へ頼み入る体と相見へ申し候」（『本光国師日記《ほんこうこくしにっき》』七月六日条）と忠利に書き送っている。

しかし、当の崇伝は、「金地院《こんちいん》、御前弥《いよいよ》遠くなり申し候」（『細川家』一―一二八）とい

世良田東照宮拝殿

うように、秀忠からは遠ざけられていた。代わりに台頭してきたのは、「喜介《（伊丹康勝）》出頭、対馬殿《（安藤重信）》にならび候由」（同前）と言われているように、代《だい》官頭《かんがしら》を務めていた伊丹康勝《いたみやすかつ》だった。この頃、幕府は、撰銭令《えりぜにれい》を出し、年貢米に関しても米三斗七升を一俵とするなど、民政面で新たな政策を打ち出している。これは、伊丹康勝らの働きによったものだろう。

　外様《とざま》大名では、大坂の陣で秀忠の参謀役を務めていた黒田長政《くろだながまさ》・加藤嘉明《かとうよしあき》はさしたる取り立てはなく、藤堂高虎《とうどうたかとら》が秀忠の信任を得ていると見られていた。忠興は、「藤和泉殿《（藤堂高虎）》出頭、花がふり候由」（『細川家』一―一三一）と書いている。高虎は、後述するように朝廷との交渉で大きな役割を果たしている。

　元和二年に行われた大きな政策は、キリスト教禁止の励行と中国船以外の外国船の寄港地を長崎・平戸《ひらど》に限定したことである。これは後に詳しく述べる。十月には大僧正《だいそうじょう》天海《てんかい》を日光山《にっこうさん》に遣わし、家康廟の造営を始めさせている。

家康の棺を日光へ

元和三年三月、秀忠は、家康の棺を日光山へ移し、日光へ赴いた。四月八日、家康の棺は日光の奥の院廟塔に納められ、十四日には日光東照社《とうしょうしゃ》の仮殿遷宮《かりでんせんぐう》があり、十七日には正遷宮《しょうせんぐう》が行われた。

これに際して朝廷からは、梶井《かじい》門跡最胤法親王《さいいんほっしんのう》、正覚院《しょうがくいん》権僧正豪海《ごんのそうじょうごうかい》、奉幣使《ほうへいし》清閑《せいかん》寺宰相《じさいしょう》共房《ともふさ》、宣命使《せんみょうし》中御門《なかみかど》宰相尚長・阿野《あの》宰相実顕《さねあき》、奉行広橋頭弁《ひろはしとうのべん》兼賢《かねかた》・烏丸右《からすまう》中弁《ちゅうべん》光賢《みつかた》、着座《ちゃくざ》には広橋大納言《だいなごん》兼勝・三条西《さんじょうにし》大納言実条《さねえだ》・日野《ひの》大納言資勝《すけかつ》・西園寺《さいおんじ》中納言《ちゅうなごん》公益《きんます》・冷泉《れいぜい》中納言為満《ためみつ》・西洞院《にしのとういん》宰相時慶《ときよし》の六人など、大勢の門跡《もんぜき》・公卿《くぎょう》らが派遣された。天皇は「東照大権現」の勅額を下賜した。諸大名は、みな御宮前に石灯籠《いしどうろう》を進献《しんけん》した。

秀忠は、勅使下向および勅額下賜に対する御礼として高家《こうけ》大沢基宿《おおさわもといえ》を京都に派遣した。大沢は、六月四日参内《さんだい》し、御礼として金一〇〇枚を献上した。

後陽成上皇崩御

六月十四日、秀忠は江戸を発し、上洛した。上洛中の八月二十六日、後陽成《ごようぜい》上皇が崩御した。

また、上洛中、来日した朝鮮通信使《ちょうせんつうしんし》呉允謙《ごいんけん》らを伏見城《ふしみじょう》で引見している。また、それぞれ嘆願を目的に上洛したポルトガル人・イギリス人も伏見城で引見している。

大奥五ヶ条の壁書

元和四年正月朔日、秀忠は、大奥《おおおく》に次の五ヵ条の壁書《かべがき》を制定した（『東武実録《とうぶじつろく》』『徳川禁令考』前集第三）。

①大奥へ普請・掃除などの御用がある時は、天野《あまの》孫兵衛《まごべえ》・成瀬《なるせ》喜右衛門《きえもん》・松田《まつだ》六郎左《ろくろうざ》衛門《えもん》を召し連れて参る事。

②御つぼねより奥へ男は入ってはならない。

③手判なしで女は上下とも出入りしてはならない。晩六つ時を過ぎれば御門より外へ出入りしてはならない。

④走り入りの女があれば、断りがあり次第、返すべき事。

⑤御台所《みだいどころ》の仕置は、天野孫兵衛・成瀬喜右衛門・松田六郎左衛門が、二、三人一日一夜づつ勤番する事。諸事善悪の沙汰をもって申し付けよ。もし御下知を背く不届の者がいれば、用捨なく言上せよ。遠慮して申し上げなければ、天野らの曲事《くせごと》とする。

天野・成瀬の経歴は明らかでないが、松田は大坂の陣で鎗奉行を務めており、武名のある旗本が大奥の規律の責任者となったと思われる。

それまでの大奥は、男の出入りもあり、走り入りの女など必ずしも素性のはっきりしない女などもいた。こうしたルーズな部分を厳しく規制したのである。

放鷹と大名邸御成

この元和四年、秀忠は、江戸にあってゆったりとした生活をしている。正月七日には

伊達家上屋敷御成門（「江戸図屏風」国立歴史民俗博物館所蔵）

葛西《かさい》に放鷹《ほうよう》して楽しんでいる。三月二十二日には伊達政宗《だてまさむね》邸に御成し、閏三月二十日には藤堂高虎邸に御成している。藤堂邸には七月にも御成し、風流踊《ふりゅうおど》りを観ている。十月二十九日には越谷《こしがや》などで放鷹している。そして江戸に帰ってからは、十一月二十三日、江戸城で諸大名に茶を饗している。

こうした中、三月五日には、松平忠輝を朝熊から飛驒《ひだ》に移し、金森重頼《かなもりしげより》に預けた。同月十五日、越後高田《たかだ》藩主酒井家次《いえつぐ》が没すると、跡継ぎの酒井忠勝《ただかつ》を信濃松代《まつしろ》に移封させ、松代藩主松平忠昌《ただまさ》を高田に移封させている。

元和五年三月、秀忠は伊達政宗邸を訪問し 猿楽《さるがく》を観た。五月八日には上洛のため、江戸を発している。この上洛中、広島藩主福島正則《ふくしままさのり》の処分が行われた。これは後に詳しく見ていく。また、秀忠は、九月七日には大坂に行き、九日には大和郡山《やまとこおりやま》に行っている。

和子入内と竹千代・国松元服

元和六年の秀忠も、元和四年同様、江戸にあってゆったりとした生活をしている。正月から二月にかけては、秋田藩主佐竹義宣《さたけよしのぶ》、尾張藩主徳川義直《よしなお》、水戸藩主徳川頼房《よりふさ》の屋敷を訪問している。この年の大きな行事は和子《まさこ》の入内《じゅだい》で、五月に和子が上洛し、六月十八日、入内した。九月六日には、竹千代《たけちよ》・国松《くにまつ》を元服させ、家光・忠長《ただなが》と名付けている。勅使として広橋兼勝・三条西実条が派遣され、江戸城で家光は正三位権大納言、忠長は従四位下右近衛権中将兼参議《さんぎ》の位記《いき》・宣旨《せんじ》を受けた。

第三期江戸天下普請

この年には、慶長八年からの第一期、同十六年からの第二期に続き、第三期の江戸天下普請が始まっている。本丸・二の丸（後の三之丸）・北の丸の石垣を造成し、駿河台《するがだい》を切り通して御茶ノ水の掘り割りを通し平川《ひらかわ》を神田川《かんだがわ》へ接続し、八丁堀《はっちょうぼり》を埋め立て、本丸の改造による御殿と天守の建て替えなどを行った。また、大坂の陣で荒廃していた大坂城の再建を命じ、十一月二十一日には大坂城の石垣修築が完成した。

十二月一日、秀忠は上総土気《とけ》・東金《とうがね》などで放鷹を楽しんだ。

以上、元和二年より六年までの秀忠の動静を概観してきたが、以下では重要な政策を節に分けて考察していく。

二　貿易地の限定とキリシタン禁令

すでに述べたように、秀忠が全国政治で最初に行った大きな政策はキリシタン禁令の徹底と貿易地の限定だった。

キリシタン禁令

秀忠は、家康のキリシタン禁令を受け継ぎ、「たとえ如何なる事情があろうとも、領国中にも家臣の中にも一人でもキリシタンがいてはならぬ」という厳命を下した（「一六一八年度日本報告」『イエズス会』Ⅱ—二）。宣教師の記録によると、発令は一六一六年九月とされているから、日本暦では元和二年（一六一六）七月二十日から八月二十日にあたる。

これまでは、諸大名の家臣のキリシタンを禁じるものだった。しかし秀忠は、大名領内に一人のキリシタンもいてはならぬと命じたのである。

日本側の史料では、元和二年八月八日、安藤重信・土井利勝・本多正純・酒井忠世の四年寄と大留守居の酒井忠利が連署する奉書によって、以下の「バテレン門徒禁止」を島津《しまづ》家久《いえひさ》に告げている（『島津家』六—一二九一）。

追而《おって》、唐船《からぶね》の儀は、何方へ着き候とも、船主次第商売仕るべきの旨、仰せ出さ

れ候、以上、

急度《きっと》申し入れ候、仍《よっ》て伴天連《バテレン》門徒の儀、堅く御停止の旨、先年相国様(家康)仰せ出さるの上は、弥《いよいよ》其旨を存じられ、下々百姓已下に至る迄、彼宗門これ無き様に、御念を入れらるべく候、将亦《はたまた》、黒船《くろふね》・いきりす舟の儀は、右の宗躰候の間、御領分に至り着岸候共、長崎・平戸へ遣され、領内において売買仕らざる様に尤《もっと》もに候、此旨、上意により斯の如くに候、恐々謹言、

(元和二年)八月八日

安藤対馬守
　重信（花押）
土井大炊頭
　利勝（花押）
酒井備後守
　忠利（花押）
本多上野介
　正純（花押）
酒井雅楽頭《うたのかみ》
　忠世（花押）

島津陸奥守殿

要約すると、①バテレン門徒禁止、②黒船（ポルトガル船）・イギリス船の長崎・平戸回航、③唐船は大名領内での商売自由、の三項目である。これは、キリスト教禁令を徹底させるために、ポルトガル船は長崎、オランダ・イギリス船は平戸で管理することを命じたもので、これ以後、平戸藩以外の大名領内でこれらヨーロッパ諸国の船と自由な貿易はできなくなる。

貿易は続ける

キリスト教とは関係のない唐船との貿易が許可されていることは、これが外国貿易の統制を意図したものでないことを示している。先の「一六一八年度日本報告」に書かれた内容を裏づける日本側史料と言っていいだろう。

八月二十日には、イギリス人に条書を与え、日本に渡海したら平戸で売買し、他所では許さないことを告げている（『御当家令条』巻一六）。オランダ人も同様だっただろう。

この年十月二十八日、島津家久は、領内に唐船一艘が着岸し、近年は長崎に送り届けていたが、今度の仰せ出されにより領内で商売したこと、同じく領内に着岸した南蛮船《なんばんせん》には帰帆を命じたことを幕府年寄に届けた。これに対し翌年正月十日、安藤重信・土井利勝・酒井忠利・本多正純連署でそれを追認している（『島津家』六―一二〇四）。薩摩藩領には南蛮船が着岸しており、幕府は南蛮船との貿易の可能性があった薩摩藩のみにこの

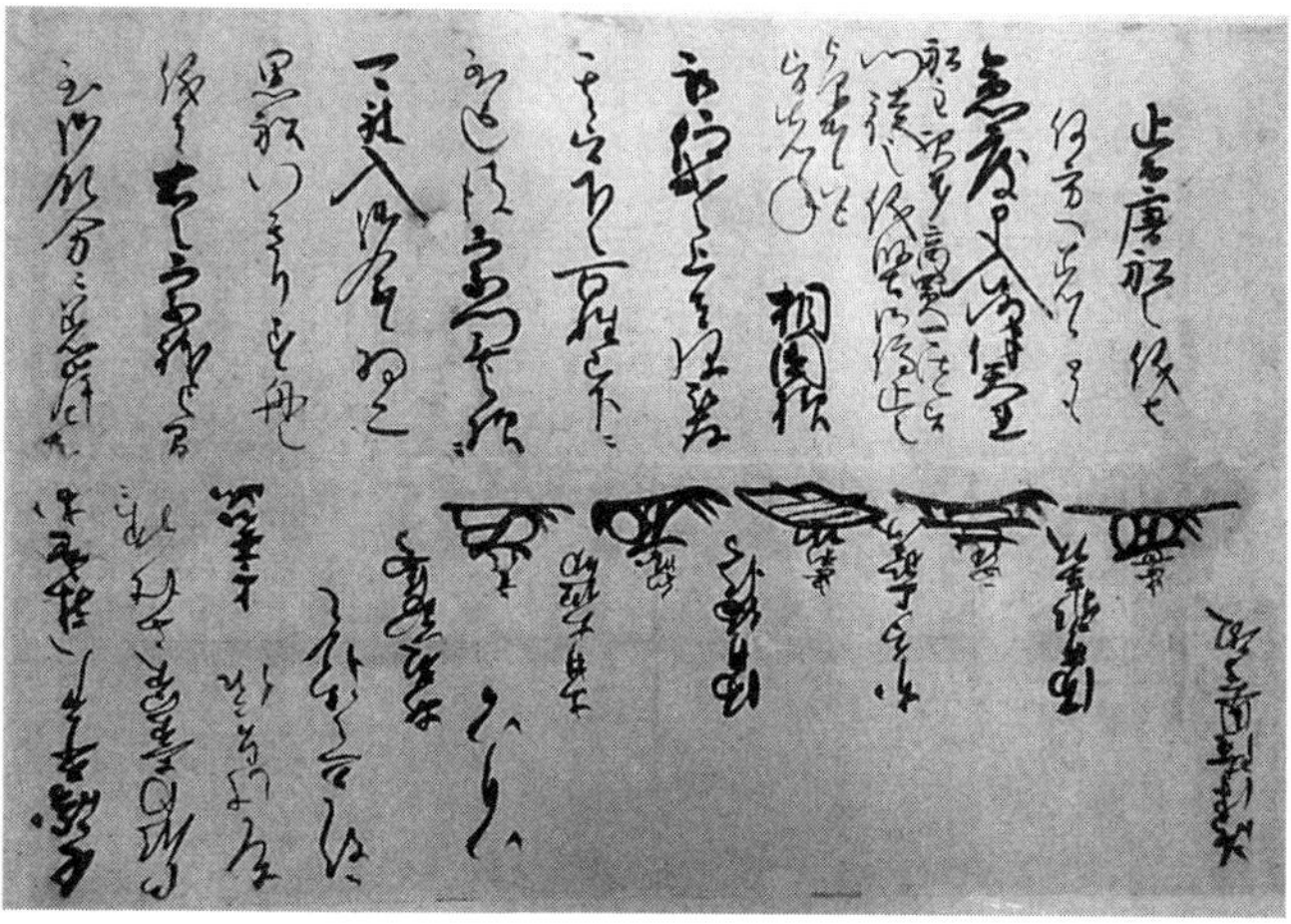

（元和２年）８月８日付け幕府年寄連署奉書
（「島津家文書」東京大学史料編纂所所蔵）

年寄連署奉書を発給したものと理解できる。

東南アジア諸国船についても唐船同様で、八月二十一日、交趾《コーチ》（ベトナム）の商船に対して、日本に渡海した時、風浪の災いがあれば日本のどの国に着岸してもよいと命じている。

秀忠は、キリスト教に関係のない唐船等については領内での商売を許し、ポルトガル船貿易は長崎、オランダ船・イギリス船貿易については平戸で管理する体制を構築したのである。

イエズス会の宣教師は、当時一八人が残っていた。このことが人々の噂に上ったため、イエズス会は確かに宣教師が去ったことを示そうと、さらに五人の会士

宣教師は死罪に

貿易・謁見自体は許す

をマカオへ帰らせた。秀忠を刺激しないためである。

秀忠の命令は、さらに厳しいものとなり、司祭（宣教師）をすべて死罪に処するとの命令が付け足された（「一六一八年度日本報告」）。秀忠は在日宣教師を死罪にする法令を発するにあたってその旨を伝えている。これは注目すべきことで、いきなり宣教師を捕らえて処刑しようとしたわけではない。おそらく自発的に国外に出ることを期待してのものだろうが、一応の手続きはとっていると言える。以後、秀忠の命令に従わず日本に留まっている宣教師は、明白な法令違反として処刑されることになる。

秀忠の方針によって、キリシタンに対する大名領の迫害はさらに厳しいものとなった。たとえば大村藩《おおむらはん》主大村純頼《すみより》は、秀忠の命令を忠実に実行することによって、自らがキリシタンに厳しく対処していることを示そうとした。このため元和三年四月十八日、フランシスコ修道会のペドロ・デ・ラ・アスンシオンとイエズス会士ジョアン・バウティスタという二人の宣教師が、諫早《いさはや》と五島《ごとう》で捕縛された。純頼は二人を斬罪に処した。

しかし秀忠は、ポルトガル貿易そのものには何ら規制を加えていない。元和三年に長崎に入港したポルトガル船は三隻で、大いに歓迎された。ポルトガル人は、長崎において商品館の名義で数軒の家を建てる広い敷地を得、そこに俗人の服装をさせた宣教師を置くことを計画した。そして船長ロポ・サルメント・デ・カルバリヨは上洛の途に就き、八月十三日、伏見城に登城し、秀忠に謁見した。これは多くの贈り物をすることによって、年寄らと商品館について交渉するためであったが、その件については無視された（「一六一八年日本年報」）。

オランダ人は平戸において自由に貿易をすることが許され、八月十六日付けで日本に渡海した際、風浪の難に遭った時はどこの地に着岸してもよいとの秀忠の朱印状《しゆいんじよう》を交付された（『史料』一二―二七）。

イギリス人は、八月二十四日、商館長リチャード・コックスが伏見城に登城し、国王の書簡を秀忠に奉呈し、商館の特権を拡張することを願った。これに先だってコックスは、土井利勝の用人横田角左衛門《よこたかくざえもん》と話し合っているが、そこに秀忠の考えがよく示されている（『イギリス商館長日記』下）。角左衛門は、「道理に叶って要求しようとしていることなら何事でも皇帝は我々（イギリス人）に許すつもりでいるものと思う」と言い、スペイン人・ポルトガル人・中国人が提出したオランダ人を海賊として日本から追放してほしいという誓願は却下されたことを事例に、次のように言ったという。

彼の国は総ての外国人にとって自由であり、もし彼等の間に争論があったら、彼等は彼等自身の国の君侯のもとで救済を請うがよい、

秀忠は、日本で外国人の紛争があれば裁定を下すつもりだが、それ以外の海域での紛

争には介入しない方針だった。つまり、ポルトガル・スペイン・オランダ・イギリス・中国、どこの国民であっても日本での貿易を許し、謁見も許すという姿勢をとっていたのである。

三　秀忠の上洛と和子の入内

朝廷政策

秀忠は、朝廷に対しては融和的な政策をとり、元和三年（一六一七）、元和五年と定期的に上洛し、参内している。しかし、元和七年には後に述べるように越前の松平忠直《ただなお》の問題があり、元和八年にはさまざまな政治的な事件が起こるので、三年間は上洛しなかった。それらが片づいた元和九年には上洛し、家光に将軍職を譲ることになる。

大御所になってからは寛永《かんえい》三年（一六二六）に上洛しただけで、家光も寛永三年以降はしばらく上洛せず、秀忠没後の寛永十一年に上洛する。そしてそれ以後、将軍の上洛は行われなくなり、次に上洛するのは尊王攘《そんのうじょう》夷《い》運動《うんどう》が吹き荒れた一四代将軍家茂《いえもち》の時である。

元和三年の上洛

元和三年の上洛は、亡父家康への朝廷の一連の厚遇に対し御礼を申し述べるためだった。秀忠は、六月十四日、上洛の途につき、同月二十九日、伏見城に到着した。公家衆や京都に到着していた大名が、将軍の行列を出迎えた。

翌三十日、後水尾《ごみずのお》天皇から武家伝奏《ぶけてんそう》広橋兼勝・三条西実条が伏見城に派遣された。後陽成上皇からも使者が派遣され、昵近《じっきん》の公家衆も早速に伺候し御機嫌を伺った。

七月三日には、土御門泰重《つちみかどやすしげ》に参内の日取りの選定が指示されている（『土御門泰重卿記』『史料』一二―二七）。伏見城に到着した秀忠のもとへは、参内までの間、さまざまな人々が伺候した。七月五日には、親王・公家衆・門跡などが伏見城に赴き秀忠を慰問《しこう》した。また、五山《ござん》の僧侶も伺候している。

同月七日、七夕の節句の日には、伏見城で猿楽の能の宴を張り、諸大名を饗応した。昵近の公家衆も伺候した。

十四日、伏見城代の松平定勝《さだかつ》を伊勢桑名城《くわなじょう》に移し、桑名城主の本多忠政《ただまさ》は播磨姫路《ひめじ》城《じょう》に移封し、千姫《せんひめ》の婿である本多忠刻《ただとき》には播磨の内一〇万石を与え、姫路城に居城させた。また、伏見城代には、摂津高槻城《たかつきじょう》主の内藤信正《ないとうのぶまさ》をあてた。

十七日、薩摩《さつま》藩主島津家久が参議に任じられ、十九日には尾張藩主徳川義直が、翌日には紀伊藩主徳川頼宣《よりのぶ》がともに中納言に任じられた。

二十一日、秀忠は参内した。献上は、天皇に銀子一〇〇〇枚・綿二〇〇〇把・御所女中、女孀《にょじゅ》、奴婢《ぬひ》にいたるまでへの御配り銀子一〇〇〇枚、上皇に銀子五〇〇枚・綿一〇〇〇把・御配り銀子三〇〇枚、女院御所へ銀子三〇〇枚・御配り銀子二〇〇枚、国母《こくぼ》へ銀子二〇〇枚・綿五〇〇把・御配り銀子二〇〇枚、当関白《かんぱく》の二条昭実《にじょうあきざね》へ銀子二〇〇枚、摂家《せっけ》に銀子一〇〇枚づつ、宮《みや》門跡《もんぜき》には銀子五〇枚、八条宮・伏見宮には銀子一〇〇枚づつ、両武家伝奏には一〇〇枚だった（「土御門泰重卿記」『史料』一二―二七）。

また、この日、京都所司代《きょうとしょしだい》板倉勝重《いたくらかつしげ》が武家伝奏広橋兼勝を訪問し、秀忠の五女和子入内について議している。

朝鮮通信使

八月二十六日、対馬藩主宗義成《そうよしなり》が朝鮮通信使を連れて伏見城に登城した。通信使は朝鮮国王李琿の国書を呈した。

同日夕方、後陽成上皇が崩御した。享年四十七だった。

後陽成上皇の説諭

この上洛の際、秀忠は、後陽成上皇と後水尾天皇の不和の仲介を試みている。また、後陽成上皇が、秀忠を仙洞御所《せんとうごしょ》の玉座近くに召し、次のように説諭したという逸話がある（『明良洪範《めいりょうこうはん》』『史料』一二―二七）。

今、将軍に汝の父のように意見する者は、朕のほかにはいないだろう。家康は、一生戦国の世に生きたので、その行いには王道に非《あらざ》る事もあった。汝は、治国の将軍だから殺伐な世の中を終わらせ、仁政をほどこせば、子孫は無事に栄えるだろう。

そうすれば、朝廷の守護ともなる。過ちを改めれば、天下はこれを仰ぎ、怠る心があれば、天運の程も心許なく思う。

秀忠は、「畏まり奉る」と謹んで答えたという。後陽成上皇は秀吉の後ろ盾で朝廷の復興を果たした天皇だから、当然豊臣家びいきで、家康が起こした大坂の陣は後陽成にとってはまさに「王道に非る事」だっただろう。

これを書き留めている『明良洪範』は十八世紀に真田増誉《さなだぞうよ》が編んだ逸話集なので、実際にあった話ではないかもしれないが、こうした説諭を素直に聞き、朝廷に律儀に対応したというのが、後世の者が理解した秀忠の人間像だったと思われる。

秀忠は、上洛前の五月二十六日、美作の森忠政《もりただまさ》、豊前・豊後の細川忠興のほか、豊後・日向の外様《とざま》大名、信濃・三河・尾張・伊勢など小大名、関東の旗本らに領知判物《はんもつ》や領知朱印状を発給している。

領知判物・領知朱印状

領地判物の発給が本格的に行われたのは、京都においてであった。朝廷関係の諸行事が終わった後の九月五日付けで、秀忠は西国の外様大大名の多くに領知判物を発給した。ただし、実際に渡されたのは秀忠が江戸に帰った後だったと推測されている（藤井讓治『徳川将軍家領知宛行制の研究』）。九月五日付で領知朱印状を発給された大大名は、浅野長晟《あさのながあきら》（紀伊）・福島正則（安芸）・毛利秀就《もうりひでなり》（周防・長門）・蜂須賀至鎮《はちすかよししげ》（阿波・淡路）・加藤嘉明（伊予）・山内忠義《やまうちただよし》（土佐）・黒田長政（筑前）・鍋島勝茂《なべしまかつしげ》（肥前）・島津家久（薩摩・大隅・日向）らである。

これらの大名は、家康の軍事指揮下に入っており、島津家久を除いて家康から領地を与えられていたが、領知判物は発給されていなかったらしい。つまり秀忠は、親政期の初めての上洛で領知判物を発給することによって、これらの大名と主従関係を結んだと考えることができる。領知判物の発給を上洛中に行ったということは、こうした全国的な政治を行うのは伏見城という場所がふさわしいと考えていたことを示している。秀忠の感覚では、いまだ江戸は全国政治の中心地にはなっていなかったと考えられる。

なお、これらの大名への領知判物には「宛行《あてがい》」の文言があるが、島津家久のみには「全く領知あるべきの状件《くだん》の如し」と書かれている（藤井前掲書）。島津家の領知は新しく徳川家から与えられたものではないことを認める文言であり、一律のように見える領知判物もその家の歴史的な経緯を示していることがわかる。ちなみに、家久宛の判物に記された領知高は薩摩・大隅・日向諸県の二国一郡六〇万五六〇七石で、琉球の石高は入っていない。これが「此の外琉球国十二万三千七百石」と明記されるのは、寛永十一年の三代将軍家光の上洛の時である。

九月十三日、秀忠は伏見城から二条城《にじょうじょう》に移って出京の首途を行い、翌日京を発ち膳《ぜ》所城《ぜじょう》に宿泊、柏原《かしわばら》、岐阜、名古屋《なごや》、岡崎《おかざき》、吉田《よしだ》、浜松《はままつ》、中泉《なかいずみ》、掛川《かけがわ》、田中《たなか》、駿河《するが》、蒲原《かんばら》、三島《みしま》、小田原《おだわら》、藤沢《ふじさわ》、神奈川と宿泊してこの月晦日に江戸に帰着した。

和子の入内決定

元和四年六月、秀忠の五女和子が後水尾天皇に入内する期日が翌年と決まった。和子の入内は、慶長十三年（一六〇八）頃から噂されていた。同十六年の後水尾天皇の即位後に本格的な準備がなされ、同十九年三月、正式に決まった（久保貴子『徳川和子』）。

およつ御寮人

ところが、入内が延期されるとの噂が流れた（『時慶卿記《ときよしきょうき》』『史料』一二―二九）。後水尾天皇に第一皇子の賀茂宮《かものみや》が誕生したためである。賀茂宮の生母は四辻公遠《よつつじきんとお》の娘で、姓が四辻なので「およつ御寮人《ごりようにん》」という。

後水尾は二十三歳になっていたから、側に仕える女官がいたのは当然である。しかし、いよいよ和子入内という時になって皇子が誕生するのは、いかにも都合が悪い。翌五年六月、およつは梅宮《うめのみや》を出産した。

このため和子の入内は延期されることになり、後水尾は実弟近衛信尋《このえのぶひろ》に手紙を送った（『宗国史《そうこくし》』）。

入内延期のことを聞いた。自分の行跡が将軍の心に沿わないためであろう。しかし、入内が遅延することは公家・武家《ぶけ》双方の面目を失わせることになる。それなら自分には弟がたくさんいるので、そのうちの誰かを即位させ、自分は落髪して逼塞《ひっそく》すればすむことだろう。年内の入内が延期されるのであれば、そのように取り計らってくれれば生涯忘れることはないと、藤堂高虎に伝えてくれ。

藤堂高虎は、伊勢津藩《つはん》主三二万石の国持大名で、家康・秀忠の信頼厚い外様大名である。こうした微妙な案件について幕府が朝廷に直接交渉を行うことは憚かられたことから、第三者の高虎が調停役を頼まれたのだろう。

同時に秀忠は、理由をつけておよつの兄四辻季継《すえつぐ》・高倉嗣良《たかくらつぐよし》らを含む公家六人を処罰し、およつの兄二人は豊後に流罪になった。秀忠による後水尾への露骨な圧力だった。後水尾は重ねて譲位《じょうい》の意向を漏らすが、まったく認められなかった。

元和六年二月、藤堂高虎は上洛し、摂家《せっけ》をはじめとする公家たちを恫喝し、後水尾を説得するよう強いた。同月二十七日、後水尾はついに入内のことは将軍次第との返答を行った。こうして、六月入内が決定した。

和子の入内は六月に

入内の具体的な日程は、京都所司代板倉重宗《しげむね》が交渉を担当した。この年三月、重宗は江戸に下り、五月上旬江戸出立、六月八日入内と予定を告げた。

和子の御供は土井利勝・酒井忠世らの年寄のほか、三河・遠江衆、信濃衆、播磨衆ら徳川家譜代《ふだい》の大名たちがつき従うことになった。幕府の指示で外様大名たちの参列は不要とされた。天皇家と将軍家の縁組にしては、意外なほど質素な様子だと言える。

和子の入内（「東福門院入内図屏風」三井記念美術館所蔵）

五月二十八日、和子は二条城に到着した。家康の側室阿《あ》茶局《ちゃのつぼね》が母儀代として付き添った。入内は、和子が体調を崩したため十八日に延期された。六月十二日、和子の姉婿にあたる関白九条忠栄《くじょうただひで》をはじめとする公卿《くぎょう》たちが二条城に登城し、入内の作法についての相談があった。和子の入内には、かねて決められていた通り牛車が使われることになった。

十八日の入内は、長櫃《ながびつ》一六〇棹をはじめとする数多くの御道具の行列を先頭とし、女房衆の輿だけでも四〇挺に及ぶ大行列だった。前日の夕方から、京都の人々が、壮麗な行列を見るため群集していた。和子は牛二頭で牽く牛車で二条城を出、郁芳門《いくほうもん》から内裏《だいり》に入った。和子が天皇と対面したのは、午後十時頃になっていた。

和子が入内すると、秀忠は大赦《たいしゃ》の奏請を行い、先に処罰した六人の公家は全員赦免となった。およつの兄たちも京に帰り、もとの官職に復した。秀忠は、強権を発動して和子の入内を実現したのである。

四　福島正則の改易

福島正則の改易

秀忠前期の政治の中で特に重要なのは、元和五年（一六一九）の安芸広島藩主福島正則の改易である。改易理由は居城の無断修築であったことは有名だが、その事情を詳しく見ていこう。

広島城の修築については、まだ家康存命中に一度問題となっている。元和元年十月十日、正則が「手前端城」の普請を申しつけたことに「御所様」がご機嫌を損じたという正則自身の述懐がある。

そのため正則は、「輝元《てるもと》代之城所より、今程は少々破申ニ付而」と修築の理由を申し上げたところ、「聞し召し分けられ候」と言うことだった。正則はお礼言上のため牛窓《うしまど》まで出船したが、本多正純が延期するよう告げたので帰国し、息子（忠勝《ただかつ》）をお礼のために差し上げるべく準備した（『島津家』六―一二八〇）。

この年在国した正則は、翌元和二年三月、国元を出て駿府に行った。家康は、正宗《まさむね》の御腰物《おこしもの》（刀）と銀子一〇〇〇枚を下賜し、寝間《ねま》まで正則を召し、言葉を掛け、盃を下した。これを島津家久に報じた四月二日付け正則書状には、本文に「仕合残所御座なく候」と書き、尚々書《なおなおがき》にも「昨日の御仕合、か様之目出たき御事御座なく候」と重ねて書いている（『島津家』六─一二八四）。よほどうれしかったのだろう。

家康は、自らの覇権を決定的なものにした関ヶ原合戦に大きな功績のあった正則には感謝の念があり、彼の豊臣寄りの言動も目をつぶっていた。末期においても、正則をどうかしようという気持ちはなかったように思われる。

広島城の無断普請

この広島城の修築が、元和五年に再び問題となる。四月二十四日付け酒井忠世・本多正純・土井利勝・安藤重信・板倉重宗連署で京都の板倉勝重に発給された奉書（『譜牒余録《ふちょうよろく》巻三二』『家康文書』中巻）の一部を引用しておこう。

福島左衛門大夫殿御居城、御意を得られず普請致し候儀、御耳に立ち申し候処、不届の由仰せ出され、則ち彼居城破却致され、御前相済み申し候、

〔現代語訳〕福島正則の御居城が、許可を得ないで普請したということが秀忠様の御耳に入り、不届だと仰せ出され、正則は居城を破却し、秀忠の許しを得ました。

正則が居城を無断普請していることが秀忠の耳に入り「不届」だとしたが、「居城破却」したことで宥免されたので、その地で不安に思っている大名が尋ねて来たらそのよ

うに答えるよう板倉勝重に伝えたのである。
五月二日付け板倉勝重書状によると、正則の事件は京都でも下々の者が噂していた。正則と親しかった島津家久は心配に思い、勝重に問い合わせた。すると勝重は、「江戸年寄衆」の奉書を写して送り、もう済んだ話だから飛脚《ひきゃく》を遣わすのは無用と助言している（『島津家』六―一三三二）。四月二十四日付け奉書で事件は済んだとされているのだが、それにしては正則と連絡をとるのは無用と言っているのが気にかかる。

この奉書に明記されている「彼居城破却」がどのような指示だったかについては、笠谷和比古氏が詳細な検討を行っている（『近世武家社会の政治構造』）。これによれば正則は、元和四年秋の風雨被害のため城を修築したほか、同四年頃より石垣普請を含む大規模な城郭《じょうかく》普請を実施していた可能性が高いという。これは状況から見て無断実施で、幕府へは事後報告された。このため幕府は、本丸だけを残し置き、二の丸以下惣構まで破却することを命じた。ところが正則は、本丸の新規普請分の破却だけを行い、二の丸以下は人手不足としてろくに手を付けなかった。

秀忠の判決

果たして正則の城破却の件が再び秀忠の耳に入り、秀忠は断固たる処置をとることに決めた。そして六月二日付け奉書で、正則自身に改易を申し渡したのである。その全文は以下の通りである（『東武実録』元和五年六月）。

今度広島普請の事、御法度に背かれるの段、曲事に思し召され候処、彼地破却あるべきの旨御訴訟により、本丸を構え置き、其外悉《ことごと》く破却さるべきの由、仰せ出され候、然る所に、上石《うわいし》ばかり取除き、其上無人を以て数日を送るの儀、重畳《ちょうじょう》不届の仕合と思し召し候、此上は領国召し上げられ、両国替地《りょうごくかえち》として津軽下さるべきの由、仰せ出され候也、謹言

〔現代語訳〕今度広島城の普請の事、御法度に背くので問題だと秀忠様が思し召されていたところ、城を破却しますと訴えたので、本丸だけを残し、その外はすべて破却するように仰せ出されたところ、上石だけを取除き、そのうえ人手不足を理由に数日を送っていることが重ね重ね不届のやり方だと秀忠様が思し召された。このうえは領国を召し上げられ、両国の替地として津軽を下さるということが仰せ出されました。謹言

秀忠が本丸だけを残してそのほかを破却せよと命じたにもかかわらず、正則は上石だけを取り除き、ほかは無人（人手不足）を理由に手を付けず数日を無駄に送ったことが「重畳不届の仕合」だと思ったと記されている。そのため安芸・備後二国を召し上げ、替地として津軽を与える、というのが秀忠の判決だった。

正則の処置への疑念

秀忠が年寄の意見でひとまず許すと言ってから、わずか一ヵ月あまりしか経っていな

い。これは果断な処置とも言えるが、見方を変えればあまりに拙速なもので、年寄も疑問に思うものだった。細川忠利は次のような情報を得ている。長文なので大意を紹介しよう（『細川家』九―一一五）。

福島正則が法度をやぶって城の普請をしているということが、二度御耳に立った。さらに詳しい話を聞き、秀忠は「不届きであるから改易せよ」と本多正純に告げたところ、「もっとも」と御請けをした。ところが四、五日過ぎて正純が、「福島をお果たしされては、諸大名のうち一〇人ばかりが頭を剃り引き籠るでしょう」と言上したので、まずは延期し、城を破却すれば許そうと言っているうち、正則が江戸に参府したので、「まず城を破却せよ」と命じ、正則は了承の返事をした。ところが、城の破却のしかたが粗相だということがまた御耳に立ったので、上洛なさった時に尋ねたところ、やはり不届きな命じ方だったので、「たとえ一〇人が正則に与したとしても、きっと改易を命じよう」と考え、にわかに伏見から正則の所へ使者を派遣し、城を受けとった。

これを裏付けるため、もう一度、この事件の経緯を『福島太夫殿御事《ふくしまたゆうどのおんこと》』を参照して見ていこう。

正則は三月九日に参勤の途につき、三月下旬に江戸着、すぐに秀忠に拝謁した。酒井

秀忠の厳しい姿勢

忠世・本多正純・土井利勝・安藤重信から使者が遣わされ、城の無断普請の理由を尋ねられたのが四月二十一日である。

この間、本多正純は、正則を改易することは諸大名に深刻な疑念を与えるとして、秀忠を止めようとしたのである。また年寄からの使者に対して「腹を切るほかはない」（「腹切り申し候外御座無く候」）と言う正則に対し、土井利勝は「なにかほかに弁解の仕方があるでしょう」（「なにか太夫殿も又何とぞ御請けの仰せ上げられ様も御座あるべく候」）となんとか取りなそうとした。こうした中、城の破却で許すという方針が決まり、先の四月二十四日付け奉書が出された。

正則は、江戸から国元の嫡子《ちゃくし》・忠勝に「将軍が上洛するから、その方も小勢で京都に上れ」と命じたが、忠勝は上洛しないという。家老福島丹波《たんば》がぜひ上洛するよう懇請して、ようやく忠勝は上洛して建仁寺《けんにんじ》の屋敷に入った。

五月二十七日に伏見城に入った秀忠は、忠勝の拝謁を許さず、広島城破却の状況を尋ね、六月二日には改易を命じたのである。

つまり福島正則の改易は、最初から最後まで秀忠の意思で断行されたものだった。笠谷氏は、「むしろ本多らの幕府年寄衆は、福島の無断修築の一件を穏便に済まそうと努めていたのである。しかしながら、この宥免の条件であった広島城破却および人質の提出の不履行という事態を前にして、幕府はその威信を堅持する上からも、福島の改易に踏み切らざるを得なくなった」という「踏み切らざるを得なくなった」（前掲書）と述べている。しかし、「踏み切らざるを得なくなった」というほど日数がたっていたわけではない。年寄たちが穏便に済まそうと努めていたのを押し切って秀忠が改易を強行させた、というのが実態だと考える。

それでは、なぜ秀忠は、大名の反発や動揺を考慮せず、このような厳しい処置をとったのだろうか。

まず畏敬する父親家康が実質的に制定した武家諸法度に違反したこと、そして大坂の陣での行動に見える正則の態度を嫌悪していたことなどが考えられる。

しかし一番大きいのは、さまざまなことを考慮して政治を運営するのではなく、自らの感情のままに決断するというこの頃の権力者特有の秀忠の性格だったのではないだろうか。言葉を換えれば、政権の主体として断固たる処置をとることが自己、ひいては幕府の威信を高めるということであろう。実際その通りの効果を生んだわけだが、これがいつも通用する政治運営だとは思えない。

もちろんこれは、正則の情勢を見る目のなさや不手際を免罪するものではないが、秀忠政治のこうした傾向は前節で見た朝廷への強引な態度など随所に見られる。あるいは自分が軽んじられているという屈折した感情が背後にあったかもしれない。

一方の正則の言動は、捨て鉢としか言いようのないものである。そこには、こんなことで改易になるならそれでもよいという秀忠への反抗の気持ちと諦観が感じられる。おそらく豊臣家の滅亡が、心の底に暗い影を落としていたのであろう。

六月九日、京都の忠勝に上使《じょうし》が派遣され、津軽への国替《くにがえ》が命じられた。しかし忠勝は、自分は未だ家督を継いでいないので父に告げるよう返答した。そこで江戸の正則に伝えられることになった。

正則は川中島へ

広島の家臣たちは籠城して幕府に徹底抗戦する姿勢を見せた。しかし福島正則は、「自分が謀反を企んで身体が果てたと評判されればくやしい。また、自分の判断で数万人を殺すのも不憫だ」と、幕府の命令に従うよう指示した。

移封先は津軽とされたが、津軽信枚《つがるのぶひら》が転封《てんぽう》を取りやめてほしいという内願書を提出した（「津軽信牧公御代日記」『史料』一二―三〇）。信枚の室は家康の養女満天姫《まてひめ》である。それが功を奏したのか、幕府はこれを認めた。正則には、津軽は遠方だとの理由で越後魚沼郡《うおぬまぐん》の内二万五〇〇〇石と信濃川中島《かわなかじま》二万石の四万五〇〇〇石を与えられることになった。正則は信濃高井郡《たかいぐん》高井野村（長野県上高井郡高山村）に蟄居《ちっきょ》した。

安芸・備後の福島領が空白地になったため、秀忠は、七月九日、浅野長晟を三七万六〇〇〇石から四九万八二〇〇石に加増して紀州和歌山から安芸広島に移し、駿府五〇万石の徳川頼宣を五五万五〇〇〇石に加増して紀州に移した。駿河はしばらく幕府の直轄地となり、寛永元年（一六二四）に秀忠の三男・徳川忠長《ただなが》に与えられることになる。

なお、寛永元年七月十三日、正則が没すると、家臣は検使《けんし》を待たず遺体を荼毘《だび》にふした。このため川中島の領地は没収された。

第七　松平忠直をめぐる危機的状況

一　松平忠直の問題と最上家御家騒動

元和《げんな》七年（一六二一）、秀忠は前年に引き続き、江戸で過ごしていた。八月二十六日には、暹羅国《シャム》（タイ）の使者が江戸に着いている。従者は二〇人、二十八日には訳官が江戸城に登城し、国王からの方物を献上した。長剣・短剣・鳥銃・金盤《かなばん》・花縵《はなかつら》・硯《すずり》・象牙などである。

暹羅国使節を引見

九月一日には秀忠が暹羅国使節を引見した。国王書簡の趣旨は、国交を結び、貿易の道を開きたいとのことだったので、秀忠は金地院崇伝《こんちいんすうでん》に返簡を執筆するよう命じた。秀忠の返答は、国交を結び貿易も許す、というものだった（『異国日記』『史料』一二―三八）。

三日、秀忠は、再び暹羅国使節を引見し、返簡を渡し、金屏風・鎧《よろい》・太刀《たち》・鞍《くら》をつけた馬を進呈した。ちなみにこの使節は、駿府《すんぷ》出身の六尺山田長政《ろくしゃくやまだながまさ》の土井利勝《どいとしかつ》宛の書状と進物を持参していた。長政は暹羅で栄達し、リゴール太守《たいしゅ》となっていた。幕府は長政にも返礼を贈った（同前）。

越前北庄《きたのしょう》（福井）藩主で秀忠の甥である松平忠直《まつだいらただなお》（家康の次男秀康《ひでやす》の長男、二十七歳）は、元和三年、伏見《ふしみ》で秀忠に拝謁して以来、同五年の秀忠上洛の時には病気を理由に上洛していなかった。この年は江戸の参府を命じられていたが、越前を出て関ヶ原でしばらく逗留した後、病気を理由に国元に帰った（「西巌公年譜」『系譜』四）。

忠直が参府しない代わりに、子仙千代《せんちよ》（七歳、後の光長《みつなが》）が名代として参府することになった。仙千代は、九月二十七日に越前を発し、十月中旬江戸に到着した。叔父の松平直政《なおまさ》が品川まで迎え、同道して登城した。秀忠は外孫の参府を喜び、早速拝謁を許した。秀忠は、仙千代をそのまま江戸城に留め、遊びの間を造ってやり、怪我をしないよう柱はすべてビロードを巻かせた。秀忠もひとまずはほっとしたことだろう。しかし、忠直が参府しないことは、秀忠の懸案となった。

この年暮れ、西国大名の多くが江戸に参府してきた。交代で暇が与えられるはずの東国大名も江戸で越年した。明けて元和八年正月、東国大名と西国大名のほどんどが江戸に滞在していた。東国大名に暇が与えられなかったのは、忠直の問題があったからだと推測された。

参府しない松平忠直

秀忠は、忠直の見舞いを口実に、近藤用可《こんどうもちよし》を遣わしていた。二月十一日、近藤は、帰路を急いだためか相模国大磯《おおいそ》で落馬し、瀕死の重傷を負った。そして死ぬまぎわに弟に「越前の儀、御煩いにてござなく、日々夜々の御酒にて跡《あと》先もなき儀」と言い置いた（『細川家』九—八二）。

この言葉は秀忠に伝えられたが、秀忠は病気ということで了承し、様子を見ることにした。まだ事を荒立てたくなかったのだろう。外様《とざま》国持大名たちは、もし越前に籠城の様子なども見えれば、秀忠が計画している本丸の普請どころではなくなるだろうと噂した。

三月下旬、秀忠は、家康の七回忌にあわせて日光《にっこう》社参することにした。本丸普請の方は、石こそ集まっていたが、まったく手がつけられていなかった。忠直が参府すれば普請に取りかかり、東国大名に暇が出るはずだった。

三月二十一日、忠直は越前を発ち、江戸に向かった。一日に二、三里づつ進み、四月十二日に関ヶ原まで到着した。しかし、前回のこともあるので、もしまた帰国してしまうようなら、秀忠は日光から帰った後、五月に上洛し、大坂の縄張りを命じたあと、越前の儀についても処置されるであろう、というのが幕府筋の観測だった（『細川家』九—八九）。

四月十二日、秀忠は二万ほどの軍勢を供に連れ日光社参に発ち、岩槻城《いわつきじょう》に宿泊した。

城主青山忠俊《あおやまただとし》が饗応の膳を奉り、懇詞《こんし》を賜った。十三日に奥平忠昌《おくだいらただまさ》の古河城《こがじょう》に宿泊、十四日に本多正純《ほんだまさずみ》の宇都宮城《うつのみやじょう》に宿泊した。正純が築いた宇都宮城は、本丸は秀忠のための御殿《ごてん》があり、正純は二の丸を居所とするものだった。十五日には今市《いまいち》の宿場に宿泊、十六日に日光に到着した。その道中は、たいへんな用心ぶりだったという。

日光でも、「事之外御用心にて、山をも二重三重にとりまわし、御番仰せ付けられ候つる由、申し候、御供の人数も、御宮の役人かけて五、六万もこれ在るべきの由」ということだった（『細川家』九―九三）。社参のためだけにこのような異常な警備体制がとられるとは考えがたい。これは忠直の動きとは無関係ではなかったであろう。

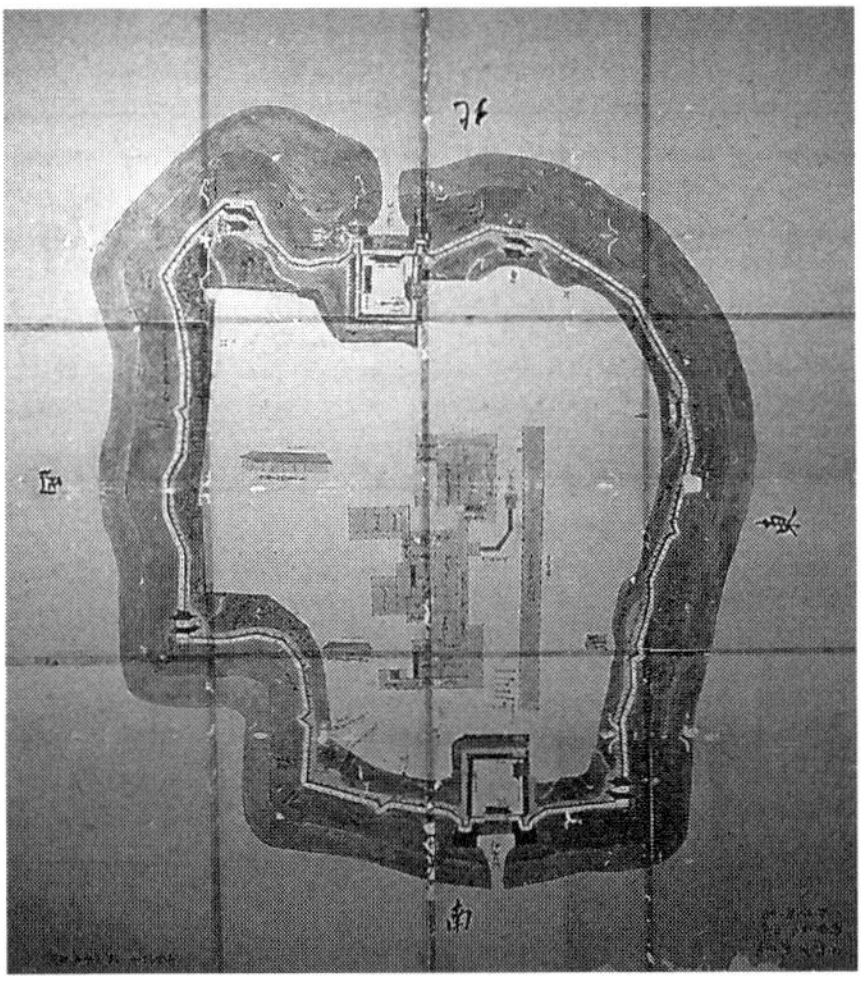

宇都宮城本丸将軍家御泊城ノ節建物之図
（宇都宮市教育委員会所蔵）

同月十九日、日光山を下り今市を出る頃、江戸から御台所《みだいどころ》（お江《ごう》）が病気だという知らせがあった。そのため宿泊予定の宇都宮城には宿泊せず、壬生《みぶ》城《じょう》に宿泊した。二十日には岩槻城まで戻って宿泊、江戸に帰着したのは二十一日である。

密かに宇都宮城を検分

しかし、この秀忠の行動には不審な点があった。日光社参前に旗本《はたもと》・永井白元《ながいあきもと》らを密かに宇都宮城に派遣して、「城のこしらへ」などを調査させていたのはあり得ることとしても、宇都宮城を通過した時、側近の井上正就《いのうえまさなり》一人が宇都宮城に入り、準備された宿泊施設を検分したというのである（「続元和年録」「台徳院殿《たいとくいんでん》御実紀」巻五六）。本多正純による秀忠暗殺の陰謀、すなわち世に流布する「宇都宮釣天井《つりてんじょう》事件」は、江戸時代の比較的早い時期に成立している。それは、幕府にこのような不審な動きがあったからである（高木昭作『日本近世国家史の研究』）。

近づく忠直の処分

薩摩藩主の島津家久《しまづいえひさ》は、年寄《としより》に使者を遣わし、「越前之儀、遠国にてたしかに承り届かず候、もし事実も候はば、ふと江戸へ御下あるべく候由」と内々に申し越した。越前の謀反が事実であれば、江戸に参府するというのである。これは秀忠の御耳に入り、「事の外御機嫌」だったという（『細川家』九—九四）。

果たして忠直は関ヶ原で足を止めた。「病者につき隠居之御望み」であるとか「本々に御気ちがひ候由」であるとかの観測も流れるが、打つ手もなく膠着状態になった。七月にいたっても、忠直は関ヶ原に逗留、江戸に詰めっぱなしの東国大名にも一切暇は与えられなかった。

江戸でも不思議な事が起こっている。島津家久は、本年は国でくつろぐようにと命じられていた。ところが七月、本多正純が薩摩藩江戸藩邸の留守居《るすい》に、「九州の大名衆は、みんな江戸に参られた。（中略）島津殿も早速に参府するのがよい。九月上旬に江戸に到着するよう御越しになるように」と告げたというのである。秀忠の上意とくい違う正純の指示に当惑した薩摩藩留守居は、「それなら本多様より書状を遣わして下さい」と要求したが、正純は「それには及ばない。留守居より申し遣わせ」と言ったという。

西の丸移徙

在府の大名には暇が出ず、在国の大名は江戸に呼び寄せられているのである。在府の大名たちはみな、「国替えか、越前の儀か」と噂しあっていた。

そうした状況の中、秀忠は、江戸城本丸普請のため、五月十九日に西の丸に移り、家光は本多忠政《ただまさ》邸に移った（『細川家』九―九五）。

最上家の御家騒動

七月下旬、山形藩最上《もがみ》家の御家騒動の裁定が行われた。

最上家は、奥州管領斯波《かんれいしば》氏の一族で、義光《よしあき》の時代に戦国大名として確固たる地位を築き、関ヶ原合戦でも上杉《うえすぎ》氏と戦い、庄内《しょうない》・由利《ゆり》地方を加増され、現在の山形県の大半と秋田県の一部を領有した大大名である。義光は慶長《けいちょう》十九年（一六一四）に没し、次男の家《いえ》親《ちか》が遺領の相続を許された。しかし元和三年、家親が三十六歳で急死し、十二歳の義俊《よしとし》が跡を継いだ。

義俊は傾城狂《けいせいぐる》いが噂され（〔天英公御書写〕『史料』一二─四七）、家臣たちの間で紛争が起こった。元和六年三月、幕府は国目付《くにめつけ》として今村正長《いまむらまさなが》・石丸定政《いしまるさだまさ》を派遣し、両者の言い分を聞いた。年寄（家老《かろう》）の一人が、他の年寄全員を相手に公事《くじ》（訴訟）を申し立てていたのだった。

秀忠は、その年寄を敗訴とし、次のように仰せ出した（『細川家』九─一〇四）。

当最上（義俊）身上の事、祖父（義光）太閤《たいこう》御代より御心入れ仕られ、その子駿河（家親）幼少より江戸に相詰め御奉公致し候間、この度の儀は新しき御国下され候、

〔現代語訳〕最上義俊の処分は、祖父の義光が太閤様の御代から家康様に味方し、その子家親は幼少の頃から江戸に詰め御奉公していたので、今回は新しい御国を下される。

秀忠は、最上家のこれまでの功績に免じてこの御家騒動を不問にしようとしたのである。

秀忠に従わない家老たち

これで、話は済むはずだった。しかし、最上家中の者がいろいろなことを申し立て、まったく収拾がつかない状態だった。特に、残る家老のうちの二人が、次のように申し立てたという（『細川家』九─一〇七）。

年寄共両人申し候は、御諚にまかせ国へ参り候とも、又色々の儀これ在るべく候間、

最上を守立て申す儀は罷りなるまじくの由、申し上ぐ由に候、

家老たちは、秀忠の命令に従って新しい国に参ったとしても、またいろいろなことがあるだろうから、もう最上義俊をもりたてることはできない、と言上したのである。秀忠は、自分が寛大な措置をとろうとしているのに、家老たちがまったく聞く耳を持たないことに硬化した。

山野辺右衛門の真意

「年寄共両人」は山野辺《やまのべ》義忠《よしただ》と鮭延《さけのべ》秀綱《ひでつな》だったと推測される。山野辺は義光の四男で、義俊には叔父にあたる。『東武実録《とうぶじつろく》』では、山野辺擁立を図ったとされる（福田千鶴『幕藩制的秩序と御家騒動』）。山野辺が藩主を継ぐために起こした御家騒動のようだが、山野辺自身の言葉を見ると、そう単純なものではなかった。彼は次のように嘆願している（『細川家』八―一一二）。

主両人を家中としてにくみ申し候間、只今御諚に任せ国へ罷り帰り候共、又出入りに罷り成るべくと存じ候、その時は最上身体もいかがに存じ奉り候間、両人は御暇下され候様に、

山野辺と鮭延は、「主君が我々二人を家中ぐるみで憎んでいるので、今、秀忠様の命令に従って国に帰ったとしても、また紛争になる」と考えていた。そうなれば最上家にとっては致命的である。そのため二人は、そのような騒動が起こらないよう自分たちに

暇をいただきたい、と嘆願しているのである。

つまり山野辺の嘆願は、藩主になる欲のためなどではなく、最上家の存続を第一に考えてのものだった。それは、山野辺が寛永《かんえい》十年（一六三三）には罪を許され、御三家《ごさんけ》の徳川頼房《よりふさ》の家老に登用されたことで傍証できる。山野辺の真意を認める者があったのである。

しかし秀忠は自分の寛大な措置をないがしろにするこの言葉に怒り、山野辺の最上家を大切に思う心情を理解せず、最上家改易《かいえき》を決定した。諸大名に伝えた改易理由は、次のようなものだった（同前）。

家中左様に候ては、何共御仕置仰せ付けられ様も御座《ござ》無くとて、国を召し上げられ候、

〔現代語訳〕家中がそのようでは、なんとも御仕置の命じようがないということで、国を召し上げられた。

問題は、義俊の器量不足と不行跡だった。家中を治める能力のない大名は改易される。武家諸法度《ぶけしょはっと》にも、「藩主は政務の器用を選ぶべき事」と明記されている。したがって義俊の改易事態はやむを得ないところがあるが、次のように言われている（同前）。

最上儀相済み申し候へども、又家中の者申し分あしく御座候とて、最上身上相果て申し候、

もともと秀忠は、最上家の存続を許すつもりだったのだが、家中の者の言い分がよくないということで、結局改易と決定したというのである。実際、その通りだったようである。

最上家改易の処理のため、年寄の本多正純と常陸笠間《かさま》藩《はん》主永井直勝《ながいなおかつ》（五万二〇〇〇石）が上使《じょうし》として山形に派遣された。永井直勝は、福島正則《ふくしままさのり》の改易の時も、年寄の安藤重信《あんどうしげのぶ》に副えられ広島に下っている。元和七年からは日光東照社造営の奉行《ぶぎょう》も務めており、秀忠が特に信頼した武功派の譜代《ふだい》大名だった。

騒動を起こした家老たちは、いずれも一万石以上を領する大名なみの者たちだった。彼らは、細川忠利《ほそかわただとし》（小倉藩《こくらはん》主）・池田忠雄《いけだただかつ》（岡山藩主）・藤堂高虎《とうどうたかとら》（津藩《つはん》主）・加藤忠広《かとうただひろ》（熊本藩主）・立花宗茂《たちばなむねしげ》（柳川藩《やながわはん》主）・黒田長政《くろだながまさ》（福岡藩主）・鍋島勝茂《なべしまかつしげ》（佐賀藩主）・蜂須賀家政《はちすかいえまさ》（徳島藩主）・浅野長晟《あさのながあきら》（広島藩主）らに預けられることになった。

二　本多正純の改易

本多正純の領地召し上げ

本多正純が山形に出張し、最上家改易の任務を遂行しているさなか、唐突に正純の領地宇都宮の召し上げが発表された。

元和八年十月一日、最上家改易のため山形に出張を命じられていた秋田藩士梅津政景《うめづまさかげ》は、上使の本多正純と永井直勝を訪問した。すると取り込み中のようで帰った。同日未刻（午後二時頃）、直勝より使者が正純のもとへ遣わされてきたので出頭すると、直勝のほか高木正次《たかぎまさつぐ》・伊丹康勝《いたみやすかつ》がおり、次のように申し渡された（『梅津政景日記』五）。

上野《（本多正純）》殿御奉公ぶり御不足に思し召され候間、佐野・宇都宮召し上げられ、由利へ遣わされ候間、この状慥《たし》かなるものに遣わし候様に、

〔現代語訳〕秀忠様が本多正純の御奉公ぶりを不満に思われ、領地を召し上げられ、出羽の由利へ移されるので、この書状を確かな者に遣わすように。

本多正純の失脚が伝えられたのである。かつて京都に派遣された大久保忠隣《おおくぼただちか》が、出先で改易を告げられたのとやり方は同じである。家臣をまとめて籠城などしないよう、こうした処分は不在中に告げられるのである。

処罰の理由

十月五日、江戸で失脚理由が発表された（『細川家』九―一一四）。

駿河に居られ候時より　公方《（秀忠）》様御意に入らざる事ども多く候へども、佐渡《（本多正信）》御奉公申し上げられ、その上相国《（家康）》様御側にも召し仕はれ候条、御知行の御加増も仰せ付けられ、心をも直され候やと御懇ろに召し仕はれ候処、今に至り御奉公ぶり然るべからず候間、下野宇都宮召し上げられ候、

〔現代語訳〕駿河におられた時から、秀忠様の御気に入らないことが多かったけれども、父の正信《まさのぶ》がお仕えになり、そのうえ正純は家康様の御側にも召し使われていたので、御知行の御加増も命じられ、心も直るだろうかと親しく使っていたのだが、今になっても御勤めぶりがよくないので、宇都宮を召し上げられました。

山形に知らされた理由とほぼ同じである。本多正純は、「御奉公ぶり然るべからず」という漠然とした理由で、失脚したのである。ただ、改易ではなく、出羽の内の由利に四、五万石ほどを与えるということだった。

しかし、さしたる落ち度も見えない正純へのこの処置は、諸大名への動揺を与えかねない。実際、この仰せは、全国の大名を揺るがしていた。

厳しい処置

秀忠は、土井利勝・酒井忠世《さかいただよ》を有力大名に遣わし、順次処罰の理由を伝えた。十月十七日には黒田長政・加藤嘉明《よしあき》（松山藩主）に、翌日には、細川忠利・森忠政《もりただまさ》（津山藩主《つやまはん》）・池田忠雄に伝えた。東国大名には、帰国の暇を与える時に直接仰せになるとのことだった。

このやり方は異例だった。細川忠利は、「いつもこのような件では、諸大名を江戸城に集めて仰せになるのに、今回は面々に仰せになった。人により、仰せになることが替わるのだろうか」と不審に思っている（『細川家』九―一一五）。

忠利が聞かされた理由は、次のようなものだった（同前）。

判決の主文にあたる部分は最初の仰せと同じく、「上州（正純）の儀、日比《ひごろ》御奉公あしくござ候事」ということだった。

判決理由としては、福島正則改易の時と、宇都宮拝領の時の正純の言動があげられている。

前者はすでに紹介した通りである。秀忠が正則を改易すると命じたのに、大名一〇人ほどが頭を剃り引き籠もってしまうだろうと諫め、まず改易を取りやめさせた件である。これは、正純が自分を脅したものだと非難している。後者は、秀忠が宇都宮城を与えようと正純に尋ねたところ、「かたじけなき」との返事だった。それにもかかわらず、数年へた今年の八月十六日、「宇都宮は上州（正純）に似相申さず」と召し上げを直訴したのだという。与えた時も尋ねて与えたのに、今このように直訴するのは不届きである、と断罪している。

これらを列挙したうえで秀忠は、次のように述べる。

> か様に不届人に御知行下され、心も直され候哉と思し召し候へば、弥不届重り候、此度御堪忍候は、尚々咎積もり申すべく候、その時は御成敗なくては成るまじく候間、左様に候へば、佐渡（本多正信）御奉公も、相国（家康）様御側近く召し仕れ候仁にて候条、命を

助けられ度思し召し、遠国へ遣され候由、仰せ出され候、この外万事御奉公ぶり以下、不届の儀多く候へども、仰せ出さるに及ばず候、

〔現代語訳〕このように不届きな者に御知行を下され、改心させようと御考えになって使っていたのに、いよいよ不届きな行動が積み重なりました。これ以上我慢していると、ますます咎が積もるだろう。その時は御成敗しなくてはならなくなり、そうなれば家康様の御側近く使われた正信の御奉公も無駄になり、また正純も家康様の御側近く召し使われた者なので、（正純の）命は助けたいと御考えになり、遠国へ遣わされると命じられました。このほかすべてにわたって勤めぶりなど不届きのことが多いけれども、仰せ出されるにもおよばない。

改心するかと考えていたが、不届きのことが重なるので、成敗を命じなければならなくなる前に遠国に遣わすというのである。

正純の立場

しかし、正純の立場で考えると、どちらも理由のないことではない。福島正則の改易は、豊臣秀頼を滅ぼしたあとすぐに秀吉恩顧の大名の重鎮である正則を改易するという重大な案件である。正純が豊臣系大名の動向を気にするのは当然の配慮である。実際には頭を剃って引き籠もる大名がいなかったとしても、状況判断として、正純の予想もあり得ることである。そのため正純は、秀忠に諫言するつもりで決定を猶予してもらい、

秀忠の頭が冷めた時に撤回を持ちかけたのだと解釈できる。これは「奉公ぶりあしく」というものではなく、政治を補佐する年寄としての当然の義務である。

宇都宮城返上の件は、正純の言い方としては、自分には過大な知行であるから返上したいという謙虚なものである。これがこの年のことだとすれば、秀忠が日光社参後、宿泊を予定していた宇都宮城を通過し壬生城に宿泊したことが契機になったと考えられる。正純は面子を潰されるとともに、秀忠が自分を信頼していないことを感じ、宇都宮を返上することでそれを解決しようとしたのだと考えられる。

宇都宮城主二三万石という地位は、家康の側近から成り上がった者としては確かに分不相応なものであり、宇都宮は日光の守備の要で、東国への押さえでもある。秀忠の信頼を失っているとしたら、正純には重荷になる。

一方、秀忠の方から見れば、正純のそのような行動や発想法が「御意に入」らないものだった。

つまり、策を弄して将軍である自分を思いとどまらせようという行動や、せっかく与えた知行を返上しようというような嘆願は、僭越の極みである。福島を改易せよと言ったのだから、そのまま申し渡せばよいし、宇都宮もありがたく拝領して職務に励めばよいのである。

おそらく、家康から信頼されて秀忠の付属となった正純は、これまで自分の判断で事を行いすぎていたのである。忠直の不参で危機感がつのっていた時、島津家久に参府を命じようとしたのもその一つである。秀忠は、おそらく正純がいつも上から見ているような気がしていたに違いない。最高権力者になった秀忠にとって、それがどうにも気に入らないことだったように思われる。

秀忠は、正純の処分を決定するまで非常な警戒をしていた。細川忠利が伝えるところによると、「上州（正純）と等閑なき者御そばに居り申し候も、人に御預けなされ候、只今は事之外参り物など、どくの御用心きびしくござ候由」（『細川家』九―一一六）という状況だった。

秀忠の慎重さ

こうした行動を見ると、よく言えば慎重、悪く言えば臆病というのが秀忠の性格だった。秀忠は、ごく一部の者以外は家臣を信頼していなかった。それが宇都宮城通過などの行動につながり、家臣に不要な不安を与え、問題を大きくしていたのである。

しかし、秀忠の身になって考えてみれば、自分にとって代わり得る血筋の忠直が反抗の立場を鮮明にし、それに切れ者の正純が呼応し、大名の何人かが追従したとしたら、それは大変な内乱につながりかねない。島津家久や細川忠利の書状を読めば、忠直や正純が反抗したとしても、まったく追従することはなかっただろうことは明白だが、秀忠が疑心暗鬼になったとしても不思議ではない。

そのうえ、九月頃には参府の予定だった紀州家の徳川頼宣《よりのぶ》が、病気のため出府を延期することを伝えてきている。これは秀忠から板倉《いたくら》重昌《しげまさ》が、家光から井上清兵衛が紀州に遣わされ、小姓に手を引かれて出てくる頼宣に対面して事実だということがわかった(『旧記雑録後編』)が、頼宣も忠直に呼応しているという推測も十分に成り立ったのである。

こうした世相を平戸《ひらど》のイギリス商館長リチャード・コックスは、イギリス東インド会社に次のように報告している(『イギリス商館長日記』)。

> 八ないし九人の日本で最大最強の諸侯による、皇帝《こうてい》である将軍その人に対する大規模な陰謀が発覚している。他の多くの諸侯もそれに手をかしており、その中には将軍の兄弟や近臣も含まれ、また当地の王(松浦《まつら》隆信《たかのぶ》)も加担の疑いがあると考えられている。これらの反対派が余りにも強力であるので、将軍はあえて彼らに手出しせず。事態に対して見て見ぬふりをし、彼らと妥協していくものと推量される。

高木昭作氏は、「かりに以上の経過が幕府の演出であったとしても、それが真実味を帯びて流布し、それに基づいて諸大名が行動する素地が、当時一般的にあったということであろう」と指摘している(『日本近世国家史の研究』)。考えてみれば、大坂の陣はわずか八年前のことであり、誰もが自分以外の人間の心の中を覗くことができないのであるから、それぞれがそれぞれを疑えば、コックスが述べた状況であるようにも思えてくるだろう。元和八年の状況は、秀忠にとってはまさしく危機だったのである。

三　松平忠直の豊後配流

忠直の乱行

本多正純を改易した秀忠にとって、残る問題は松平忠直の参府である。しかし、忠直の国元での行状《ぎょうじょう》は常軌を逸していた。秀忠の兄弟（御三家）は、次のように伝えている（『細川家』九―一一五）。

　此の中は越前に御引き籠もり候て、姫君様（忠直室、勝姫）などへつき候衆も、男女二、三人御きり候由候、その外数もなき成敗の由、申し候、もはや江戸へ御越し候儀は中々有るまじく候、内衆も面々申し合わせ、かたまり候て幾与《いくくみ》も御座候て、宰相様（忠直）御よび候共、不参候もの多く御座候、

〔現代語訳〕今は越前に御引き籠もりされて、勝姫《かつひめ》様へ御付きの方も、男女二、三人を御斬りなさったということです。そのほか多くの家臣を成敗されていると噂されています。もはや江戸へ御越しになることはできないでしょう。家臣も面々で相談し、それぞれが集団を組み、忠直様が御呼びになっても参らない者が多くございま

す。

忠直の正室は秀忠の三女勝姫であり、勝姫付きの者は幕府が付けた者たちである。それが三人も斬られた。

実は忠直は、勝姫を斬ろうとしていたのである。お付きの女中黒田局《くろだのつぼね》と阿蔦《あつた》という侍女は、勝姫の身代わりになることを申し出た。勝姫は許そうとしなかったが、二人は勝姫の衣服を着て薄暮に忠直の居所に行った。長刀を持って勝姫の来るのを待っていた忠直は、二人を見ると黒田局の胴を斬り、阿蔦をはす斬りにした。城中は大騒ぎで、老臣が集まって会議し、忠直を居室に幽閉し交代で見張った。家老の本多成重《なりしげ》は江戸に急ぎ、報告した（「西巌公年譜」『系譜』四）。

他の家臣も大勢が成敗されているということだった。十二月晦日には、老臣永見貞澄《ながみさだずみ》を攻め、一家十余人を自害させた。忠直が秀康《ひでやす》に殉死《じゅんし》した永見貞武《さだたけ》の未亡人を召し出そうしたが、それを拒否して仏門に入ったためだという。秀忠は、忠直についてはできるだけ穏便な処分で済ませようと考えていたようだが、こうした行動が耳に入ると、決断するしかなかっただろう。

忠直への処分

翌元和九年（一六二三）正月十日、秀忠は、忠直に豊後萩原《はぎわら》での蟄居《ちっきょ》を命じ、賄料として一〇〇〇〇石を給すると命じた。二月二十二日、忠直の母清涼院《せいりょういん》（中川氏《なかがわし》）が北庄（福井）

に赴いて告げた秀忠の命令は次のようなものだった（「西巌公年譜」）。

宰相《(忠直)》事、連年の病気国務に堪ざるの趣、是非なき次第に付、隠居致し西国方へ移住すべし、然るに於ては家督相違なく嫡子仙千代へ仰せ付けらるべし、

〔現代語訳〕忠直の事、長年の病気で国務を執ることができず、やむをないので隠居し、西国へ移住せよ。そうすれば家督は相違なく嫡子の仙千代に相続を命じる。

秀忠は、清涼院を遣わすにあたって、「勝姫とも相談し、忠直の機嫌を損ねず平穏に行うよう、厚く心を用いるように」と命じたという。ずいぶん配慮した言い方である。忠直にここまで気を遣うというのは、やはり兄を差し置いて将軍になったという負い目があったということなのだろう。

三月、忠直は、女子侍妾《じしょう》等二十余人を連れ北庄を出た。幕府書院番士牧野《まきの》成純《しげずみ》が警固の任にあたった。男子家臣の供は許されなかった。忠直はしばし敦賀《つるが》に滞留して入道《にゅうどう》し、一伯《いっぱく》と号した。五月二日に配所に到着した。

萩原は、豊後府内《ふないはん》藩主竹中重義《たけなかしげよし》の領地である。寛永三年（一六二六）正月二十日には府内に移され、幕府から定期的に目付が派遣された。これを豊後目付という。預けられた竹中は、後の寛永六年から長崎奉行に命じられるなど、秀忠が取り立てて召し使った外様大名である。

忠直の不満

忠直は、家康の次男秀康の長男である。大坂の陣では、真田信繁《さなだのぶしげ》をはじめとする三七五〇人の首を取り、真っ先に大坂城に攻め入るという功績があった。しかし従三位参議《さんぎ》（大名としては破格だが、御三家よりも下）に任じられたのみだった。

忠直は、「自分の父は本来将軍になるべきところ、わずかに国一つを領すのみ、自分もその嫡子として家を継いだのだから、このような大功なくともこの程度の官位はもらって当然」と恩賞が少なすぎることを憤り、酒色に耽り凶暴さを増したのだという（「台徳院殿御実紀」巻五九）。しかし、意識して江戸に参府しなかったと言うより、不満がつのったあげく精神に不調をきたしていたようである。

当時は必ずしも長子相続ではなかったとはいえ、兄の弟に対する権威は大きい。叔父である秀忠に対し、本来なら自分がと考える忠直の心中は、自負心が強いだけに想像を絶するものがあったのだろう。

秀忠の決断

一方、秀忠としては、兄秀康一代の間は「制外の家」として自由にさせていた。また、長女を豊臣家に、次女を前田家に嫁がせた後、三女を忠直に嫁がせたことに、越前家への気遣いも察せられる。しかし、忠直の代までそうした対偶を許しておくわけにはいかない。忠直がおとなしく参勤していればどうということもなかったが、参勤せず、しかも国元で家臣を斬っているという報告があれば、もはやそのままにはしておけなかったのである。

豊後での忠直は、人が変わったように穏やかになったという。慶安《けいあん》三年（一六五〇）九月十日五十六歳にて没するまで、彼は豊後を離れることはなかった。

四　平山常陳事件と元和大殉教

海賊行為の禁止

対外関係に目を向けると、元和四年（一六一八）九月、平戸のイギリス商館長コックスが、オランダがイギリス船を略奪するなどの不法行為があったことを幕府に訴えているように、共に平戸に商館を置く両者は対立関係にあった。

しかし、一六二〇年十二月、オランダとイギリスは同盟を結び、共同して極東水域を航行するイスパニア・ポルトガル両国の船舶とマニラに航行する中国船を攻撃対象として活動することになった（加藤榮一『幕藩制国家の形成と外国貿易』）。

これに対してポルトガル人と中国人は、それぞれ幕府にオランダ・イギリス両国の海賊行為を提訴した。当時、幕府首脳部は、マカオのポルトガル船に多大な貿易投資を行っていたから、これは幕府に取り上げられ、（元和七年）五月二十二日付け「覚」五ヵ条が江戸で平戸松浦氏に対し発給された（松浦史料博物館所蔵文書）。以下の通りである。

覚

一、異国へ男女買い取り参り候儀、堅く停止の事、

付、売主改め申すべき事、

一、異国へ刀・脇差《わきざし》、惣て武具の類、一切遣すまじき事、

一、おらんだ・いぎりす、日本ちかき海上におひてばはん仕るまじき事、

一、長崎において、唐船《からぶね》・黒船商売の儀、此前より相国様(家康)仰せ付けられ候通、相替わず申し付くべき事、

一、長崎商人の船、おらんだ・いぎりす海上においてばはんいたし候に付きて、相尋ね候へば、はてれ弐人のせ来り候に付きて取り候由、申し候、はてれにて候哉、委《くわ》しく穿鑿《せんさく》致し、申し上げらるべき事、

五月廿二日

日本人の売買・武器輸出の禁止に加えて、オランダ・イギリス両国の海賊行為の禁止が命じられている。

貿易は継続

注目すべきなのは、キリシタン禁令の条項がなく、長崎における唐船とポルトガル船の貿易は家康の時と同じく継続するよう命じられていることである。秀忠とその幕閣は、キリシタン禁令は現状のままとし、長崎での貿易を制限するつもりはなかった。むしろ、

平山常陳事件

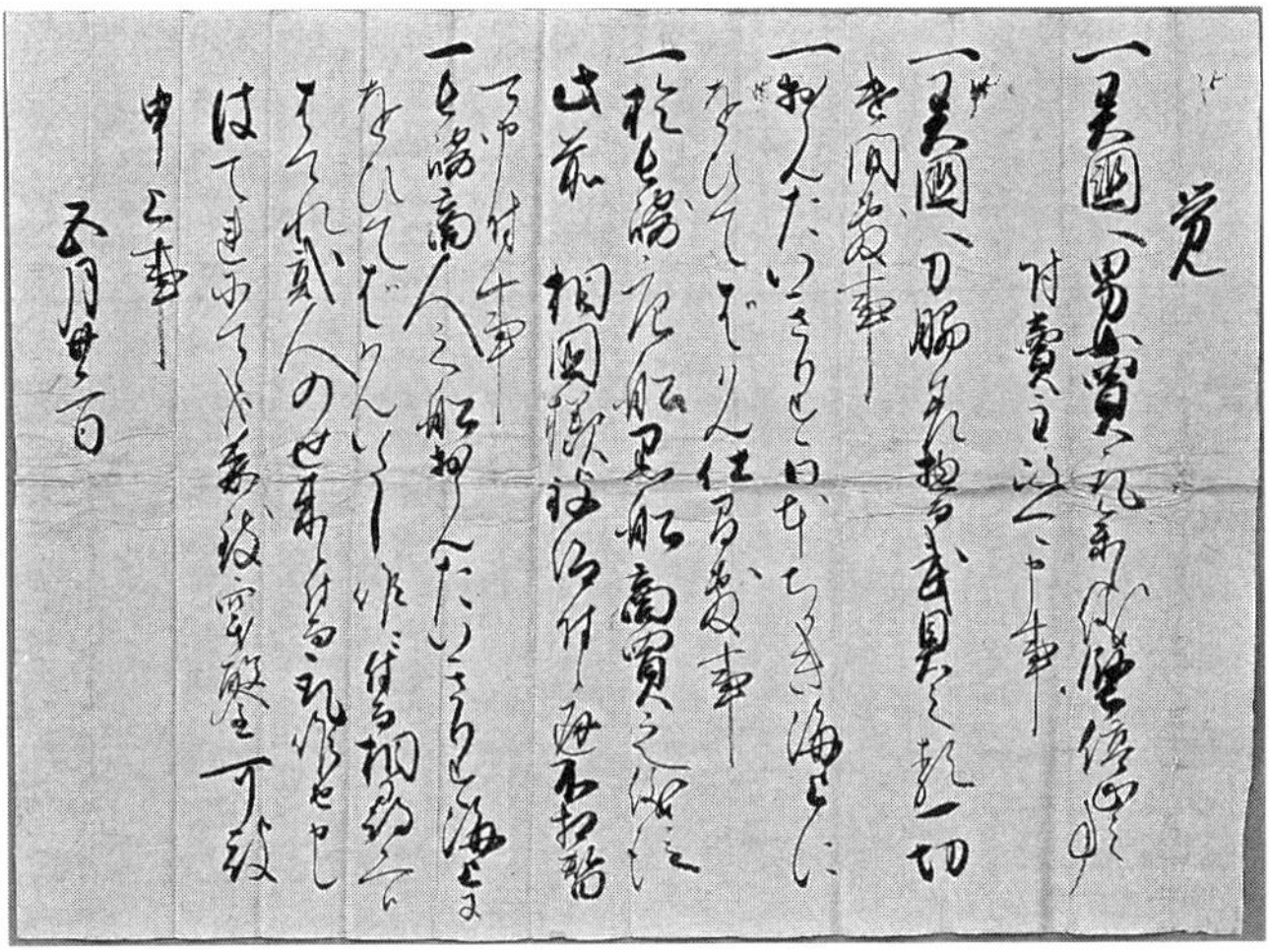

（元和７年）５月22日付け覚（松浦史料博物館所蔵）

その貿易を阻害するオランダ・イギリス両国の「日本ちかき海上」における海賊行為を禁止しようとしたのである。

　この禁令の内容については、同年九月十四日、平戸松浦氏を介して、オランダ・イギリス両商館長に同じ五ヵ条の秀忠の命令が通告された。

　禁令の第五条は、当時問題となっていた平山常陳《ひらやまじょうちん》事件に関わるものである。台湾《たいわん》を出航した平山常陳の朱印船《しゅいんせん》がイギリス船に拿捕され、キリスト教宣教師二名が乗船していることが発覚した事件である。イギリス船はいつものように海賊行為を行っただけだったが、たまたま宣教師が乗船していたことから、これを自らの行為の正当化に利用しようとした。

二名はオランダ船に引き渡され、平戸に入港した。二名の宣教師は、マニラから乗船したアウグスチノ会のペドロ・デ・スニガとドミニコ会のルイス・フローレスの二人だった。どちらもイスパニア系の托鉢《たくはつ》修道団の会士であり、スニガはかつて日本に来たことがあって、顔見知りもいた。

平山常陳船は渡航朱印状を携行していたが、オランダ人は、渡航朱印状の行き先がコーチシナであるのに対しマカオに行っていたこと、積荷はポルトガル人の貨物であり、スペイン人を乗せていることを幕府に訴えた。オランダ・イギリス両商館は、スペイン人宣教師密航事件であることを強調し、朱印船の海外渡航を許すかぎり宣教師の密航を食い止めることはできない、と主張したのである。これは、ポルトガル人やスペイン人を中傷して日本市場から蹴落とそうとするとともに、その頃活発となっていた朱印船貿易を抑止しようとするものだった。

この年十一月六日、平戸の松浦邸で平山常陳らの審理が始まった。審理は、平戸藩主松浦隆信と長崎奉行長谷川権六《はせがわごんろく》が行うことになった。実は、二人の間では利害の対立があった。松浦隆信は、平戸に商館を持つオランダ・イギリスの両商館と親しく、平戸藩の利害は両商館の利害と密接に結びついていた。

一方、長谷川権六は、自らもルソン貿易に参加しており、マカオやマニラと貿易を行う長崎の商人の利害を代表する存在だった。権六が、かつて日本にいたスニガが司祭であることを知っていたにもかかわらず、あくまで知らないふりをしたのもそのためだった。

審理始まる

元和七年十月、平戸藩主の前で審理が行われることになった。オランダ人は、二人の司祭に自白させようと苛酷な拷問をくりかえしていたが、効を奏していなかった。唯一証拠となるのは、金を調達するため長崎のキリシタンに送った書簡だったが、これも二人の身分を立証するものではなかった。

審理は、十月三日から四度に及んで行われた。権六は、スニガたちを擁護し、オランダ人やイギリス人が彼を宣教師だと言うのは悪意から出たものだ、と非難した。しかし、次第に権六に不利な形勢となり、権六は幕府の法廷で審理することを松浦隆信にはかったが、隆信は二人は確かに宣教師であるとして、これを拒んだ。

審理の過程で、証人として、大村《おおむら》の牢獄に捕らわれていたカルロ・スピノラらが平戸に召還された。スピノラらはスニガらが宣教師であることは否認したが、召還された者の中には背教者トマス荒木がいた。彼は、一六〇五年頃ローマに渡り、そこで司祭に叙任されたが、帰国後、長崎で捕らえられ棄教した背教者である。彼は、スニガが司祭であることを証言した。このためスニガはついに自白することになり、いったんは俗人と認められていたフローレスも自白することになった。

審理が終了して一年ほどがたった元和八年七月、将軍秀忠は、朱印船に宣教師が乗っていたこと、およびキリシタンが牢獄破りを行ったことから、長崎奉行長谷川権六に、船長平山常陳と二人の司祭、さらに同船の乗組員および乗客一二人を長崎に護送し、三人を火焙りに、一二人を斬罪とするよう命じた。

平戸に赴いた権六は、一五人の者に、「キリシタンであるか否か、また何処から来たのか、いつ洗礼を授かったか」を尋ね、「キリシタン（信仰）を棄教するなら、自らは将軍様から権能と職権とを与えられている（故）その名によって、誓って生命は助けよう」と言った。しかし一同は断固として、「どのようなことがあっても決してイエズス・キリストの信仰を棄てるつもりはない」と答えた（「（一六二二年の）日本殉教報告」『イエズス会』Ⅱ—三）。

これを信じるとすれば、秀忠の命令はそれほど厳格なものではなかった可能性がある。口先だけでも教えを棄てると言えば、この段階では許された。しかし、これについてはキリシタンの方が強硬だった。

権六の言葉は、嘘ではなかったに違いない。むやみに日本人キリスト教徒を殺したくはなかったのである。しかし信徒たちにとって権六の言葉は、悪魔がささやく「甘い言葉」だった。信徒たちは信仰を棄てると言えば命が助かったかもしれないが、キリスト教の教えにおいて、それは神を裏切ることだった。そのため、尋ねられなければ答えないとしても、尋ねられればむしろ進んで信仰を告白したのである。

自白し、処刑が決まった時、フローレスらは、「自分たちはいかなる理由によって死刑に宣告されたのだろうか」と尋ねた。これに対し、「汝らは国主の法令に背いてイエズス・キリストの掟を説くために日本国へ渡来したためであり、また他の者に対しては、国主の命令に背いて同類の人々を日本国へ渡航させたためである」と返答された時、彼らは「自分たちがイエズス・キリストのために死刑を宣告されたことを知って信じ難いほどの喜悦に浸った」という。当時の宣教師や信徒たちが殉教を最高の栄光だったと考えていたことは確かである。

七月十三日、彼らは、長崎郊外に護送された。フローレス・スニガ・平山常陳の三人のために十字架が立てられ、周囲には大量の薪が積まれていた。周囲の見物人は三万人を超えていたという。

薪に火が付けられる前に、平山船の乗組員ら一二人の者が斬首された。そして次に平山常陳ら三人が火刑に処せられた。処刑が終わると、斬首した一二人の首は高い台の上にさらされ、胴体は火刑になった三人の遺体とともに刑場に放置された。キリシタンたちは、監視人が引きあげた後、これらの遺体を持ち帰った。

平山常陳らを火焙りの極刑に処すよう命じた秀忠は、それと同時に、「各地の牢獄に囚われているヨーロッパ人と日本人の修道士全部、さらに過去数年間にキリシタン信仰のために殉教した夫や両親の、未亡人や子どもに至るまで、すべて極刑にするよう命じた」という（「（一六二二年の）日本殉教報告」）。

このため長谷川は、常陳らの処刑の直後に、これまで大村の牢に収容されていたイエズス会士カルロ・スピノラをはじめとする二一名の司祭や修道士とキリシタンに宿を貸した四人の宿主を長崎に護送させ、処刑するよう命じた。さらに、長崎の牢に収容されていた三〇名を同時に処刑することも命じた。

八月五日、大村の牢にいた二五人が処刑場に到着すると、刑吏たちは、司祭たちを十字架に縛り付け始めた。司祭たち二一名の内訳は、イエズス会の司祭カルロ・スピノラほかイエズス会士が九名、ドミニコ会士が八名、フランシスコ会士が四名であった。

司祭たちが柱に縛り付けられ、火刑の準備が調った頃、長崎の牢から刑場に三〇人が護送されてきた。刑場に着いた三〇人は矢来《やらい》の中に入れられ、処刑された。ついで十字架に火が点けられた。司祭たちは、火に焼かれながら、一時間半から二時間にわたって責め苫に耐えたが、やがて息を引き取った。

権六は、大きな穴を掘らせ、多くの薪を入れて火を焚き、そこに殉教者の遺体や刑柱の残りを投げ込み、灰になるまで焼き尽くした。そしてその灰は、多数の袋に詰め、船に積んで、町から遠く離れた海中に灰を散布した。

この時の処刑者は五五名に及ぶ。後にローマ教会から殉教者と認定され、「元和大殉教」と称されることになる。

江戸のキリシタン迫害

元和大殉教の後も、大村・壱岐《いき》・平戸などでも殉教があり、この年の長崎地域では、一一八名を超える殉教者があった。そして、それ以後もキリシタンの殉教は続いた。

江戸では、家康によって駿府から追放されたキリシタンの原主水《はらもんど》ジョアンの従者が、町奉行のもとへ出頭し、原主水が他の多くの者と共にまだキリシタン宗門を信仰し続けていると訴え出た。その際に彼らは他の幾人かの名前を挙げたが、その中には司祭たちもいた。

町奉行が名前のあがった者を捕らえると、彼らは隠し立てもせず、キリシタンであることを認めた。町奉行は、拷問してイエズス会司祭ジロラモ・デ・アンジェリスの居所を白状させたが、アンジェリスは居所を転々としていたので、捕らえることはできなかった。しかし、このことを知ったアンジェリスは、キリシタンを救うために自首して自分の生命を投げ出すことを告げた。アンジェリスは、イエズス会の同宿として二五年間にわたって活動してきた肥後生まれの日本人シモンとともに奉行所に自首した。

鎌倉では、フランシスコ会の司祭フランシスコ・ガルベスが捕らえられた。迫害は激しさを増し、役人たちは力づくで家々に踏み込み、キリシタンとわかると奉行所へ連行した。奉行は即座に彼らを捕え、短い期間に五〇名の者が投獄された。

問題の処置は家光に

元和九年九月七日、上洛していた秀忠が江戸に帰って来た時、幕閣から江戸のキリシタン問題についての成り行きについて報告され、指示が求められた。秀忠は、「それはその権限のある新将軍に求めた方がよい」と答えた。キリシタン問題の処置については家光に委ねたのである。

家光は、「説教した司祭も、キリシタン宗門を信奉した他の者たちも、生きたまま火焙りの刑に処すように」と命じた（「一六二四年度日本報告」『イエズス会』Ⅱ―三）。

十月十三日、五〇人の者たちは、芝《しば》で火刑に処せられることになった。アンジェリス・ガルベス・原主水の三人は、他のキリシタンたちと刑場に送られた。刑場には五〇本の刑柱が立ち、そのうちの三本だけは町に近いところに離れて立てられていた。刑場の広い野原や近くの丘は、見物人で埋め尽くされた。中には大名らの姿も多く見られた。刑場に掲げられた高札《こうさつ》には、「これらの者たちはキリシタンであることにより、死罪に処す」と書かれていた。

アンジェリスら三人を除いた四七人は、刑柱に縛り付けられ、薪に火がつけられた。彼ら三人を残したのは、残酷な四七名の者の火刑を見て、キリスト教を棄てるのではないかと期待されたためだったが、それは無駄なことだった。

四七人が死んだ後、アンジェリスら三人は、馬から下ろされ、刑柱に縛り付けられた。薪に火がつけられる前、三人は互いに別れの言葉を交わし、熱情と友情をもって互いを勇気づけた。火は勢いよく燃え上がり、彼らの姿は炎に隠されて時々しか見えなくなった。死を恐れず、最後まで説教しようとする宣教師たちを見て、見物人の心には「死んでいった者たちの強さや心の広い毅然とした態度は十分賞賛に値しうるものではないか」という思いが浮かんだという。

関心のない秀忠

この日、秀忠は、五〇人もの者が処刑されることにもかまわず、下総国東金《とうがね》へ鷹狩りに出かけ、その後は川越《かわごえ》へ行く予定だった。キリシタンの処刑にさほど関心がなかったのだろう。

その後もキリシタンへの迫害は止むことはなかった。家光は、十二月二十四日にも三七名の者を処刑している。二四人がキリシタンで、一三人はキリシタンを泊めた者である。

イエズス会宣教師が、「江戸の将軍が私たちの聖なる信仰を憎悪したことが、日本のほとんどすべての大名にも、それぞれの領国で同様に振る舞わせることになった」と書いているように、弾圧の嵐は全国へと広がっていくことになる。

元和九年の江戸の殉教事件以来、秀忠はキリシタン問題を新将軍の家光に任せている。秀忠時代は、表面に出なければあえて摘発しないという傾向があったが、家光は探し出して極刑に処すというはるかに厳しい政策を推進していくことになる。

第八　秀忠の大御所政治

一　将軍職を譲る

江戸城の茶宴

元和《げんな》九年（一六二三）正月十一日から十四日、秀忠は江戸城で大規模な茶宴を催し、諸大名を招いた。

まず十一日には徳川義直《よしなお》・徳川頼房《よりふさ》、十二日には伊達《だて》忠宗《ただむね》・上杉定勝《うえすぎさだかつ》・毛利《もうり》秀就《ひでなり》・毛利秀元《ひでもと》・黒田《くろだ》長政《ながまさ》・細川忠利《ほそかわただとし》・有馬《ありま》豊氏《とようじ》、十三日には山内忠義《やまうちただよし》・池田《いけだ》光政《みつまさ》・蜂須賀《はちすか》忠《ただ》英《てる》・堀尾《ほりお》忠晴《ただはる》・稲葉《いなば》典通《のりみち》・立花宗茂《たちばなむねしげ》・宗義成《そうよしなり》、十四日は伊達秀宗《ひでむね》らで、三六大名を六番に分けて招待する大茶会だった（「稲葉家譜」『史料』一二―六〇）。こうした大規模な茶会は初めてのことである。

二月二十八日には、江戸城天守台普請が始まる。

四月十八日には、家康の七回忌のため日光東照社《にっこうとうしょうしゃ》に社参し、同月二十一日には江戸に帰った。秀忠の社参の後、佐竹《さたけ》義宣《よしのぶ》らが日光に社参している。

家光が新将軍に

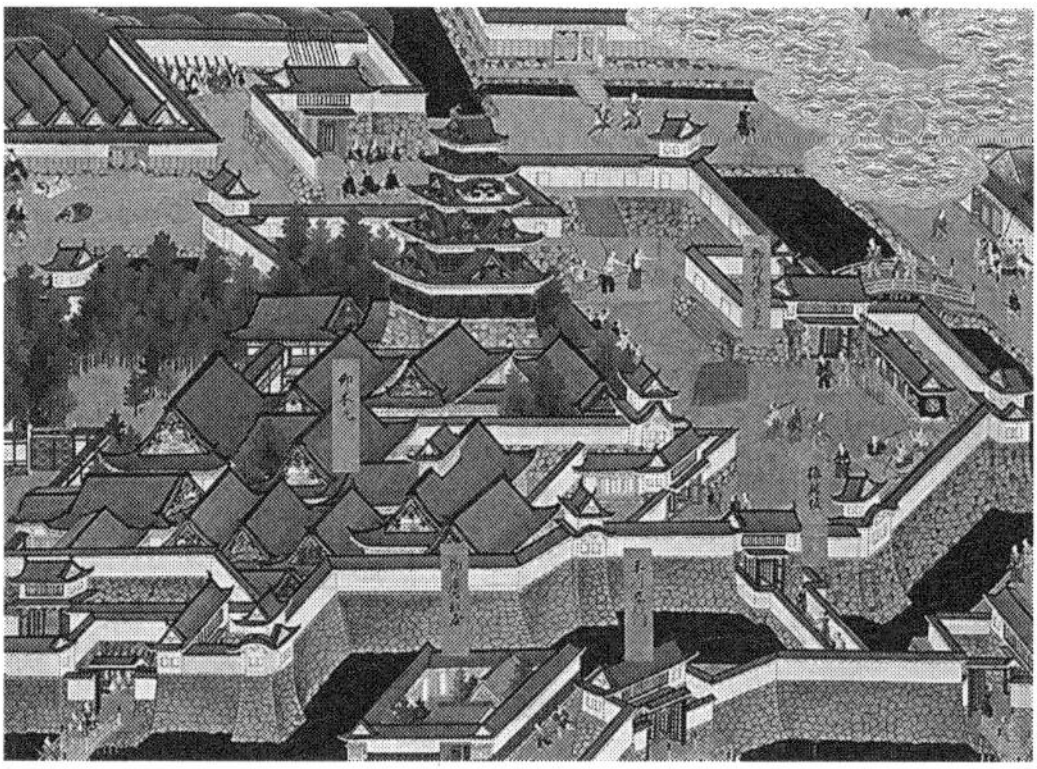

江戸城天守閣（「江戸図屏風」国立歴史民俗博物館所蔵）

五月二十日、秀忠は江戸城を発し、上洛の途についた（佐藤孝之「元和九年秀忠上洛の江戸出立日をめぐって」）。入洛は六月八日で、二条城《にじょうじょう》に入った。

六月二十八日、日光の社参を済ませた家光が江戸を出立、七月十三日に入洛し、伏見城《ふしみじょう》に入った。そして二十七日、家光への内大臣宣下《せんげ》と征夷大将軍宣下があった。二十歳の若い新将軍の誕生だった。

秀忠が将軍になったのは、慶長《けいちょう》十年（一六〇五）二十七歳の時である。実権が駿府に移った家康にあるのは誰の目にも明らかだった。彼が独自の政策を実行するのは、家康の死（元和二年）後のことである。

それから九年、秀忠はまだ四十五歳である。これは家光への政権移行をスムーズに行うため、政治の実権は保持したまま、将軍の位だけを譲ったというにすぎない。

将軍職を譲った秀忠の日常の変化として、頻繁に大名の江戸屋敷を訪問するようになったことがあげられる。これは「数寄屋御成《すきやおなり》」と称される茶事を中心とするもので、秀忠は将軍職についてから没するまで通算で七七回もの数寄屋御成を行っている（東京都江戸東京博物館編『遊びと求道の心』）。

大名邸への御成は、室町幕府の将軍の故事に倣ったもので、大名への信頼を示すことによって大名は面目をほどこし、将軍への忠誠心を強めることになる。

元和九年十二月二十一日、秀忠は、水戸家の徳川頼房を従えて伊達政宗《まさむね》のもとへ御成した。新造の茶亭で茶事があり、饗応の後に能が催された。加茂《かも》・実盛《さねもり》・源氏供養《げんじくよう》・邯《かん》鄲《たん》・三輪《みわ》・舟弁慶《ふなべんけい》・弓八幡《ゆみやわた》の七番だったと伝えられる。政宗に太刀《たち》・馬一匹・銀一〇〇〇枚・繻珍《シユチン》一〇〇反、嫡子《ちやくし》忠宗へ貞宗《さだむね》の刀、女子に唐織りの衾《ふすま》三と銀を下賜した。政宗からは、太刀・馬一匹・銀五〇〇枚・猩々緋《しようじようひ》一〇間・緞子《どんす》五〇巻が献上された。頼房からも太刀・馬一匹・銀一〇〇枚が贈られた。

翌年（元和十年、二月三十日から寛永《かんえい》元年〈一六二四〉）には、正月二十三日、秀忠が紀伊家徳川頼《より》宣《のぶ》の屋敷に御成した。能七番の後、御成書院で七五三の膳《ぜん》が饗された。同月二十七日、家光も頼宣の屋敷に御成した。これ以後、秀忠が御成した大名には家光も御成し、家光が御成した大名には秀忠も御成するようになる。

二月六日、秀忠が水戸家の徳川頼房の屋敷へ御成、同月十日には、家光が頼房の屋敷へ御成した。二月二十日には家光が伊達政宗の屋敷へ初めて御成した。四月五日、家光が蒲生忠郷《がもうただざと》の屋敷へ御成し、同月十四日、秀忠も蒲生忠郷の屋敷へ御成した。

九月二十二日、江戸城西の丸が完成し、秀忠は本丸から西の丸に移徙《いし》した。十一月三日には、水戸家の屋敷にいた家光が本丸に移徙した。当時、御三家《ごさんけ》の屋敷は江戸城内の吹上《ふきあげ》にあり、家光は秀忠が隠居城とする西の丸が完成するまで、水戸家の屋敷にいたのである、

島津家久の参府

この頃、薩摩藩の島津家久《しまづいえひさ》は、「すでに家康様から三〇年、三代の国恩を仰がない者はいません。世のため国のためを考えれば、諸大名の妻子を江戸に召され、それぞれの屋敷に住居させれば、国元にいるより安心するでしょう。よろしく議定《ぎじょう》してください」と建言した（『旧記雑録後編』）。そればかりではなく家久は、参府にあたり、正室と世子の光久《みつひさ》を連れて鹿児島を発し、翌年四月十三日に江戸に着いた。幕府の歓心を得ようとする意図が感じられる。

十二月四日、秀忠は、家光移徙の祝いとして本丸に御成した。相伴《しょうばん》は徳川忠長《ただなが》・徳川頼房・藤堂高虎《とうどうたかとら》だった。

同月十九日、かねて来日していた朝鮮通信使《ちょうせんつうしんし》が、江戸城に登城し、家光・秀忠に拝

謁した。この使節は、家光の将軍襲職を祝賀するものだった。翌日、秀忠は、安南国《あんなん》（ベトナム）よりの書簡に対する返事を金地院崇伝《こんちいんすうでん》に書かせている。対外関係も比較的安定していた。

忠長の様子

寛永二年正月十一日、甲斐を領していた忠長は、駿河・遠江二国を加増され、五〇万石を領し、駿府城に居住することになった。忠長の地位は、叔父の尾張家徳川義直・紀伊家徳川頼宣と肩を並べるもので、水戸家徳川頼房を凌いでいる。秀忠の構想では、御三家は、尾張家・紀伊家という家康の子どもの立てた家のほか、忠長の駿河家を加えたものだったようである。

続く御成

この年も、大名邸御成は継続して行われた。二月五日、秀忠は忠長邸に御成した。尾張家の義直と水戸家の頼房が相伴した。家光も、同月十二日に忠長邸に御成した。

同月二十六日には家光が尾張の義直邸に御成し、三月八日には秀忠が義直邸に御成した。尾張家と紀伊家は交互に在府することになっており、前年は義直が在国だったため紀伊邸に御成し、義直が参府したので、尾張邸の御成を実現したのだろう。

五月二十八日、秀忠は藤堂高虎邸に御成し、六月二十八日には家光が藤堂高虎邸に御成している。外様《とざま》大名では、伊達政宗に続く二番目の御成だった。

七月十三日、家光は日光社参の首途を行った。忠長がこれに従った。

秀忠の懸案は、嫡子家光の縁組だった。相手の選定は、家光が十九歳になった元和八年頃から御台所《みだいどころ》のお江《ごう》が積極的に動いていた。大坂の陣以後、徳川家が気を遣わなければならない大名家はなかったから、相手は公家《くげ》最高の家柄である五摂家《ごせっけ》から迎えることになったのは自然な成り行きである。徳川家としては、五摂家の伝統と高い家格が魅力で、縁組によって将軍家の権威をさらに高めることになる。

お江と羽柴秀勝《はしばひでかつ》との子完子《さだこ》は、関白九条忠栄《くじょうただひで》の正室になっていた。お江は、完子に、五摂家に家光の相手にふさわしい年齢の娘がいるかどうかを問い合わせた。こうして選ばれたのが、関白鷹司信房《たかつかさのぶふさ》の娘孝子《たかこ》である。醍醐寺三宝院《だいごじさんぼういん》の義演《ぎえん》の日記には、「江戸御台ヨリ御所望」(『義演准后日記』元和九年八月十四日条)とあり、この縁組にお江が深く関与していることがわかる。

孝子は、慶長七年の生まれで、元和九年には二十二歳である。家光の正室候補として、まずはお江の猶子《ゆうし》となり、江戸に下ることになった。元和九年閏八月四日、孝子が京を出て江戸に向かった。家光は上洛中で、七月二十七日には将軍宣下を受けていた。江戸城で対面したお江は孝子を気に入り、京都の和子《まさこ》にその旨を伝えている(久保貴子『徳川和子』)。

元和九年十二月二十日、孝子は西の丸に入った。「大猷院殿御実紀《だいゆういんでん》」元和九年十二月二十日条には、「鷹司太閤《たいこう》信房公の御女参向し給ふ。これ御定婚あるをもてなり」とあり、孝子は家光の婚約者として西の丸に入ったようである。すでに述べたように、秀忠とお江は本丸修理のため、前年四月から西の丸に移っていた。孝子は、しばらく西の丸でお江と暮らした。

婚礼の儀式

寛永二年八月、孝子が本丸に移徙した。実質的な婚礼だが、この時はさしたる行事はなかった。八月九日、秀忠とお江が結婚祝いのため本丸に御成した。これが婚礼の儀式に代わるものだった。孝子を「御台所」と称したことを祝って行われた御成のため、「御台成《みだいなり》の御成」と言われた（「大猷院殿御実紀」巻五）。

家光は、秀忠を鉄の門の所まで出迎えた。秀忠は、忠長と頼房を従え、玄関から直接、数寄屋に行った。諸大名を訪れる時と同じ、数寄屋御成の形式である。家光は濃茶を点てて秀忠に献じ、秀忠から家光・忠長・頼房と茶が回った。

茶事が終わると、書院に場所を移し、猿楽《さるがく》（能）五番を見た。これは祝い事には欠かせない行事である。その後、大奥に入り、次に書院に戻って御膳が出、三献が行われた。秀忠からの引き出物は、菊一文字の太刀と正宗《まさむね》の刀、上杉栗毛の馬、家光からも同様に、太刀と郷の刀、馬が贈られた。秀忠は、大奥では孝子と対面したのだろう。

お江も、この日は大奥に泊まり、孝子と一緒に幸若舞《こうわかまい》を見た。しばらく娘（猶子）として暮らした孝子だから、心おきなくこの行事を楽しむことができたであろう。「大猷院殿御実紀」の典拠は、「水戸記」「大内日記」などの信頼できる記録（水戸家と幕府の日記）である。この月から孝子が「御台所」と称されたのは確かである。「以貴《いき》小《しょう》伝《でん》」（『史料徳川夫人伝』）には「記録にも御台所としるせし事みえず」と書かれているが、孝子も最初は「御台所」と称されたのである。

翌日、本丸ではお祝いの猿楽があった。御台所の孝子からは、匂箱・刀架《とうか》二・銀五〇〇枚が家光に贈られ、新郎の家光からは、金一〇〇〇枚・小袖《こそで》一〇〇・御衣掛・夜着・蒲団・枕・金の御手道具・金の風呂釜などが孝子に贈られた。

新婦から贈られたのは匂箱や刀架、新郎からは夜着・蒲団・枕などだから、ともに寝室で使われる婚礼にふさわしい品物である。家光は二十二歳、孝子は二十四歳だった。

天海、寛永寺を建立

寛永二年十一月、大僧正天海《だいそうじょうてんかい》が、江戸城の鬼門に位置する上野忍ヶ丘《うえのしのぶがおか》の地を賜り、伽藍《がらん》を創建した。この寺院はのち朝廷から「東叡山寛永寺《とうえいざんかんえいじ》」の名を賜る。

尾張家は常行堂《じょうぎょうどう》、紀伊家は法華堂《ほっけどう》、水戸家は輪蔵《りんぞう》を建設し、藤堂高虎は東照宮・回廊・供所《くしょ》・護摩所《ごましょ》を創建し、土井利勝《どいとしかつ》は五重塔、酒井忠勝《さかいただかつ》は本地堂《ほんじどう》、堀直寄《ほりなおより》は祇園堂《ぎおんどう》、永井尚政《ながいなおまさ》は仁王門を建設した。

十二月六日、秀忠は東金《とうがね》・越谷《こしがや》に泊りがけで狩りに出向いた。八日には、自らの鉄砲でとった白鳥を、隣接して鷹場《たかば》を賜っていた伊達政宗に与えた。秀忠は鷹狩りは得意ではなく、鉄砲での狩りを好んでいた。

鷹狩りに出かける

二　最後の上洛とお江の死

最後の上洛

寛永三年（一六二六）元旦は、家光が本丸の黒書院で忠長・頼宣・頼房に盃を与え、次に蒲生忠郷・本多忠刻《ほんだただとき》・松平直政《まつだいらなおまさ》に盃を与えた。その後、秀忠も西の丸でこれらの者たちと対面している。秀忠は、将軍家光の立場を尊重し、家光中心の儀礼を行わせている。しかし、御成の順序は必ずしも決まっておらず、この年は、二月二十七日に秀忠が頼宣の屋敷に御成し、三月七日に家光が頼宣の屋敷に御成している。

四月六日、阿部正次《あべまさつぐ》が大坂城代を命じられた。摂津の内に三万石加増され、八万六〇〇〇石となった。

五月七日には、千姫《せんひめ》と縁組みしていた本多忠刻（母は家康長男・信康《のぶやす》の娘）が没した。三十一歳で跡継ぎがなく、千姫の一〇万石の化粧料は収公された。

寛永三年五月二十八日、秀忠は上洛のため江戸を発した。大軍を率いて東海道をゆっくりと進み、六月二十日、京に着いた。秀忠は、御行列の順を、義直（尾張）・頼宣（紀伊）・忠長（駿河）・頼房（水戸）の順にするようにとの御触を出した（『南紀徳川史』）。これは、忠長が元和九年（一六二三）に従三位中納言《ちゆうなごん》となり、頼房の官位を越えたことを理由としていた。秀忠は、官位をたてに自分の子を弟の尾張・紀伊の次、水戸の前に位置づけたのである。

紀州藩付家老《かろう》の安藤直次《あんどうなおつぐ》は、「頼房様はなんと言っても家康様の御子ですから、忠長様よりも後というのは受け容れがたいことです」と意見を上申した。水戸家が忠長よりも下になると、駿河を追われて紀伊に落ちついた形になっている紀州家も、そのうち忠長よりも下になるという危惧があったためかもしれない。秀忠は「これは私が命じたことではない」と譲歩し、忠長と頼房の順番を入れ替えた。

これより先、伏見城が廃城となり、その殿閣が前年淀城《よどじよう》に移築されていた。淀城を見た秀忠は、上洛の時の将軍の宿所にするようにと命じた。

七月二日、家光が入京し、淀城に入った。

太政大臣昇進

八月十八日、勅使中納言阿野実顕《あのさねあき》と頭中将園基音《とうのちゆうじようそのもとなり》が二条城に遣わされ、秀忠に太政大臣《だいじようだいじん》昇進の詔が伝えられた。秀忠はこれを辞退し、左大臣に昇進した。秀忠は直ぐに御礼の参内《さんだい》をした。家光も従一位右大臣に昇進した。

後水尾天皇の二条城行幸

二条城行幸
（「御物 寛永三年丙寅東福門院入内に付後水尾天皇二条へ行幸鹵薄及徳川二代将軍秀忠上洛絵巻物」宮内庁所蔵）

翌十九日、忠長が義直・頼宣とともに従二位権大納言に昇進し、頼房・前田《まえだ》利《とし》常《つね》・伊達政宗・島津家久がともに従三位権中納言に昇進した。秀忠の子忠長の家を尾張・紀伊両家に匹敵するものとしたものである。義直・頼宣・忠長は、ほぼ一線に並んで徳川家の最も格の高い一門になった。また、越前家の松平忠昌《ただまさ》・池田忠雄・蒲生忠郷が正四位下参議《さんぎ》になるなど、他の大名もそれぞれ官位を昇進させた。

今回の上洛では、後水尾《ごみずのお》天皇が二条城に行幸するという大行事があった。

九月六日、まず中宮和子が二条城に行啓した。そして、秀忠が迎えのため参内し、天皇の行幸があった。

七日、秀忠は天皇に銀三万両・時服《じふく》二〇〇領・沈香《じんこう》一木などを献上し、中宮へは銀一万両・時服五〇領・沈香七五斤などを献上した。中和門院《ちゅうわもんいん》（後水尾の生母近衛前子《このえさきこ》）や女一宮《いちのみや》（後の明正《めいしょう》天皇）にもそれに準じて献上があった。この日は、天皇がかねて舞を御覧になりたいと所望されていたことから、舞の興行があった。

八日、天皇は、中宮・女院とともに二条城の天守《てんしゅ》に上った。にわかのことだったので、縁道にはことごとく紅い毛氈《もうせん》を敷き、櫓《やぐら》の狭間《さま》には御簾《みす》を垂れた。天皇はしばらく四方を遠望し、その後、山海の珍味を饗され、次に乗馬を見た。九日には、密々に猿楽を見物した。

十日、中和門院が還幸した。天皇は再び天守に上ったが、雨の後のことで雲霧が深く、すぐに降りた。後に、三献の盃があり、三献目の時、天皇の盃に秀忠が御酌し、その盃を秀忠が賜る時、天酌（天皇が酌をすること）があった。家光・忠長にも天酌があった。そして、天皇と中宮は還御《かんぎょ》した。

この二条城行幸はたいへん大がかりなもので、金地院崇伝・烏丸光弘《からすまるみつひろ》の『寛永行幸記』（内閣文庫所蔵）には、室町将軍への行幸、天正《てんしょう》十六年（一五八八）の秀吉の聚楽第《じゅらくてい》行幸にもはるかに勝り、「この時にあたり公武御同体の仁政、九夷八蛮の遠に及び、……天下後世までも誰かこの盛規を仰がざらんや」と記されている。秀忠の総力をあげた天皇へのもてなしだったことは確かであり、天皇を尊重することで徳川家の力と徳を誇示するものとなった。

十一日、諸大名は二条城に出仕し、秀忠・家光に行幸が成功裡に終わったことを祝した。

十三日、秀忠・家光は参内し、行幸を謝した。この日、公卿《くぎょう》の陣儀が行われており、秀忠を太政大臣《だいじょうだいじん》に、家光を左大臣に昇進させることが決まっていた。ただし、宣命《せんみょう》には秀忠が左大臣に昇進した七月十八日の日付とされた（「大猷院殿御実紀」巻七）。

お江の死

これに先立つ九月十一日、江戸からお江危篤の急使が到着した。忠長は、その日のうちに京を発し、江戸に急いだ。まだ行事を控えていた家光は、代理で稲葉正勝《まさかつ》を江戸に帰した。

同月十五日、お江が江戸城西の丸で没した。享年五十四だった。忠長は江戸に入り、芝《しば》あたりでお江逝去を知った（『東武実録《とうぶじつろく》』）。この日は、秀忠が二条城で太政大臣任官の賀儀を行っている日だった。十八日、お江は増上寺《ぞうじょうじ》へ入棺され、秀忠たちが帰るのを待った。

大坂幕府構想

秀忠は、十六日、大坂に行き、完成していた大坂城を検分した。

ちなみにこの年の十二月十七日、小堀遠州《こぼりえんしゅう》（政一《まさかず》）が藤堂高虎に出した興味深い書状が近年発見された（跡部信「新発見の書状が語る「大坂幕府構想」」）。秀忠に「大坂幕府構想」があったとされるものである。関係部分を引用しよう。

大坂御城に御数寄屋出来申し、御路地已下も拙者によく申し付け候て置き候様にと御意の旨、この頃永信州（永井尚政）より申し来り候。……大坂はゆく〳〵ハ御居城にも成さるべき所に御座候間、この度御進上成されよく候ハんかと存じ候。

〔現代語訳〕大坂城に御数寄屋を作り、御露地なども拙者によく命じておくようにとの秀忠様の言葉が、永《なが》井《い》尚政《なおまさ》から伝えられました。……大坂城はゆくゆくは御居城にもなさる所ですので、この度（貴殿の京都屋敷の手水鉢《ちょうずばち》などを）進上なさるのがよいかと思います。

小堀が藤堂に、京都の露地の石鉢と前石《まえいし》を進上するようにと勧めたものだが、ここに「大坂はゆく〳〵ハ御居城にも成さるべき所に御座候」と書かれているのが注目されているのである。跡部信氏は、この書状を分析し、「御居城」の主体を秀忠とし、「将軍家光も江戸から移される〝大坂幕府〟体制を小堀が予期していた。……徳川幕府は江戸を拠点としたのだが、天皇の権威からあえて距離をとろうとしたわけではなかった。家康も秀忠もじつは伝統的権威を重視し、畿内政権を模索していたのだ」とする（跡部前掲論文）。

確かに若い頃から大坂城の秀吉に出仕し、豊臣家滅亡後も律儀に上洛を繰り返していた秀忠にはそういう気持ちもなかったとは言えない。しかし、すでに秀忠は将軍職を譲っているのだから、素直に考えれば大御所秀忠の隠居城になるかもしれない、ということだろう。この頃はまだ本丸建設のさなかで、天守の完成もようやくこの年のことであり、三年後の竣工の頃にそうした検討はなされなかった。秀忠には残された時間はあまりなく、家光は大坂や京都より江戸の方に馴染みがあったから、江戸が徳川の都として存続していくことになる。

朝廷からの祝賀

さて九月十七日、秀忠は二条城に戻った。翌日には摂家・親王・大臣・門跡などが二条城に登城し、太刀目録を献じて秀忠・家光の昇進を賀した。

家光は、二十五日に京を発ち、十月九日に江戸に着いた。秀忠は、十月六日に京を発ち、江戸へ向った。

お江の葬儀

十月十八日、お江の葬儀が麻布《あざぶ》で行われた。麻布野に茶毘《だび》所を設け、増上寺から茶毘所までの一〇〇〇間の道に薦《こも》を敷き、その上に白布一〇反を敷き、一間ごとに龍旛《りゅうばん》を立て、両方に燭を掲げた。茶毘屋は、全体で一〇〇間四方という広大なものであった。火屋の右に六つの堂が建てられ、仏具を置いた。火屋は二重の垣が作られ、それぞれ四方に門を建てられ、額がかけられた。棺は、白丁《はくてい》一〇〇人によって運ばれた。

建長寺仏殿

もとお江の霊屋で建長寺に下賜された.

導師は増上寺の桑誉《そうよ》了的《りょうてき》大和尚《だいおしょう》、そのほか江戸の大小寺院の寺僧一二〇〇人余が弔いに参加した。お江が召し使った女中たちは、輿六〇挺を連ねて参列した。将軍正室の葬礼は最初のことで、空前の規模だった。沈香を三二間余に積み重ねたため、一度に点火されたその香烟は一〇町余に及んだという。法号は、「崇源院殿《すうげんいんでん》」と名付けられた。

この葬儀には、忠長のほか、三女勝姫《かつひめ》の長男松平仙千代《せんちよ》、四女初姫《はつひめ》の夫京極忠高《きょうごくただたか》などが参列している。しかし、夫の秀忠と長男家光は参列していない（「大猷院殿御実紀」巻八）。

秀忠は、六日に京を出て、お江の葬儀の日にはまだ駿府城にいた。秀忠は、駿府から青山幸成《よしなり》を遣わして葬儀を監督させた。家光は、江戸城に留まって報告を待った。現職の将軍だから、いかに実母の葬儀とはいえ参列しないのが格式だったのだと考えられる。

三　西丸年寄と本丸年寄

幕府年寄《としより》は、元和七年（一六二一）安藤重信《しげのぶ》が病死し、翌年にはすでに述べたように本多正純《まさずみ》が失脚した。このため、井上正就《いのうえまさなり》と永井尚政が年寄に補充された。両者とも秀忠の側近で、小姓組番頭を勤めていた。

正就は秀忠の乳兄弟で、天正十七年（一五八九）十三歳の時秀忠に御目見えし、御側に仕え、一五〇〇石を与えられた。父はもと家康の重臣大須賀康高《おおすがやすたか》に属した陪臣《ばいしん》であって、家柄としてはたいしたものではない。秀忠に気に入られた正就は、加増を重ねられて当時一万石で小姓組番頭を勤めていた。元和六年六月二十六日、細川忠利は、正就について「弥《いよいよ》出頭あがり申し候、何も江戸中ほめぬ衆はござなく候事」と評している（『細川家』八―一二九）。

元和八年、正就は年寄に進み、五万二五〇〇石に加増され、遠江の横須賀城《よこすかじょう》主となった。寛永三年（一六二六）の秀忠の上洛の際には、「両番頭《（小姓組・書院）》をかねて」供奉《ぐぶ》している。秀忠が最も信頼する年寄だった。

幕府年寄の補充

永井尚政は、秀忠が信頼した永井直勝《なおかつ》の嫡子である。慶長七年（一六〇二）に秀忠に付属され、近習《きんじゅう》として仕えた。大坂夏の陣の時は首一級を得た。また家康への使いを果たしたことが評価され、小姓組の番頭に抜擢された。当時、知行は一〇〇〇石で、元和五年に一万石を加増されている。

元和八年時点の年寄は、土井利勝・酒井忠世《ただよ》・井上正就・永井尚政で、家光付きの年寄として酒井忠利・青山忠俊《ただとし》がいた。秀忠が家光に将軍職を譲った元和九年の上洛の前、酒井忠世と酒井忠勝（忠利の嫡子）が家光の年寄に付属替えとなった。

こうして、新将軍家光の年寄は、酒井忠世、酒井忠利・忠勝父子、青山忠俊の四人となった。しかし、青山はこの年十月十九日に蟄居《ちっきょ》を命じられ、また酒井忠利も年寄の列を離れた。後任として内藤忠重《ないとうただしげ》と稲葉正勝が補充され、ふたたび四人体制となった。

権力を手放していない秀忠

一方、大御所付きは、土井利勝・井上正就・永井尚政の三人である。

藤井譲治氏が作成した秀忠大御所時代の年寄連署奉書《れんしょほうしょ》の一覧（『江戸幕府老中制形成過程の研究』）によると、たとえば寛永三年の上洛供奉を命じる奉書では酒井忠世・土井利勝・酒井忠勝・井上正就が連署しており、この四人が指導的な立場にあったことがうかがえる。

藤井氏は、年寄連署奉書の分析から本丸西の丸年寄連署奉書に注目し、「この年寄連署奉書は、本丸家光、西丸秀忠と分れた二元的権力機構が個々にその意志を表現することで生み出される二つの権力のあいだの矛盾を包み込み解消する役割を果たした」（藤井前掲書）と評価しているが、詰まるところ、秀忠が権力を手放していないということを示しているということである。それは、西の丸年寄連署奉書が、朝廷や二条城・大坂城作事のような重大な国政事項について指示する場合にも使われていることによく表れている。

年寄の中で秀忠が一番信頼し、大名からも頼られたのは、土井利勝だった。細川忠興《ただおき》は、後に「相国様《（秀忠）》御在世の時は、大炊殿《（土井利勝）》一人にて候つる間、大炊殿を頼み申さざるものは、大小に付き一人も有るまじく候」と回想している（『細川家』四―九五八）。幕府への嘆願を行う時には、みな利勝を頼み、また利勝からさまざまな点で指南を受けていたのである。

井上正就の災難

利勝に次いだのが、秀忠に近侍してきた井上正就だった。しかし正就は、災難に遭遇する。寛永五年八月十日未刻（午後二時過ぎ）、正就は江戸城西の丸で幕府目付《めつけ》豊島信満《としまのぶみつ》に脇差《わきざし》で突き殺されたのである。その場にいた青木義精《あおきよしきよ》は信満を抱きとめたが、信満は腹に刀を突き立て、義精ともども絶命した。将軍家光には「豊島信満の狂気」と報告された。

この事件の原因は、信満が正就を個人的に恨んでいたためらしい。福岡藩主黒田忠之《ただゆき》が正就の娘を嫁に迎えたいと考え信満を仲介に頼み、正就が内諾したが変心してこの縁談はうまくいかなかった。また、信満が一五〇〇石を加増されて堺奉行に命じられるところ、正就が反対して実現しなかったとも伝えられる。

信満の子主膳《しゆぜん》は連座により成敗され、信満の家屋敷が調査された。すると、いまだ蔵をあけない内に、銀一〇〇〇枚余（金にして七〇〇両以上）、小判《こばん》五〇〇両余、刀・脇差が一四〇ないし一五〇も発見されたという（『細川家』九―二六七）。信満は、大名のために色々と便宜を計っており、その御礼がそのような莫大な財産につながっていたようである。正就が信満の目に余る行動を咎めたことが事件に発展したのだろう。

西の丸年寄の補充

正就の死去後、青山幸成と森川忠俊《もりかわただとし》が西の丸年寄に補充された。

青山幸成は、家光の年寄を務めた青山忠俊の弟で、元和五年、一万石加増されて一万三〇〇〇石となり、書院番・小姓組番・小十人組《こじゆうにんぐみ》の番頭を務め、秀忠の命で評定《ひようじよう》の席にも列している。寛永三年、中宮和子が二条城に行啓した時は、供奉の役を務めた。

森川忠俊は、慶長二年から秀忠の側近くに仕えていたが、大久保忠隣《おおくぼただちか》の事件に関連して酒井家次《いえつぐ》に預けられた。大坂の陣では、家次の配下で出陣し首級を得るなど武功を立てた。寛永四年、赦免されて秀忠に仕え、一万石を領した。『寛政重修諸家譜《かんせいちようしゆうしよかふ》』では寛永八年から「奉行職に列し奉書に判形を加ふ」とあるが、すでに寛永五年から奉書に加判している。

四　紫衣事件と明正天皇の即位

後水尾天皇の譲位表明

寛永四年（一六二七）四月、後水尾天皇が幕府へ、高仁《すけひと》親王への譲位《じょうい》の時期を伝えた。すでに即位して一六年、三十二歳になった後水尾は、譲位して上皇となり、気ままに暮らしたいと思うようになったのだろう。四月二十八日、秀忠は勅使に、承諾の返事を与えた（『本光国師日記《ほんこうこくしにっき》』）。

紫衣事件

譲位の時期は、親王が四歳になる寛永六年が予定された。この年十一月には院御所の造営が始まっており、翌年三月十四日、幕府は板倉重昌《いたくらしげまさ》に院御所造営を命じた。ところが、寛永四年七月に出された「上方諸宗出世法度《かみがたしょしゅうしゅっせはっと》」によって、別の問題が噴出する。諸宗の出世（一山の住持となること）が家康の発布した「勅許紫衣《しえ》法度」に背き、猥《みだ》りとなっているということで、紫衣法度以降に行われた「出世」を押さえ、重ねて器量を吟味して申し付けるように、という命令が出されたのである。これによって、紫衣を認める天皇の綸旨《りんじ》七、八〇枚が無効となったとされる（『細川家』三―七八五）。

大徳寺《だいとくじ》では、大仙院《だいせんいん》をはじめとする北派が反対論を開陳し、翌五年春、沢庵宗彭《たくあんそうほう》・

玉室宗珀《ぎょくしつそうはく》・江月宗玩《こうげつそうがん》が抗弁書を京都所司代《きょうとしょしだい》板倉重宗《しげむね》に提出し、妙心寺《みょうしんじ》も同様だった。秀忠は、三月十日、抗弁書を読んで激怒したと伝えられる。

秀忠付きの年寄土井利勝・井上正就・永井尚政に崇伝が加わって、この件が議論された。妙心寺は詫び状を提出したが、大徳寺は強硬な姿勢をとった。翌六年二月、沢庵ら三人は江戸に召還された。

幕府では、藤堂高虎・崇伝・天海らも加わって審理がなされた。沢庵と親しい将軍家剣術指南の柳生宗矩《やぎゅうむねのり》や越後村上藩《むらかみはん》主堀直寄《なおより》らは沢庵の赦免のために奔走していたが、七月二十五日、厳しい判決が下された。沢庵は出羽国上山《かみのやま》へ、玉室は同国由利《ゆり》に配流となり、妙心寺でも強硬派の東源慧等《とうげんえとう》・単伝士印《たんでんしいん》が配流となった。遠島の恐れもあったらしく、軽罪を主張する天海の意見がある程度取り入れられたとされる（船岡誠『沢庵』）。

後水尾天皇は綸旨が破棄されたことに怒っており、この幕府の判決も苦々しい思いで聞いたことだろう。

高仁親王の死

さて沢庵らが抗弁書を提出した寛永五年の六月十一日、高仁親王が没した。天皇は悲嘆にくれた。同月十四日、この知らせを受けた秀忠は、「哀惜斜めならず」と弔意を表した（『東武実録』）。当然、秀忠も、天皇になるべき孫の死は痛恨の出来事だっただろう。

高仁の死によって譲位の予定がなくなった後水尾だが、これらの出来事によって在位を続ける気力が失せたようである。後水尾の譲位の意向が、中宮和子を介して幕府に伝えられた。

八月二日、秀忠は、返事を和子付きの権大納言局（橋本氏）に書いた。秀忠と家光の書状は、「いまだをそからぬ御事とぞんじ候」（『東武実録』）と、譲位を思いとどまるよう返答したものだった。

熊倉功夫氏は、後水尾の譲位表明が紫衣事件と関係しているとする（『後水尾天皇』）。久保貴子氏も、「今回の譲位表明に、この一件が無縁とは考えにくい」（『後水尾天皇』）としている。これらが常識的な理解で、そのため後水尾の譲位を含めた一連の事件を「紫衣事件」と呼ぶのだが、それは史料的根拠があるものではない。

寛永六年、三十四歳になった後水尾は、五月七日、譲位を決意した。『泰重卿記《やすしげきょうき》』には、「密々の事、物語りうけたまはり候ひをはんぬ」と記されている。

後水尾の生母である中和門院は、「女帝の儀くるしかるまじく」とし、女一宮に譲位し、若宮誕生のうえ譲位させればよいとしている。この件には、中和門院が積極的に関与していたのである。これを聞いた公家衆は、ほぼ全員譲位やむなしと返答した。

五月十一日、勅使・武家伝奏《ぶけてんそう》三条西実条《さんじょうにしさねえだ》・中院通村《なかのいんみちむら》、女院使（中和門院の使者）藤江定時《ふじえさだとき》が江戸に向け出発した。

譲位

この時はまだ紫衣事件の判決が出ていないので、熊倉氏は天皇の紫衣事件の判決に対するデモンストレーションとする（熊倉前掲書）が、後水尾は屈辱は感じていたかもしれないにしても、沢庵らを救おうというより、とにかく譲位したかったようである。

八月二十七日、和子が女子を出産した。これに先だって秀忠は、家光の乳母・お福を上洛させている。おそらく和子の出産見舞いとともに、後水尾の真意を探らせようというものだったと思われる。上洛したお福は、九月十二日に和子に拝謁した。和子はお福の参内について援助し、「春日局《かすがのつぼね》」の名を賜ったお福は十月十日に参内し、御学問所《おがくもんじょ》で後水尾天皇に拝謁した。「帝道、民の塗炭に落ち候事に候」（『泰重卿記』）と評されるほど前例のない拝謁だった。お福の参内は何の意味もなく、ただ後水尾と公家たちの反感を買っただけだった。

十月二十九日、後水尾は、女一宮に内親王宣下（興子《おきこ》）、清子《せいし》内親王（鷹司信尚《のぶひさ》の後室）に准三后《じゅさんぐう》宣下をした。

そして十一月八日朝、公家衆に伺候《しこう》を命じた。そして伺候した公家たちに対し、頭《とうの》弁中将《べんちゅうじょう》・園基音《そのもとおと》が出てきて「譲位である」と告げた。公家たちは仰天した。この時、譲位を受けた興子内親王はわずか七歳だった。

後水尾は、中宮御所を仮の院御所と定め、中宮御所に移った。移ったと言えば聞こえはよいが、実際は逃げ込んだというに等しい。おそらく中宮和子に、秀忠への取りなしを頼んだものだろう。久保貴子氏は、「譲位だけは自分の意志で完遂したいという天皇の悲愴な思いがあった」としている（久保前掲書）が、いざ譲位をしてみると不安が襲ってきたのだろう。

怒る秀忠

果たして京都所司代板倉重宗は、中宮御所の門を閉じ、女出入りの切手を停止した。そして重宗は、和子に伺候し、突然の譲位は「中々廃亡、言語道断」のことと批判しつつ、江戸からの返事を待つと述べた。そして事情を江戸に報告し、秀忠・家光の返事を待った。和子は、父秀忠への取りなしの書状を中宮附・天野《あまの》長信《ながのぶ》に託した。

後水尾院像（御寺泉涌寺所蔵）

天野は、十一月十二日夜に江戸に到着し、翌日、土井利勝邸に参上し、譲位のことを報じた。しかし、秀忠・家光の機嫌は悪く、しばらくは拝謁も許さなかった。

実際、この報告を聞いた秀忠が激怒したことは、細川忠興が「始めは事の外御腹立にて候ひつれども」と書いていることで知れる（『細川家』三―七八五）。貞享暦《じようきようれき》の作者安井算哲《やすいさんてつ》（渋《しぶ》川春海《かわはるみ》）は、『新蘆面命《しんろめんめい》』に次のようにも書いている（熊倉前掲書）。

大御所徳川秀忠はおおいに機嫌を損じて、旧例のように、上皇を隠岐《おき》にでも流すべきではないか、といわれた。

さすがに譲位しただけで上皇を隠岐に流すとまで言ったとは思えないが、激怒すると前後を忘れてしまう秀忠の性格をよく示している逸話ではある。

十二月二十三日、天野はようやく秀忠・家光に拝謁が許され、秀忠から和子宛の返書が託された（「大猷院殿御実紀」巻一四）。

崇伝は忠興に、「（最初は激怒したが）左候て別に御沙汰なさるべき様もこれ無きにより、何と成れ共　御心任せと御意」だったと伝えている（『細川家』三―七八五）。和子からの願いに、秀忠はやむなく後水尾の行動を追認する意向を示したのだろう。天野は二十六日夜に京に着き、翌日、重宗に秀忠の意志を伝え、和子に上申した。翌寛永七年、幕府は板倉重宗を江戸に召還し、一月二十六日、重宗は京を発った。

しばらく動きはなく、この年七月頃になっても、「院様を前のことく　御位へ　御直しなされ候様にと　御内意の由」というような噂もされていた（『細川家』三―八二二）。

しかし秀忠は、七月十三日、明正天皇の即位式の件、院御所の件、摂家衆への申し入れ、和子（東福門院《とうふくもんいん》）の御所の件などを列挙した一五ヵ条の覚書を重宗に託している。結局はいかに先例に基づいて明正天皇の即位式を行うかが問題になっていたのだろう。八月二日、重宗は京に戻った。二月に病に落ちていた中和門院は、七月三日に没していた。

明正天皇の即位

明正天皇の即位（「御物 御即位行幸図屏風」宮内庁所蔵）

二十日、土井利勝・酒井忠世・伊丹康勝《いたみやすかつ》・林羅山《はやしらざん》が即位のための上洛の暇を与えられた。勘定頭《かんじょうがしら》の伊丹は、仙洞御所《せんとうごしょ》造営のための派遣である。

九月十二日、明正天皇の即位の儀が行われた。十六日には、利勝らが摂家らへ対し上意の趣を伝えている。その中で秀忠の気持ちを伝える部分は、以下の通りである（『本光国師日記』）。

当今様御壮年の儀に候間、目出度く太子出来させられ、能き時分を以て御譲位・御即位然るべく思し召し候処に、旧冬俄《にわか》に　御譲位なさる儀、驚き思し召し候、

兎角《とかく》仰せ上らるべき様も御座無くに付きて、叡慮次第と　思し召し候、

〔現代語訳〕天皇様はまだ御壮年なので、この後めでたく太子がご誕生になり、よい時分に御譲位・御即位があればよいと秀忠様が御考えになっていたところ、旧冬にわかに御譲位されたということで驚きになられた。とかく仰せ上げられることもないので、天皇の御考え次第と思っておられる。

秀忠は、後水尾の決心が固い以上説得もできないとあきらめたのである。ただ、その代わり、「御家門（摂家）方仰せ合わせられ、御異見仰せ上げられ、御政退転無く」と、今後は摂家が朝廷の運営に責任を持って行うよう申し入れている。

十一月には仙洞御所が完成し、後水尾上皇が移った。

この事件の責任者として、後水尾の側近だった武家伝奏中院通村は罷免され、幕府に近い日野《ひの》資勝《すけかつ》が武家伝奏に据えられた。ただし、朝廷が罷免の理由を尋ねても、幕府は後水尾譲位のためだとは言っていない（『本光国師日記』）。やはり、朝廷に対してはそれなりの遠慮があったものだろう。

後水尾は謹慎状態に

これ以後朝廷では、しばらくは後水尾上皇の院政《いんせい》ではなく、五摂家中心の朝廷運営がなされた。後水尾の院政は、寛永十一年の家光上洛後からで、この年閏七月二十三日に、「官位昇進以下の朝政、何事も院の御はからひたるべきよし」（「大猷院殿御実紀」）とされた

（久保前掲書）。秀忠が没するまでは、後水尾はなかば謹慎の状態が続いたのである。

後水尾の譲位の理由については、紫衣事件への不満だったというのが通説だが、腫物を患っていたことが大きかったのではないか、とも推測されている。天皇は灸治《きゅうじ》ができないので、譲位したというのである。また、天皇の女官が出産した皇子・皇女が、幕府の手の者によって秘密裡に押し殺されていることへの嘆きなどが指摘されている。譲位以前に生まれた子どもはすべて和子の腹であるが、譲位以後は側室の腹から二四人もの子どもが生まれていることから考えて、この情報には真憑性がある（熊倉前掲書）。

当然、紫衣事件への不満や皇子・皇女の押し殺しに対する不満はあっただろう。しかし、後水尾が幕府に抗議の譲位をしたと言うより、むしろ本当に病気が気にかかっており、いったんは幕府も認めた譲位をすぐにでも実現したいと思い詰め、後先を考えず譲位を強行したのではなかっただろうか。

秀忠にとって見れば、孫娘が天皇になったのだから、これほど好都合なことはなかったとも言える。しかし女性天皇である明正天皇は一代限りのことであり、秀忠は和子の皇子誕生を待ちたかった。そのため、後水尾の勝手な行動に怒ったのである。秀忠にとって、七歳の明正の即位は、世間の評判を考えても好ましいことではなかっただろう。しかし、結局は後水尾の行動を追認せざるを得なかったのである。

五　朱印船の紛争と奉書船貿易

オランダ貿易の中断

一六二五年一月、タイオワン総督マルティヌス・ソンクは、タイオワンに新しい町の建設を始め、港湾を整備した。タイオワンは、現在の台南《たいなん》の外港安平《アンピン》で、これまでも日本船が航行していた。そのため日本船に、一〇パーセントの輸出税を課すことにした。

オランダ人より先にこの港に出入りしていた朱印船《しゅいんせん》貿易家たちは、この関税に大いに不満で、紛争になった。

寛永三年（一六二六）九月、オランダ商館長ナイエンローデの助手クーンライト・クラーメルが上洛した時、松平正綱《まさつな》・永井尚政・井上正就は、平戸藩《ひらどはん》主松浦隆信《まつらたかのぶ》に「オランダ人は長崎商人との紛争が落着するまでは拝謁ができない」と告げている。隆信は土井利勝が拝謁を許すと言っていると弁明し、クラーメルが、淀城で家光に、二条城で秀忠に拝謁し、献上品を贈ることができた。

タイオワン事件

一六二八年六月、末次平蔵《すえつぐへいぞう》（茂房《しげふさ》）船の船長浜田弥兵衛《はまだやひょうえ》は、タイオワンに入港したが、タイオワン総督ノイツの嫌がらせで出航の許可がでないので、隙を見てノイツを捕らえ人質とした。ノイツは、部下に抵抗しないよう頼み、ノイツを釈放する代わりに、ノイツの実子ラウレンス・ノイツ、商務員ピーテル・ムイゼルら五人を人質として日本人に渡し、浜田も日本人五人を差し出し、それぞれの船で日本に航海することとした。二艘の船が長崎に着くと、末次平蔵は、オランダ人の人質を解放せず、大村《おおむら》の牢獄に送り、平戸オランダ商館は閉鎖され、周囲には見張りが付いた。平蔵は、ナイエンローデに手紙を書かせ、ポルトガル人に託して送った。

こうして平戸のオランダ貿易は、この年から中断することになる。

朱印船の紛争

これと同じ年の一六二八年五月、シャム（タイ）のアユタヤで長崎町年寄高木作左衛《たかぎさくざえ》門《もん》の朱印船がスペインの艦隊に撃沈された。これは、一六二四年、ドン・フェルナンド・デ・シルヴァの船が撃沈された報復の巻き添えになったものだった。作左衛門の船は、積み荷の鹿皮・蘇木《そぼく》などを奪われ、日本人船員四二人はマニラへ連行された。

長崎にこの知らせが届くと、幕府は、ポルトガル船二艘に出帆の準備を命じ、少数の人だけ乗せて一艘はマニラに、一艘はマカオに送ることを命じた。「将軍は朱印状の権威が侵害されたことに立腹し、その賠償を要求するつもり」だと推測されている。長崎に残っている商館長・商人・船員、その資金などすべての財産は、マニラやマカオからくわしい決定が届くまで差し押さえとなった。

一六二九年、マニラのスペイン総督は、アユタヤから送られてきた日本人捕虜を、中国のジャンク船で日本に送り返すことにした。ところがこの船は、マニラ湾を出ると、警備のためにマニラから出帆していたスペイン船に撃沈された。日本人捕虜は、このことが日本に知られないよう全員が海に沈められた。

このため幕府は、この年マカオから長崎に送った二艘のポルトガル船を抑留した。一六三〇年、この事態を打開するため、マカオから特使ドン・ゴンサロ・デ・シルヴェイラが派遣された。長崎奉行竹中重義《たけなかしげよし》の奔走で、抑留されていたポルトガル船は出帆を許され、これまでなかったほどの資金を積んで出帆した。

オランダ貿易再開

一方、オランダ貿易であるが、一六三〇年、バタビア総督ジャック・スペックスは、日本滞在の経験のあるウィレム・ヤンセンを特使として日本に送った。この年平戸に到着したヤンセンは、寛永八年（一六三一）一月十日、江戸に到着し、年寄たちの会議で弁明した。こうしてオランダとの貿易断絶も、打開の見通しが立った。

一六三一年八月二十九日、ヴァタビア市民の派遣したペールル号が平戸に入港し、貿易が許された。これには、松浦隆信を援助した土井利勝の働きが大きかった。

奉書船貿易の開始

寛永八年六月、幕府は、朱印船貿易家に対して老中の奉書を携行することを命じた。いわゆる「奉書船貿易」の開始である。日本側の史料では、『寛明日記《かんめいにっき》』寛永八年六月二十日条に以下のように記されている。

是より已前御朱印にて異国渡海の分、重ねて商船差し渡すに於いては、竹中采女方《(重義)》へ、当年より奉書差し添ふべきの旨、重ねて御治定也、

この奉書船貿易のあり方は、『平戸オランダ商館日記』一六三四年五月七日条に次のように書かれている。

角倉《すみのくら》――彼のジャンク船は昨年トンキンにとどまった――は三人の主要な閣老《かくろう》、雅楽殿《うたどの》（酒井忠世）、大炊殿《おおいどの》（土井利勝）、讃岐殿（酒井忠勝）の署名した朱印状を得たが、彼はこれを長崎までしか携行しないだろう。そして、これを同地で将軍の二人の奉行に渡し、それと引き替えに、奉行はふたたび渡航許可書（パス）を渡し、彼らはこれをジャンク船で海上に携行するのである。すなわち将軍も閣老も、今後彼らの朱印状を（かってマニラのスペイン人がこれを粗末に扱ったので）海上あるいは外国に携行するのを許さぬことにしたのである

ここでオランダ人が「朱印状」と言っているのは、将軍の朱印を捺した文書ではなく、老中連署奉書であって、これは長崎で長崎奉行に渡し、長崎奉行が渡航許可書を作成して渡すのである。奉書船貿易創設の理由は、高木作左衛門船が撃沈され、将軍の朱印状の権威が侵害されたためだったことがわかる。

そして、秀忠晩年の寛永八年の時点でこの法令が出されたのは、長崎のポルトガル貿

易、平戸のオランダ貿易とも再開の見通しが立ったからだろう。この政策は、おそらく土井利勝らの決定であり、家光ではなく、秀忠の貿易政策に則った措置だと考えられる。

秀忠死後のことになるが、この後のオランダとの交渉を簡単に述べておく。

一六三二年九月、新たにバタビア総督となった日本通のジャック・スペックスは、ノイツを囚人として日本に送った。このため人質のオランダ人は許され、ノイツだけがとどめられることになった。ノイツは平戸の民家に軟禁された。幕府は台湾への朱印状は発給しなくなり、オランダ人による日本台湾貿易は大発展することになる。

第九　秀忠の晩年

一　徳川忠長の乱行

家光と春日局

寛永《かんえい》六年（一六二九）閏二月朔日、嫡男家光が疱瘡《ほうそう》を患った。在府の島津光久《しまづみつひさ》（薩摩藩世子）らは、毎日登城して見舞っている。春日局《かすがのつぼね》が生涯の薬断ちを約して快癒を祈願したというから、予断を許さなかったのだろう。しかし、ほどなく快方に向かい、島津家久《いえひさ》進上のソテツが気に入り、庭に植えさせているところを見たりもしている。

三月十七日、秀忠は、徳川忠長《ただなが》とともにお江《ごう》の墓所である増上寺《ぞうじょうじ》に参詣した。『改正武野燭談《ぶやしょくだん》』には、家光が疱瘡にかかった時、忠長の家臣がかえって喜び、酒井忠勝《さかいただかつ》が咎めたという逸話が載っているが、幼い頃の話としているので信じるに足らない。

家光自身は健康な時でも増上寺のお江の廟所にまったく参詣していない。秀忠や忠長もそれほど増上寺に参詣しているわけではないが、家光の場合は際だっており、お江との母子関係の希薄さを表している。秀忠は六月十七日にも増上寺に参詣しているが、家光は参詣していない（「大猷院殿御実紀《だいゆういんでん》」巻一三）。体調が悪いわけではなく、六月二十五日には江戸湾の海辺で船遊びをしている。

大名邸への御成

秀忠と家光は、大名邸への御成も継続して行っていた。同年四月二十六日、家光が加賀藩主前田利常《まえだとしつね》の上野の屋敷に御成し、同月二十九日には秀忠が同じ前田邸に御成した。五月二十三日には家光が徳川忠長の屋敷に御成し、六月一日には秀忠が忠長邸に御成した。忠長が江戸にいた時の秀忠・家光・忠長の関係は、しばしば御成も行っていて、非常に良好に見える。

八月十五日には、秀忠が水戸頼房《よりふさ》の屋敷に御成している。これは秀忠だけで、楽しみのためだったと思われる。秀忠も家光も、頼房の屋敷には比較的多く御成しており、他家への御成に相伴《しょうばん》することも多く、親密な関係だったことがうかがえる。

外様《とざま》大名では、寛永七年四月十一日、伊達政宗《だてまさむね》邸に御成し、二十一日には島津家久《か》邸に御成している。島津邸には、十七日、秀忠に先立って家光も御成している。家久の家老伊勢貞昌《ろういせさだまさ》が一人で差配したものといい、内々に見分した年寄《としより》たちは、屋敷作事の見事さや書院などを飾る御成道具の用意などに感心し、「あの様なる臣下これあるまじき儀」と賞賛した（『細川家』三―八〇七）。

細川忠興《ほそかわただおき》も、年寄土井利勝《どいとしかつ》から御成を受けるようにと打診されたが、謝絶している。

忠長の乱行

御成を受けるには多額の出費があり、安易に受けられるものではなかったのである。

寛永八年正月朔日、家光が年頭の御礼に西の丸に渡御した時、忠長も秀忠に拝謁した（『東武実録《とうぶじつろく》』）。その後、忠長は駿府《すんぷ》に帰った。二月初旬のことだったようである。駿府での忠長の行状《ぎょうじょう》について、細川忠利《ただとし》の書状（『細川家』一〇―四一二）に次のようなことが書かれている。

駿河大納言《だいなごん》様、弥《いよいよ》御手討かさなり、この十日前に小浜《おばま》民部子（光隆）御誅伐《ちゅうばつ》、その後御伽坊主《ときぼうず》も御きり候由に候、

忠利は、忠長が家臣を多く手討ちにしていることを伝え、小浜光隆《みつたか》の子を斬ったことに対し忠興は、「光隆は西国の船手頭《ふなてがしら》にされるほどの人であるのに、これはあまりな事だ」と嘆息している（『細川家』四―八四六）。こうした忠長の行状に、大名たちは「ほどなく一伯殿（松平忠直）のようになるだろう」と噂していた。

忠長の件は、注意して秀忠の耳に入らないようにされていた。家光は、三度まで使者を遣わして意見した。また直接にも二度意見したが、その時は同意するのだが、また家臣を手討ちにする。この頃では駿府の町に出て辻斬りもしていたらしい。家光は、不慮のことがあればいかがかと考え、秀忠に相談した。秀忠は、「まったく知らなかったことで、とかく将軍の意見を聞かないのは沙汰の限りだ」と言い、忠長を見放した。しか

し家光はなおあきらめず、酒井忠世《ただよ》と土井利勝を遣わして忠長に厳しく意見をした（『細川家』一〇—四一三）。

しかし、これが逆に彼を刺激した。使者を帰した忠長は、お傅役《もりやく》の内藤政吉《ないとうまさよし》（年寄内藤忠重《ただしげ》の弟）が知らせたと思いこみ、にわかに具足《ぐそく》・甲をつけ、政吉を斬ろうとした。政吉はかろうじて逃げたが、忠長は、仕えていた禿《かぶろ》（少女）を唐犬に食わせたり、侍女を酒で責め殺したりして鬱憤を晴らした。側近の者は、忠長がすぐ具足をつけて成敗すると言い出すので、病気と称して出仕しなくなった。そのためかえって機嫌が悪く荒れ狂い、ついには小さな子どもが一人側にいるだけで、誰も出仕しなくなった（『細川家』一〇—四一九）。

忠長を勘当

三月末、忠長は秀忠に、付け家老の朝倉宣正《あさくらのぶまさ》が不届であるから切腹させるようにと訴えてきた。秀忠は、家光と相談して、「このままでは忠長に出仕できまい。忠長をどこかに預けるから、宣正はそのまま駿河におれ」と命じた。

しかし宣正は、「家来を斬ったとて、両上様に対しての反逆ではございません。御手討ちにあうまで、どこまでも御奉公せねばならぬ私でございます。忠長様をどこかに御預けなさるのであれば、私に切腹を仰せ付けられた後にしてください」と必死で抗弁した。

秀忠は、忠長の召し預けに同意しない宣正をきつく叱り、切腹を命じようとした。秀忠の短気な部分が顔を出している。さすがに土井利勝が取りなし、酒井忠世が宣正を預かることになった（『細川家』一〇―四二一）。

すでに三月上旬には、忠長をどこかに預けることが合意されていたが、三月二十八日付けの薩摩藩江戸《えど》家老《がろう》が国元へ送った書状（『旧記雑録後編』）には、つぎのような記述がある。

当公方様《（家光）》の御舎弟駿河大納言様《（忠長）》、以ての外《ほか》人を御斬りなされ、御悪行増し候旨、相国様《（秀忠）》聞し召し付けられ、御男子の儀は御両人迄にて候間、笑止に思し召し候へ共、此の如くの御悪儀なされ候人を立て置かれ、天下の乱に及ぶべき事、道理に非ず候間、御子にてはこれ無く候条、如何様にも　将軍様より御成敗あるべきの由、仰せ出され、相国様御前は御親子の間相果て候、

〔現代語訳〕家光様の御舎弟の忠長様がたくさん人を御斬りになり、御悪行が増していると秀忠様がお聞きになり、男子は二人しかいないので困ったことだと思し召されながら、このような御悪事をなされる人をそのまま許しておき、天下の乱に及ぶことは道理のないことなので、もう子ではないので、どのようにでも家光から御成敗せよと仰せ出され、秀忠様と忠長様の御親子の縁は切れました。

処分を家光に任せる

秀忠は、断腸の思いで忠長を勘当し、処分を将軍家光に任せた。

秀忠とお江が忠長をかわいがっていたことは確かである。「台徳院殿《たいとくいんでん》御実紀」にさえ、そうした記述が散見されるからである。しかし、いくら擁護したいと思っても、罪もない家臣を斬るなどの行状を聞けば放ってはおけない。「道理のない」という発言に、秀忠の謹厳な性格がよく表れている。家光に処分を任せたのは、現将軍を尊重するとともに、さすがに自分で決断するのはためらわれたこともあったのだろう。

薩摩藩江戸家老は、こうした秀忠の措置に次のような論評をしている（同前）。

此の如く余儀無き御間にても、天下の政道には御替り無く候事、衆人の寄特与《と》仰せ奉る事に候、

親子の間でも「天下の政道」には変わりがないという秀忠の措置を、みなが賞賛しているというのである。確かにその通りであろう。

忠長は甲州へ

忠長は、付家老の鳥居成信《とりいなりのぶ》（『寛政重修諸家譜《かんせいちょうしゅうしょかふ》』では忠房《ただふさ》）の所領甲州谷村《やむら》に蟄居《ちっきょ》となった。秀忠と家光の合意の上であろう。成信は忠長の江戸屋敷に入り、正室を守護した（「大猷院殿御実紀」巻一七）。忠長の正室は織田信昌《おだのぶまさ》（織田信雄《のぶかつ》の孫、上野甘楽郡《かんらぐん》小幡藩《おばたはん》主二万石）の姉である。

五月二十九日、忠長は甲州に旅立った。家光は、「これまでの駿河の政治は鳥居成次《なりつぐ》

（成信の父）・朝倉宣正が行ったものだ。甲斐で自分の一存で政治をしてみよ。それがよければそのうち駿河へ戻してやろう」（『細川家』一〇―四二七）と告げたという。しかしこれは信じ難い。まずは行動が改まるかどうかを見るというものだっただろう。

秀忠への赦免嘆願

閏十月頃から忠長は、金地院崇伝《こんちいんすうでん》や天海大僧正《てんかいだいそうじょう》を頼ってたびたび秀忠の御勘気赦免を嘆願するようになった。崇伝は、「心中の通り、書付をもって申し入れ然るべし」と助言した。朝倉宣正は、極月十日付けで崇伝に、「御行跡残る所御座無く候間、御心やすく思し召され候」と書き送っている。そして十二月十六日、忠長は、自筆の書付を崇伝に送った（『本光国師日記《ほんこうこくしにっき》』）。

一、今度我等儀煩い故、召し遣う者共むざと申し付け、重々罷り違い候儀、唯今に
　至り迷惑仕り候事、
一、向後に於て、御年寄衆御指図次第に、万事仕るべき事、
一、右の心底うろんに思し召し候らはば、せいしゆ（誓詞）を以てなれども申し上ぐべく候
　条、御年寄衆へ仰せ談じられ給ふべく候、頼み入り存じ候、

駿河大納言
忠長御判

十二月十六日

国師

家臣を手討ちにしたことについては病気だったからと弁解し、反省していること、今後は幕府年寄の指示に従うこと、これを疑うのであれば誓詞《せいし》をあげてでも申し上げることを告げ、崇伝の取り成しを期待している。

忠長の最期

蟄居となってようやく自己の行動を反省したようだが、秀忠の病は重篤だったのでこれが秀忠に披露されたかどうかは明らかでない。秀忠自身は、忠長を簡単に許すつもりはなかった。忠長は秀忠の死に目にも会えず、後に改易《かいえき》されて上野高崎《たかさき》に移され、寛永十年十二月八日、兄家光によって自害を命じられることになる。享年二十八だった。

二　秀忠の病気と死

秀忠の大御所政治

秀忠が将軍職を家光に譲った時、幕府の課題はほぼ解決し、理想的な形で政権の引継ぎができたはずだった。寛永三年（一六二六）には二条《にじょうじょう》城行幸を挙行し、太政大臣《だいじょうだいじん》にも昇任した。この頃の秀忠には風格が感じられる。威令は全国に行き渡り、心に余裕もでてきた。

しかし、その後は不幸なことが連続して起こった。正室・お江が没し、朝廷では後《ご》水尾《みずのお》天皇が突然譲位する。これにより孫娘の明正《めいしょう》天皇が即位することになったが、望んだことではなかった。ポルトガルやオランダなど、外国との紛争も相次いで起こった。幸い家光の疱瘡は大事には至らなかったが、その後、忠長の問題行動が表面化し蟄居させざるを得なかった。最高権力者であっても家族のことはなかなか思うようにはいかなかったのである。

秀忠の病

秀忠は、家光が疱瘡を患っていた寛永六年頃から、左の乳の皮肉の間にかたまりができていた。しかし、それはまだ大したことではなく、寛永七年十一月十八日、秀忠は東《とう》金《がね》あたりに狩りをするということで、江戸城を発った。二十日には、天皇へ白鳥、院・太后へ黒鶴各一羽を献上している。島津家久も鶴を拝領している。十二月三日、秀忠は東金の狩り場から土井利勝の領地古河《こが》を訪れ、利勝から昼餉《ひるげ》を献上された。江戸に帰ったのはその翌日である。

体調をますます崩す

寛永八年二月十二日、忠長の行状を聞いた時、秀忠の胸のかたまりが再発し、たいへんな激痛に悩まされたという。延寿院《えんじゅいん》（今大路《いまおうじ》正紹《まさつぐ》）の薬を用いると痛みが増すので、胸に灸《きゅう》を据えると、腫れ物が後ろに回ったという（『細川家』一〇―四二〇）。

四月一日、秀忠は平癒したということで、西の丸で諸大名の拝賀を受けている。しかし、その後、秀忠の体調は下降線をたどっていった。

六月はじめ頃から、秀忠は再び胸の痛みに悩まされるようになった。土井利勝は、毎朝早々に登城してご機嫌をうかがっていた。六月二十三日には、秀忠の病気のため、医者岡本啓迪院《おかもとけいゆういん》が薬を調進した。七月一日には、鍼治を受けている。

七月十三日、松平定綱《まつだいらさだつな》は島津家久に、「（大御所《おおごしょ》様）節々御痛み御座候」ということで、「御寸白《すばく》気之由」（『島津家』六―一二四二八）だと知らせている。「寸白」は、寸白虫（さなだ虫）によって起る病気で、症状としては浮腫や下腹部疼痛がある。七月十九日からは、大名たちが毎日、見舞いの登城を行っていた。この頃は、いよいよ御気色が悪いようだった（『島津家』六―一二四二七）。

七月三十日、秀忠は胸痛の発作を起こした。岡本のほか、久志本式部《くじもとしきぶ》・半井通仙院《なからいつうせんいん》・武田道安《たけだどうあん》の四人で相談し、薬を調進することとした。医師団の体制から、かなり重病であることがわかる。八月三日、年寄（酒井忠世・土井利勝・酒井忠勝・永井尚政《ながいなおまさ》）連署《れんしょ》で諸大名に秀忠の「寸白」を伝え、見舞いの参府は「堅無用」と命じた。秀忠の病状が重いことから、緊張感がうかがえる。

その後、少し回復したが、十二月十四日、秀忠は、就寝中ににわかに再び胸痛の発作を起こした。これはかなり深刻で、尾張・紀伊・水戸の三家《さんけ》が登城して見舞っている。三家は話し合い、久志本に薬の調進を任せることとした。この日から三家は連日のように登城し、秀忠の容態をうかがっている。

寛永九年正月元日、秀忠は、病中のため、袴のみを着し、御座所で諸大名に対面した。こうした時でも年頭の対面を行うところに、秀忠の律儀な性格が表れている。しかしこれが最後の頑張りだった。

秀忠死す

正月十二日、秀忠は、牛黄円《ごおうえん》のみを服用し、煎薬を呑むことを拒否したため、久志本の薬は止め、岡本が薬を献じることになった。秀忠は、二十日からは薬も受け付けなくなった。二十三日には危篤となり、二十四日亥刻（午後十時頃）、ついに没した。享年五十四だった。

葬儀の法会は倹約を旨とし、霊牌一つのほかは何も新しく作ってはならないという遺命があった。

翌二十五日、家光は、天海大僧正と金地院崇伝を西の丸に召し、「火葬《かそう》にするか土葬《どそう》にするか、宜しきように相談して申し上げよ」と命じた。二人は、「葬礼の作法以下は事難しく、人目もどうかと思われるので、夜中に密々に土葬し、以後のお弔いはいかようにも結構に仰せ付けられるのがよろしいでしょう」と言上した。こうして秀忠の遺骸は、深夜、密かに増上寺の廟所に納めることとし、葬儀の日は二十七日と決められた。

森川重俊の殉死

同日、秀忠付き年寄の森川重俊《もりかわしげとし》は、自宅で殉死した。重俊は、共に秀忠に親しく召し使われた小堀遠州《こぼりえんしゅう》・竹中重義《たけなかしげよし》・水野守信《みずのもりのぶ》に次の遺書を残している（『伊達家』二―九三六）。

台徳院殿勅額門（狭山山不動寺）

秀忠様の御他界、諸人の嘆きはこれ以上のことはないでしょう。私は、ご存じのように御勘当を赦免され、重く召し使われてきて、この上は御恩報じすることもできないので、御後を追って御供することにいたします。命は惜しく、子供も不憫ですが、秀忠様の御恩にはこれでも足りません。二、三代に御仕えした者の内で私ほど御恩を受けた者はおらず、外の者と比べることはできません。今はあるべき行動を心にかけていますので、とりあえずの御挨拶をします。御なごり多いことです。

罪を赦免されて年寄として召し使われ、またおそらくは秀忠と衆道《しゅどう》関係にあったことから決意したものだろう。小堀・竹中との関係も興味深い。

秀忠に殉死したのは森川のみだが、西の丸で秀忠に仕えていた者たちはみな剃髪した。崇伝は、「将軍様周章《（愁傷）》、下々諸人十方《（途方）》御座無き体に候」（『本光国師日記』）と周辺の嘆きを忠長に伝えている。

秀忠の葬儀

二十七日亥刻、秀忠の霊柩は、西の丸を出て増上寺の仮殿に移された。土井利勝と一〇人ほどの近習《きんじゅう》が付き添ったが、僧侶は一人も供奉《ぐぶ》しなかった。松平正綱《まさつな》と伊丹康勝《いたみやすかつ》が万事を奉行《ぶぎょう》し、持弓頭内藤正重《まさしげ》・持筒頭高木正次《たかぎまさつぐ》が、与力《よりき》・同心《どうしん》を率いて警固した。諸大名や旗本《はたもと》も集まってきたが、お伴することは許されなかった。

二月六日、中宮和子《まさこ》へ金二〇〇〇枚・銀一万枚、天樹院《てんじゅいん》（千姫《せんひめ》）へ金五万両・銀二万枚をはじめとして娘たちや養女など所縁の女性に遺産分けが行われた。七日から二十六日までは、諸大名以下、幕府勤務の下々に至るまで広く遺産分けが行われた（『本光国師日記』『東武実録』）。秀忠の遺物のほか、総計で大判金五七九二枚、小判金一三万一九七二両、銀四万一四五枚という大金が配分された（根岸茂夫『近世武家社会の形成と構造』）。

同月十五日から増上寺で秀忠の法事が行われ、同月二十四日に結願した。同月二十日には、勅使西園寺公益《さいおんじきんます》、院使正親町三条実有《おおぎまちさんじょうさねよし》、国母使広橋兼賢《ひろはしかねかた》が参府し、「台徳院殿贈正一位」の勅号が贈られた。

第十　秀忠の家族

一　正室お江と男子

秀忠の正室は、すでに述べたように北近江の戦国大名浅井長政《あさいながまさ》の三女・お江《ごう》（崇源院《すうげんいん》）である。お江の長姉は豊臣秀吉の側室淀殿《よどどの》、二番目の姉は京極高次《きょうごくたかつぐ》の正室お初《はつ》（常高院《じょうこういん》）である。両者の結婚は、秀吉の強い意志で行われたものである。

政略結婚であるが、秀忠とお江の夫婦仲は良好で、二人の間には二男五女が誕生した。また、この時代の人には珍しく、秀忠には側室がほとんどいなかった。

秀忠が女性に潔癖だったことを示すエピソードがある（『台徳院殿御実紀《たいとくいんでんごじっき》』巻一）。秀忠が、家康の御機嫌伺いのため駿府《すんぷ》に赴いた時、家康は側室の阿茶局《あちゃのつぼね》に命じて夜伽《よとぎ》の女性を秀忠のもとに遣わさせた。しかし秀忠は、その女性が持ってきた菓子を一口食べ、戸口まで送って帰らせた。これを聞いた家康は、「将軍には例の律儀人か。私は梯子をかけても及びがたい」と言ったという。

多くの側室を持った家康と、側室を持たない秀忠の違いをよく表している逸話である。

初めての男子長丸

しかし、秀忠が、まったく他の女性と関係がなかったわけではない。慶長《けいちょう》六年（一六〇一）に生まれた長丸《ちょうまる》は、お江との間の子ではなかった。

母親は「家女」とある（「徳川幕府家譜」『系譜』一）だけで、名前も出自も明らかでない。同じ年には勝姫《かつひめ》が産まれているから、お江の出産時、つまり秀忠の側にお江がいない時期に側に仕え、秀忠が手をつけたのだろう。庶子《しょし》とはいえ初めての男子誕生ということで、秀忠の幼名と同じく「長丸」と名付けられた。長丸の母は、すぐに江戸城から出された。長丸は、翌年九月二十五日に夭逝した。

このことがあってから、秀忠は、まったく側に女中を近付けなかった。先の駿府でのエピソードも、そうした秀忠の態度を伝えたものであろう。

家光

慶長九年七月十七日、秀忠とお江の間に待望の男子が誕生した。同年七月二十六日付けで淀殿が慶光院《けいこういん》の周養上人《しゅようしょうにん》に送った手紙には、次のように書かれている（「慶光院文書」神宮徴《ちょう》古《こ》館《かん》所蔵）。

ここほと秀頼ふたりなから、そくさいに御入候。御心やすく候へく候。ゑとにも、わもしをする〳〵とたんしやう（誕生）にて御入候。御心やすく候へく候。めてたく、又、かしく。

福田千鶴氏は、お江が慶長七年七月に初を産んでいることから、一年後に無事に出産することは難しいとして、その生母は別の女性であると推考している（『徳川秀忠』）。しかし、一年後ならば出産の可能性はある。家光がお江の出産であることを疑う史料はなく、家康の幼名「竹千代《たけちよ》」と名付けられていることなどから考えて、正室お江の出産と考えた方がよい。

竹千代は、徳川家の嫡子として、乳母の稲葉福《いなばふく》（明智光秀家臣斎藤利三《さいとうとしみつ》の娘、後の春日局《かすがのつぼね》）によって育てられた。幼い頃は「いと小心におはして、温和にのみ見え給ひし」（「大猷院殿《たいゆういんでん》御実紀」附録巻一）とされ、両親の愛情は「御幼稚並にこえて、聡敏にわたらせ給」う弟の国松《くにまつ》に注がれたという。竹千代が世継ぎに決まった事情については後述する。元和《げんな》六年（一六二〇）九月、上洛中に元服して家光を名乗り、正三位権大納言に叙任された。名前の字の選定を命じられた金地院崇伝《こんちいんすうでん》は「家忠」を選進したが、武家伝奏から「家忠」は花山院《かざんいん》家祖の名だと告げられ、改めて「家光」の文字を選進したところ、大いに御気色にかなったという（「台徳院殿御実紀」巻五三）。同九年七月十三日上洛し、同月二十七日将軍宣下《せんげ》を受け、父秀忠の後を継いで三代将軍となった。

慶長十一年五月七日、お江に二人目の男子が誕生した。「徳川幕府家譜」では、幼名を「国千代丸《くにちよまる》」「国松丸《くにまつまる》」としているが、「国松」とする史料も多い。

兄の竹千代が乳母を付けられたのに対して、秀忠とお江の二男である国松はお江のもとで育てられた。そのためお江の愛情は国松に注がれ、一時は兄を差し置いて世継ぎになるのではないかとの観測も生じた。

国松は元和二年、甲斐に一八万石が与えられ、同六年九月、兄とともに元服して忠長《ただなが》を名乗り、従四位下右近衛中将兼参議に叙任された。同九年七月には従三位権中納言に進み、寛永《かんえい》元年（一六二四）七月十二日には、駿河・遠江二国を加増されて五〇万石の領主となり、駿府城を与えられた。同三年八月、秀忠・家光の上洛に供奉し、従二位大納言になり「駿河大納言」と称された。その後の不行跡などは、すでに述べてきた通りである。

保科正之の誕生

同十六年五月七日、秀忠に四番目の男子が誕生した。母はお静の方という。「幕府祚胤伝《ばくふそいんでん》」（『系譜』二）によると、お静の方は、板橋郷竹村《いたばしごうたけむら》の農人神尾伊予栄加《かんおいよえいか》という者の娘で、秀忠の乳母に仕える女中だった。秀忠はお静を気に入り、自分の側に勤めさせ、ほどなく懐妊したという。生まれた男子は、信勝院尼《しんしょういんに》（家康の側室下山殿《しもやまどの》の妹）が養育した。

「玉輿記《たまのこしき》」（『史料徳川夫人伝』）では、お静の方の父は板橋郷竹村の大工の娘だとする。親が貧窮だったので、大奥に下女奉公に出て、その後、大奥女中の召使いとなり、秀忠の目に留まったという。下女奉公に出た大工の娘が秀忠の寵愛を受けるというのは考え

秀忠の拝殿・廟所とお江の御霊屋
（「江戸図屛風」国立歴史民俗博物館所蔵）

にくいので、もと後北条氏《ごほうじょうし》に仕え、後北条氏滅亡後帰農していた神尾伊予という者の娘だったという方がもっともらしい。また下女奉公よりも、乳母に仕えていたという方があり得るが、真相はわからない。この記事には続けて「お江は常に御嫉妬深く、秀忠も気をつけていたのだが、思いもかけずお静が懐妊した」と記している。うろたえた秀忠は、お江の怒りを恐れ、密かに信勝院尼を頼り、お静の方を預かってもらった。お静の方は、足達郡大間木村《あだちぐんおおまきむら》に置かれ、慶長十六年五月七日、幸松丸《こうまつまる》を産んだ。

同十八年、秀忠の内命で、幸松丸は、見《けん》性院《しょういん》（武田信玄の娘で穴山梅雪《あなやまばいせつ》の妻）に養われることになり、田安《たやす》の屋敷に移った。

元和三年、秀忠は、信濃高遠藩《たかとおはん》三万石の保科正光《ほしなまさみつ》に、七歳になった幸松丸を養育するよう命じた。保科家はもと武田家の家臣だったから、見性院が頼んだようである。正光は、幸松丸を高遠に連れていき、そこで育てた。

寛永六年六月二十四日、幸松丸は参府し、はじめて家光に拝謁した。この時、お江はすでに没していた。同八年、養父正光が没し、幸松丸は高遠藩三万石の遺領を継いだ。元服して正之《まさゆき》と名乗るのは、この頃のことだと思われる。お静の方も、正之に引き取られただろう。

寛永十三年七月二十一日、保科正之は、三代将軍家光の計らいで、出羽山形城と城《しろ》付きの領地二〇万石を与えられ、別家を立てることになった。保科家の三万石は、正光の弟正貞《まささだ》が継いだ。正保《しょうほう》元年（一六四四）、正之は奥州会津《あいづ》二三万石を与えられた。

正之は家光の弟として、家光死後は四代将軍家綱《いえつな》の後見として重んじられた。お静の方は、会津藩の三田《みた》屋敷で晩年を送ったとされる。正之の立てた保科家は、子の正容《まさかた》の代に松平《まつだいら》の称号を与えられ、家門大名としての地位を確立した。

二　家光と忠長

秀忠とお江は、おとなしい竹千代よりも利発な国松を寵愛し、国松を跡継ぎと考えていた時期があったことはよく知られている。

危機感を持った家光の乳母・春日局は、伊勢参りを口実に駿府の家康に謁見し、竹千代のことを嘆願した。捨ててはおけないと考えた家康は、江戸に来て、秀忠夫婦に竹千代を跡継ぎにするよう諭した。こうした話は、『改正武野燭談《ぶやしょくだん》』などに書かれているが、年代が書かれていない。

藤井譲治氏は、慶長十六年（一六一一）十月二十四日に家康が江戸城本丸に渡御した時は竹千代と国松を対等に扱っており、次に家康が江戸を訪問したのは元和元年（一六一五）十月十日で、それ以後、竹千代と国松の扱いに差が生じているので、春日局の嘆願は元和元年だとする（『徳川家光』）。福田千鶴氏もそれを支持している（『春日局』）。

家康がどのような行動をしたかは、「大猷院殿御実紀」巻一の家光の生い立ちを述べた部分に次のように書かれている。

駿府にいた家康は、あるとき、竹千代兄弟に久しく会っていないので、なつかしいと仰せになって、江戸にいらっしゃった。秀忠夫妻が竹千代と国千代《(松)》の兄弟を引き連れて御前に出た時、家康は、「竹千代殿はこれへ、これへ」と手をとって上段に上らせた。国松も同じように上段に上ろうとすると、「いやいやもったいない。国はあそこに」と、はるかに下段に座らせた。その後、お菓子を勧めた時も、「まず竹千代に進らせよ。その次に国にも遣わせ」など扱いに差をつけた。これは、嫡庶の分を正しくしようという家康の思し召しだったことがわかる。
もし家康の行動がこのようなものだったとしたら、慶長十六年と元和元年とどちらがふさわしいだろうか。

慶長十六年に決定

慶長十六年では、竹千代が八歳、国松が六歳、元和元年では竹千代が十二歳、国松が十歳である。家康の両人に対する扱い方は、幼い者に対するものにように感じられ、国松も十歳にもなれば分別があるはずだから、兄に続いて素直に上段に上ろうとするのは違和感があり、元和元年のこととするのには疑問が残る。
そこで、この事件を『駿府記』で確認すると、慶長十六年十月二十四日の記事に次のように記されている。

御本城に渡る。幕府(秀忠)御迎えとして大門出御に及ぶ。御若君、御弟、御座席の縁上に至りて出向、大御所《おおごしょ》の左右御手を執り給ふ。然りて御台所《みだいどころ》御対面あり。其後、垸《おう》飯《ばん》を饗す。山海の珍《ちん》を尽くし給ふ。幕下御相伴《しょうばん》有り。本多佐渡守(正信)御前に候し御挨拶申すと云々。天下政務の御雑談有りて大御所還御と云々。

家康は、左右に竹千代と国松の手を握っている。「大猷院殿御実紀」などに書かれる情景に似通っている。
それでは『駿府記』慶長二十年の記述はどうであろうか。十月九日に家康が神奈川に着くと、秀忠は江戸から神奈川まで出迎えに行き、対面した。秀忠はすぐ江戸に帰り、家康は十日に江戸の新城に着いた。諸大名は道筋で出迎えた。そして、次の記述が続く。

　十一日、将軍家新城に渡御し御対面、御閑話刻を移すと云々、

　十五日、大御所本丸渡御と云々、

ここには竹千代も国松も出てこない。ただし、「台徳院殿御実紀」では、二人が新橋《しんばし》まで出迎えたとするが、出典は『駿府記』と『武徳編年集成《ぶとくへんねんしゅうせい》』で史料的根拠が弱い。また家康は、秀忠と御閑話したあとは鷹狩り三昧である。これに比較すると、わざわざ竹千代と国松に言及している慶長十六年の方が、跡継ぎ決定の時期としてふさわしいように思う。「天下政務の御雑談」とは、まさに竹千代を跡継ぎに決定するというまさに重大な政務のことを指しているのではないだろうか。

藤井氏は、元和元年まで二人の間に差がつけられていなかったとするが、「大猷院殿御実紀」巻一の慶長十七年、竹千代九歳、国松六歳の時、「嫡庶の内評ましましければ、……御甲冑《かっちゅう》始めの礼行われし日におよんで、春日局(まだお福)、忠俊(青山)等悦大方ならず」と書かれている。これは、家光が跡継ぎに決定した御甲冑始めの礼だったから、お福たちが喜んだのではないだろうか。

このように、残された史料からは、慶長十六年十月二十四日に家康が竹千代を跡継ぎ

にするよう示唆し、その後、慶長十七年の頃に秀忠もそれに従ったとする方が妥当だと考えられる。

三　秀忠の娘

千姫

秀忠とお江には、五人の実の娘がいた。その人生を順に見ていこう。

長女千姫《せんひめ》は、慶長二年（一五九七）四月十一日、伏見城《ふしみじょう》で生まれた。いまだ豊臣秀吉存命中のことである。

慶長五年の関ヶ原合戦、同八年の徳川家康の征夷大将軍補任《ぶにん》によって豊臣家と徳川家の勢力関係は逆転したが、家康は、この年七月二十八日、かねてからの約束通り千姫を秀吉の遺児秀頼に嫁がせた。この時千姫は七歳であった。

婚儀は、伏見から大坂まで黒田長政《くろだながまさ》から西国大名が警護する中を、大久保忠隣《おおくぼただちか》が乗輿に随い、浅野幸長《あさのよしなが》が千姫を迎えた。この人の配置でもわかるように、徳川家の勢力はいまだ完全なものではなく、豊臣恩顧の大名への懐柔策として、千姫を豊臣家へ渡したのである。

そして、その一一年後、大坂の陣が起こる。大坂の陣についてはすでに述べたように、もと主家である豊臣秀頼を滅ぼそうという家康の計略だった。慶長二十年五月七日、大坂城が陥落し、秀頼が自害して終結した。それまでの秀頼と千姫の間には子がなかった。この時彼女はいまだ十九歳の若さである。

翌元和二年（一六一六）九月二十九日、千姫は、姫路《ひめじ》城《じょう》主本多《ほんだ》忠政《ただまさ》の子忠刻《ただとき》と再婚した。忠政の妻は家康の長男信康《のぶやす》の娘であった縁からこの婚儀が実現したようである。このとき忠刻は、大手前に邸地を賜い、千姫には化粧料として一〇万石が与えられた。

千姫は、再婚した本多忠刻との間に一男一女をもうけ、娘は成長して後に池田《いけだ》光政《みつまさ》の室となったが、男子は夭折した。これは秀頼の怨念のせいと考えられ、元和九年、千姫は伊勢慶光院《けいこういん》の周清尼《しゅうしんに》に秀頼の供養を依頼している。しかし願文の甲斐なく、千姫に新しい子どもはできず、そのうえ本多忠刻もまた寛永三年（一六二六）五月七日、三十一歳の若さで卒去した。千姫は、同年十二月六日落飾《らくしょく》し、天樹院《てんじゅいん》と号した。以後、竹橋御《たけばしご》殿《てん》に暮らし、北の丸様と称されている。

しかし、千姫はいまだ数えで三十歳の若さである。寛永六年五月晦日には、加賀の前《まえ》田《だ》光高《みつたか》に再嫁するとの噂が大名の間で流れている。ただ、千姫がいまだ同意していないという。これを聞いた豊前小倉藩《こくらはん》隠居の細川忠興《ほそかわただおき》は、「是もかようにこれあるべき儀と存じ候」と答えている。秀忠は、娘にもう一度幸せになってほしかったのかもしれない。

しかし、彼女はもう二度と結婚するつもりはなく、夫忠刻の死んだ年に落飾した。まさに数奇な運命をたどった悲劇のヒロインである。

一方、千姫との結婚を求められた前田家では、その母がこれを非常に嫌がったという。当然であろう。光高の母、すなわち前田利常《としつね》の室は、秀忠の次女子々姫《ねねひめ》で、千姫の二歳下の妹である。慶長六年には前田利常に嫁しているが、その時数えで三歳。これも典型的な政略結婚である。政権を目の前にしていた家康は、前田家の支持を取り付けるため、孫をほとんど人質同様に前田家に送ったのである。

ただし、この噂は少しおかしい。「徳川幕府家譜」などによると、子々姫は、元和八年七月三日、二十三歳で死んでいる。光高の母は確かに子々姫だから、実母が嫌がったとは言えない。一方、光高は元和元年生まれで、この時十五歳。結婚の噂が出るのは当然であるが、相手に三十歳の千姫が選ばれるというのも少し疑問で、これは勘違いなのであろう。

しかし、重要なことは、忠興はこの噂を聞いてあり得べきこととしていることである。当時の結婚は、このような年の開きや両者の関係にかかわらず行われる可能性があったのである。前田家は一〇〇万石を領する外様《とざま》大名の雄、その嫡子《ちゃくし》の相手は将軍の娘でなければならなかった。そんなところにこの噂が出てくる原因があったのである。

珠姫

千姫は、結局再婚はせず、寛文《かんぶん》六年（一六六六）二月六日に死去した。享年七十一の長寿だった。小石川伝通院《こいしかわでんづういん》に葬られた。

次女子々姫は、前田利常の正室となり、珠姫《たまひめ》と称された。将軍家の子女は、大名に入輿してからも、「姫」の呼称で呼ばれる。

慶長五年、珠姫と利常との婚約が成立し、翌慶長六年、利常は利長《としなが》の嗣となり、その年九月晦日には、珠姫が金沢に入輿した。当然のことながら、珠姫は前田家に対する人質の意味もあるので、まだ数えで四歳という幼少の身ながら、江戸ではなく金沢に暮らすことになったのである。

前田利常は、元和年間のはじめ頃から、あまり江戸にいることがなかった。大名の義務として参勤交代《さんきんこうたい》は行うのだが、利常が江戸に行くと、珠姫は寂しくなって、すぐに江戸に飛脚《ひきやく》を遣わし、幕府に「早々御いとまを御訴訟有」ったという。つまり、夫である利常に早く帰国の暇を与えてほしいと、父の秀忠に嘆願するのである。

秀忠としても、自分の都合で幼い頃から金沢へ遣っている珠姫を不憫に思っており、それを許して利常に暇を与えた。そのため、利常の江戸在府期間は、せいぜい二、三ヵ月であったという。

珠姫と利常の夫婦仲は、すこぶる良好だった。政略結婚の場合、夫婦仲も冷めていると見られることが多いが、珠姫は、四歳の時に金沢に下り、利常との良好な結婚生活を送ることを目的に育てられたから、利常を慕っていた。

利常の方も、鷹揚《おうよう》な性格だったし、珠姫と良好な結婚生活を送ることが前田家のためにもなり、また利長の弟の一人であるという自らの弱い立場を保証してくれるのが、将軍の娘の夫であるということだったから、珠姫を鄭重《ていちょう》にあつかった。このため、二人は次々に子をもうけていった。長男光高は、元和元年の生まれであるが、その前に姉が二人おり、ついで弟二人と妹二人がある。つまり珠姫は、十五、六歳の頃から七人もの子を産んだのである。

珠姫が金沢に居住したため、珠姫や若君たちの楽しみのために、浅野川《あさのがわ》と犀川《さいがわ》の河川敷に数ヵ所の芝居小屋が建った。時には金沢城に登城して演じ、おびただしい拝領物があった。これが京都や大坂で評判になり、いろいろな芸者《げいしゃ》が金沢に下った（『三壺聞書《みつぼききがき》』『加賀藩史料』）。

芸術や芸能といったものは、この時代にはパトロンがあって発展する。秀吉の時代には首都として隆盛を極めた大坂は荒廃し、政治や宗教、文化の伝統的中心地であった京都もパトロンがいなかった。そのため、一〇〇万石の城下町であり、派手好きな将軍のお姫様がいる金沢は魅力的であった。そのため、京都や大坂から芸能で身を立てる者が集まってきたのである。珠姫が国元に居住したため、金沢城下町の繁栄に劇的な効果をもたらしたのである。

しかし珠姫は、元和八年七月三日、二十四歳の若さで死去した。多くの子を産んだことが死期を早めたのかもしれない。金沢の小立野天徳院《こだつのてんとくいん》に葬られた。

勝姫

三女勝姫は、越前北庄《きたのしょう》の松平忠直《ただなお》に嫁した。元和八年、忠直を豊後に蟄居《ちっきょ》させた秀忠は、勝姫が寒い地方に住むことを心配し、江戸に呼び寄せた。江戸に出てきた勝姫は、すぐに江戸城に入ることを許されるなど、厚遇された。

寛永元年三月十五日、秀忠は、越前家一門を登城させ、仙千代《せんちよ》に二五万石を与え越後高田《たかだ》に移し、越前北庄には忠直の弟忠昌《ただまさ》が越後高田から移った（以後、福井と改称）。秀忠は、大奥で勝姫と仙千代に、仙千代が成長したら知行高のことなどは考えがある、と告げた。ゆくゆくは越前家嫡流である光長《みつなが》に越前の旧領を返そうと考えていたのかもしれない。

勝姫は、高田藩の江戸屋敷に暮らし、「高田様」と呼ばれた。勝姫の嫡子光長は、成長すると、越前家の惣領として重んじられた。長女亀姫《かめひめ》は、秀忠の養女となり、有栖川宮好仁親王《ありすがわのみやよしひとしんのう》に入輿した。

寛文十二年二月二十一日、勝姫は、七十二歳で死去した。西久保天徳寺《にしくぼてんとくじ》に葬られた。

光長が御家騒動のため改易《かいえき》になるのは、延宝《えんぽう》七年（一六七九）のことである。後に許され、越前家嫡流は美作津山藩《つやまはん》一〇万石として続いていくことになる。

初姫

四女初姫《はつひめ》は、若狭小浜藩主《おばまはん》（九万二一〇〇石余）の京極忠高《ただたか》に嫁した。京極家は、室町幕府の四職《しき》という高い家柄を誇る。父高次の姉は、秀吉の側室松の丸殿（龍子《たつこ》）、忠高は文禄《ぶんろく》二年（一五九三）生まれである。

初姫は、京極家に嫁いでから「若狭の御姫様」と呼ばれている。秀忠は、この娘を非常にかわいがっていた。ところが、寛永七年三月四日、初姫は死去した。享年二十九だった。秀忠は、しばらくはご飯ものどを通らないほどの嘆きぶりであった。

初姫の臨終の時、忠高は危篤の妻を放って相撲興行に興じていた（『細川家』三―七九九）。地位の高い妻を娶った夫の不満が根底にあるのか、あるいは当時の上層の者の結婚生活とはこのように無味乾燥なものであったのか、にわかには判断がつきにくいが、初姫もまた不幸な結婚生活を送っていたと言えよう。

初姫の病気の始まりについても妙な噂が流れている。京極邸の下々の者が長屋で初姫の悪口を言っており、それを塀越しに聞いた侍女が初姫に告げ口をし、ショックを受けた初姫が興奮して病に落ちたという。

初姫は、臨終にあたって、看取った西の丸の女房衆に、忠高がつらく当たった仕打ちを父の秀忠に伝えてくれと頼んだ。彼女らがそれを秀忠に言上しようとしたところ、家光の乳母で大奥の取り締まりをしていた春日局が止めた。悲しみと怒りにまかせて秀忠が、忠高を処分するのを避けようとしたのであろう。

初姫の葬儀は、小石川の伝通院で、秀忠によって行われることになった。この寺は、家康の生母於大《おだい》の方の菩提寺《ぼだいじ》で、京極家の墓はない。しかも忠高は、葬儀には関わらないようにとの命令まで出された。にもかかわらず、忠興の書状に「大名衆よりの香典一切これ無く候事」とあるように、将軍家は大名からの香典を受け取らなかった。初姫は京極家に嫁に行っているから、もはや徳川家の人間ではなかったからだろう。

五女和子《まさこ》は、元和六年六月十八日、後水尾《ごみずのお》天皇に入内《じゅだい》した。十五歳だった和子は、幕府によって新設された女御御殿で暮らした。

元和七年六月十五日、和子は、成人の儀式の一つである脇附《わきづけ》（装束の脇を縫い綴じる儀式）の祝いを行った。翌日には和子が御所に出向き、内侍所《ないしどころ》で互いに御酒の酌をしあった（久保貴子『徳川和子』）。翌年六月十六日には、鬢曽木《びんそぎ》の儀（髪先の毛を切る儀式）が行われた。

元和九年五月二十三日、天皇が女御御殿に行幸した。左大臣近衛信尋《このえのぶひろ》以下の公家衆が供奉《ぐぶ》した。この年十一月十九日、和子は後に明正《めいしょう》天皇となる女一宮《いちのみや》を出産した。公家衆は女御御殿に御祝いに駆けつけ、翌日からは祝いの宴が催された。幕府からは、賀使として吉良義弥《きらよしみつ》が遣わされた。

寛永三年十一月十三日、和子は皇子を出産した。すぐに親王宣下《せんげ》がなされ、高仁親王《すけひと》となった。後水尾も幕府も将来の天皇として期待したが、夭逝した。和子は、この二人を含め二皇子五皇女を出産した。二皇子と末子の菊宮《きくのみや》は夭逝した。女二宮は近衛尚嗣《ひさつぐ》に、女五宮は二条光平《にじょうみつひら》に嫁ぎ、女三宮は生涯独身だった。

後水尾が譲位した時は、和子の御所に逃げ込んだ後水尾を助け、父秀忠との間を取りなした。その後、女院となり東福門院《とうふくもんいん》と称した。明正天皇は和子の娘であるため、「国母」の地位にあった。

これ以後、和子は、京都に花開いた寛永文化のパトロンとして、公家社会に大きな影響を与えた。明正天皇の譲位後も、後光明《ごこうみょう》天皇・後西《ごさい》天皇・霊元《れいげん》天皇の養母となり、朝廷で高い地位を維持した。

久保貴子氏は、「(和子は)後水尾天皇の皇子女には常に気配りを忘れなかった。厳しい人物評価を下す近衛基熙《もとひろ》の日記にも、和子に対する非難めいた言葉は記されていない。幕府の金を多少散財したという点で、幕閣を悩ませた一面はあるものの、その生涯を公武の和に尽くしたといってもよいのではないだろうか」(久保前掲書)と評価している。その通りであろう。

延宝六年六月十五日に死去、享年七十二だった。泉涌寺《せんにゅうじ》に葬られた。

家康と同じく秀忠も、一門や重臣の娘を養女として有力大名に嫁がせている。いわば政略結婚であるが、養女であっても実の娘と同様の扱いになる。「幕府祚胤伝」によれば、次の九人の養女がいた。

秀忠の養女たち

①結城秀康《ひでやす》の娘

土佐姫。秀忠の姪（父が秀忠の兄）。慶長二年十二月十四日、大坂城で誕生し、同十三年六月十六日、養女として長州藩《ちょうしゅうはん》主毛利《もうり》秀就《ひでなり》に嫁いだ。

②小笠原秀政《おがさわらひでまさ》の娘

千代姫《ちよひめ》。秀忠の姪の子（母が家康の長男信康の娘）。慶長二年に生まれ、同十三年、養女として豊前中津藩《なかつはん》主細川忠利《ただとし》に嫁いだ。

③奥平家昌《おくだいらいえまさ》の娘

家昌は美濃加納藩《かのうはん》主。家昌の母は家康長女の亀姫なので、甥の子になる。慶長十五年六月十二日、養女となり、九歳で堀尾忠晴《ほりおただはる》と縁組み。出雲松江城に入輿するが、堀尾家が改易になったため、奥平家に戻った。

④池田輝政《てるまさ》の娘

振姫《ふりひめ》。秀忠の姪（母が家康の二女督姫）。輝政は播磨姫路藩主。慶長十二年四月二十一日、姫路城に生まれ、元和三年十月、養女として仙台藩世子伊達《だて》忠宗《ただむね》に嫁いだ。

⑤蒲生秀行《がもうひでゆき》の娘

秀忠の姪（母が家康の三女振姫）。秀行は陸奥会津藩《あいづはん》主。慶長十八年二月十五日、養女として熊本藩主加藤忠広《かとうただひろ》に嫁いだ。寛永九年、忠広が改易され出羽鶴岡《つるおか》に配流されると、京都に隠棲した。

⑥松平忠直の娘

亀姫。母は秀忠の娘勝姫だから、秀忠の外孫である。寛永七年十一月七日、養女として高松宮好仁《たかまつのみやよしひと》親王に入輿。親王が薨去したため高松宮家は断絶。承応《じょうおう》二年（一六五三）、兄松平光長の領地越後高田に行き、高田に住んだ。

⑦榊原康政《さかきばらやすまさ》の娘

榊原康政は家康の重臣。上野館林《たてばやし》藩《はん》主。秀忠との血縁関係はない。慶長十年九月、養女として岡山藩主池田利隆《としたか》に嫁ぐ。子の光政《みつまさ》は、利隆死後、鳥取藩主となり、寛永十年、岡山藩主に復帰する。

⑧松平忠良《ただよし》の娘

忠良は元和二年正月より美濃大垣藩《おおがきはん》主。秀忠との血縁関係はない。養女として福岡藩主黒田忠之《ただゆき》に嫁ぐ。寛永五年七月二十六日、没。

⑨本多忠刻の娘

勝姫。秀忠の孫（母は秀忠の娘千姫）。寛永五年正月、養女として鳥取藩主池田光政に嫁ぐ。子の綱政《つなまさ》は、光政の跡を継いで岡山藩主となる。

養女の嫁ぎ先はほとんどが上位の国持大名で、逆に言えば、国持大名は将軍の血縁の娘を将軍の養女として迎える格式となっていたということである。血縁の娘には限りがあるから、秀忠が信頼する一門や重臣の娘も養女に選ばれた。このため有力大名のほとんどは、徳川家と疑似的な血縁関係を結んだことになる。徳川家の支配を安定的なものにするための政略結婚であり、こうした縁戚関係も大名の序列が形成されていく一つの要因となった。

おわりに

一九五八年夏、増上寺《ぞうじょうじ》徳川将軍墓の改葬に伴い、各分野の専門家による学術調査が行われた。以来、一年半を費やして改葬事業が終わり、一九六七年に研究結果『増上寺徳川将軍墓とその遺品・遺体』が公刊された。

増上寺の秀忠の墓を発掘していくと、墓の下に石室があり、秀忠の遺体を納めた木棺内は土の混じった小石が詰まっていて、遺骨は絹の衣服や夜具に埋没していた。保存は悪く、屍蠟《しろう》化していたが、髪の毛や爪までそのままの形で残っていた。

発掘調査に関わった人類学者の鈴木尚氏は、遺体の発掘状況を次のように書いている(『骨は語る　徳川将軍家・大名家の人びと』)。

遺体は正しく髷《まげ》を結った上に、冠を着け、東方、拝殿の方を向き、蹲踞《そんきょ》の姿勢であった。胸の前におかれた手の先には金地の扇子、遺体の左側にははじめに見えた太刀《たち》が、右側には小刀が置かれていた。たぶんこのような状態で納棺された上に衣類を重ねか

けたものと思われる
棺の外側には種子島《たねがしま》銃一挺と三つ葉葵紋《あおいのもん》のある点火用の口薬入れ一個などがあった。鉄砲を好んだ秀忠が使っていたものだったのだろう。
鈴木氏による秀忠の遺体の所見は、以下のようなものである。
四肢骨からみると秀忠公の身長は一五八センチメートル足らずで、当時としてはほぼ平均的な身長であるが、大腿骨の柱状性、脛骨《けいこつ》の扁平性の存在など、四肢骨の筋付着部の性状から判断すると、のちの時代の将軍や大名に比較して、意外と思われるほど筋肉の発達がよく、この点から戦国の武将として、十分に鍛錬された体であると思われた。……頭髪は半白であるが、腕の毛とすね毛は濃厚とさえ思える程に黒々していて、老境を感じさせない
激動の時代を生きた将軍として、平均的な身長ながら常に剣術などにも励んでいたことがわかる。
学問の面では、十三歳の頃から漢籍の学習を始め、成長の後は藤原惺窩《ふじわらせいか》の講義を聴いたこともあった。
慶長《けいちょう》十二年（一六〇七）四月、林羅山《はやしらざん》が江戸に来た時、十五日に及んで古代中国の史書であ

る『三略《さんりゃく》』及び『漢書《かんじょ》』を読ませて聴いた。この時、秀忠は、羅山に「三略は本当に張《ちょう》良《りょう》が著したものか」と質問した。

史記《しき》の張良伝に、老父が良に秘書を授けたので、良が開いて見ると大公兵法《へいほう》なりとだけあって、三略という名は見えません。後漢書《ごかんじょ》に光武帝黄石公《こうぶていこうせきこう》の事を引用しているので、その頃は三略を良が著したものとしているのではないでしょうか。黄石公の素書という書物もありますが、これは後世の偽作で、三略よりはるかに文義も劣った書物です

羅山がこう答えると、秀忠は重ねて「六韜《りくとう》はどうか」と尋ね、羅山がいろいろと答えた。それだけの疑問が持てるぐらいの知識があったということである。

元和《げんな》七年（一六二一）には、後水尾《ごみずのお》天皇から京都で活字印刷した『宋朝類苑《そうちょうるいえん》』という書物を贈られ、金地院崇伝《こんちいんすうでん》を御前に召して読ませた。秀忠は漢籍に興味を持ち、かなり専門的な知識もあったのである。

また、鎌倉幕府の史書である『吾妻鏡《あずまかがみ》』は、家康の愛読書で刊行もされたが、秀忠はその意志を継ぎ、常にこの書物を閲覧したという。慶長十年には、足利学校《あしかがかっこう》の寒松《かんしょう》に命じて、朱で読点を付けさせた。読みやすくするためで、実際によく読んでいたのだろう。

家康亡き後は、「御放衆《(御咄衆)》」を定め、経験を聞く機会とした。選ばれたのは、丹羽長重《にわながしげ》・佐久間安政《さくまやすまさ》・細川興元《ほそかわおきもと》・立花宗茂《たちばなむねしげ》・猪子一時《いのこかずとき》・三好一任《まさとう》・堀田一継《ほったかずつぐ》・能勢頼次《のせよりつぐ》の八人である（『本光国師日記《ほんこうこくしにっき》』元和三年正月五日条）。いずれも合戦の経験を積んだ歴戦の武将である。四人ずつが一日交替に御前に出て、話相手となるようにされた。老巧の日野大納言輝資《ひのだいなごんてるすけ》・山《やま》名豊国《なとよくに》らを優遇し、いつでも出仕して話してよいと命じられた。「台徳院殿《たいとくいんでん》御実紀」巻四四では、この記事が元和二年十二月二十一日条に記され、昼詰めの衆に丹羽長重ら二〇名の名があがり、いつでも出仕できる者は日野輝資ら六人、そのほか渡辺茂《わたなべしげる》・松下重綱《まつしたしげつな》・近藤秀用《こんどうひでもち》・真田信昌《さなだのぶまさ》ら八人や儒者の林信澄《はやしのぶすみ》らは夜詰めとしている。秀忠は、かなり多くの武将を御前に召して話を聞いたのだろう。こうした耳学問の機会を設けることは、武将の嗜みであり、また娯楽としても有用なものだっただろう。彼の真摯な態度がうかがえる。

茶事では、茶の湯を公式行事とし、数寄屋御成《すきやおなり》を完成させた。しかし、これは後代には受け継がれなかった。秀忠は、江戸城内でも自ら茶会を主催した。その際には、将軍家の名物茶道具が用いられた。掛物は園悟《えんご》や虚堂《きどう》の墨跡、定家《さだいえ》の小倉色紙《おぐらしきし》、茶入は投頭巾、楢《なら》柴《しば》、茶碗は高麗割高台《こうらいわりこうだい》・紀三井寺《きみいでら》、花入は鶴一声《つるのひとこえ》、水指は備前・信楽《しがらき》・伊賀などの国焼《くにやき》、釜は大霰《おおあられ》などである。古田織部《ふるたおりべ》の道具も使用している（東京都江戸東京博物館編『遊びと求道の心』）。

そのほか、和歌や連歌《れんが》は、武家にとっては「小技」だとして、あまり興味を示していない。書は、幼い頃から学び、王羲之《おうぎし》の「聖教序《しょうぎょうのじょ》」は常に手本とした。騎馬は、旗本《はたもと》で高麗八条流《こうらいはちじょうりゅう》馬術《ばじゅつ》の使い手、中山照守《なかやまてるもり》について学んだ。

平素は小鼓《こつづみ》を打つことを好んでいたが、家康が死去してからは打たなくなった。土井《どい》利勝《としかつ》が、「暇な時は小鼓を打てば、少しは心も晴れるのではないでしょうか」と勧めたところ、「いや、私も打ちたいとは思うのだが、今自分が天下の主として鼓を打てば、下々の者がそれにならってみな小鼓を打つようになるだろう」と打たない理由を答えた。利勝は、秀忠の配慮に涙したという。

この逸話に見えるように、秀忠は自分の好みに溺れることなく、常に端正な態度を保っていた。これまで述べたように時に激情が噴出することはあるが、そうじて謹厳で思慮深い性格だった。

それは、嫡子の家光と比べても際だっている。秀忠は、武家の素養として能を好んだが、家光は当時、流行していた風流踊《ふうりゅうおど》りを好んだ。

寛永《かんえい》六年（一六二九）七月、家光が疱瘡《ほうそう》にかかり、快癒した時、祝いとして踊りを興行したことがあった。家光は父の秀忠を招待したが、年寄《としより》たちは、「大御所《おおごしょ》は御物がたき（堅苦しい）御本性でおわしますので、流行の風流躍りなどは見たこともない。もしこのことを言上したら、どうなるだろうか」と心配した。そこに藤堂高虎《とうどうたかとら》が来たので相談したところ、「それほど御咎めもないだろうから、試みに言上してみよう」と、秀忠に伝えた。秀忠は、「自分も若い頃、聚楽第《じゅらくてい》で見たことがある」と気分よさげに本丸に行った。風流躍りは五番の定めだったが、秀忠は一番が終わると、すぐに西の丸に帰っていった。やはり、浮薄な感じがする風流躍りは好まなかったのである。

また、秀忠は狩りにしばしば出ているが、鷹を使うより鉄砲の方を好んだ。鉄砲で雁《がん》を撃ち留め、城に帰った後、次のように言った。

私は鷹を使うのは思うようにいかないのだが、銃の技は少し自信があるので、銃で撃ち留めたのだ。すべて諸芸はこのようなもので、自分が不得意なものを、人が見るのをはばからず行うのは、その人柄まで何となくうつけて見えるものだ

秀忠は人前で拙い技術をさらすのは嫌いだったようである。あくまで重厚に、端正に、というのが秀忠の好む所だった。

家康のような権謀術数を使うことはできず、合戦においてもさしたる功績はなかったが、

政治においては家康の達成した成果をよく継承し、幕府の支配を盤石にした功績は高く評価すべきであろう。特に、大御所になってからは諸大名に公平に接し、幕藩関係の安定に勤めている。朝幕関係では紫衣《しえ》事件のため朝廷を圧迫しているように見えるが、それは後水尾天皇の個性による突発的なものであり、基本的には寛永三年の二条城《にじょうじょう》行幸に見られるように、朝廷尊重の姿勢を見せることで社会の秩序の安定に努めた。政治家としての資質は、次の三代将軍家光が評価されることが多いが、筆者が『寛永時代』（のち『家光はなぜ「鎖国」をしたのか』と改題し河出書房新社で二〇一七年に再刊）で検討した家光よりもはるかに理性的な政治を行っていたと言うことができる。人格も含め、歴代将軍の中でも優れた将軍の一人だとしてよいだろう。

略系図

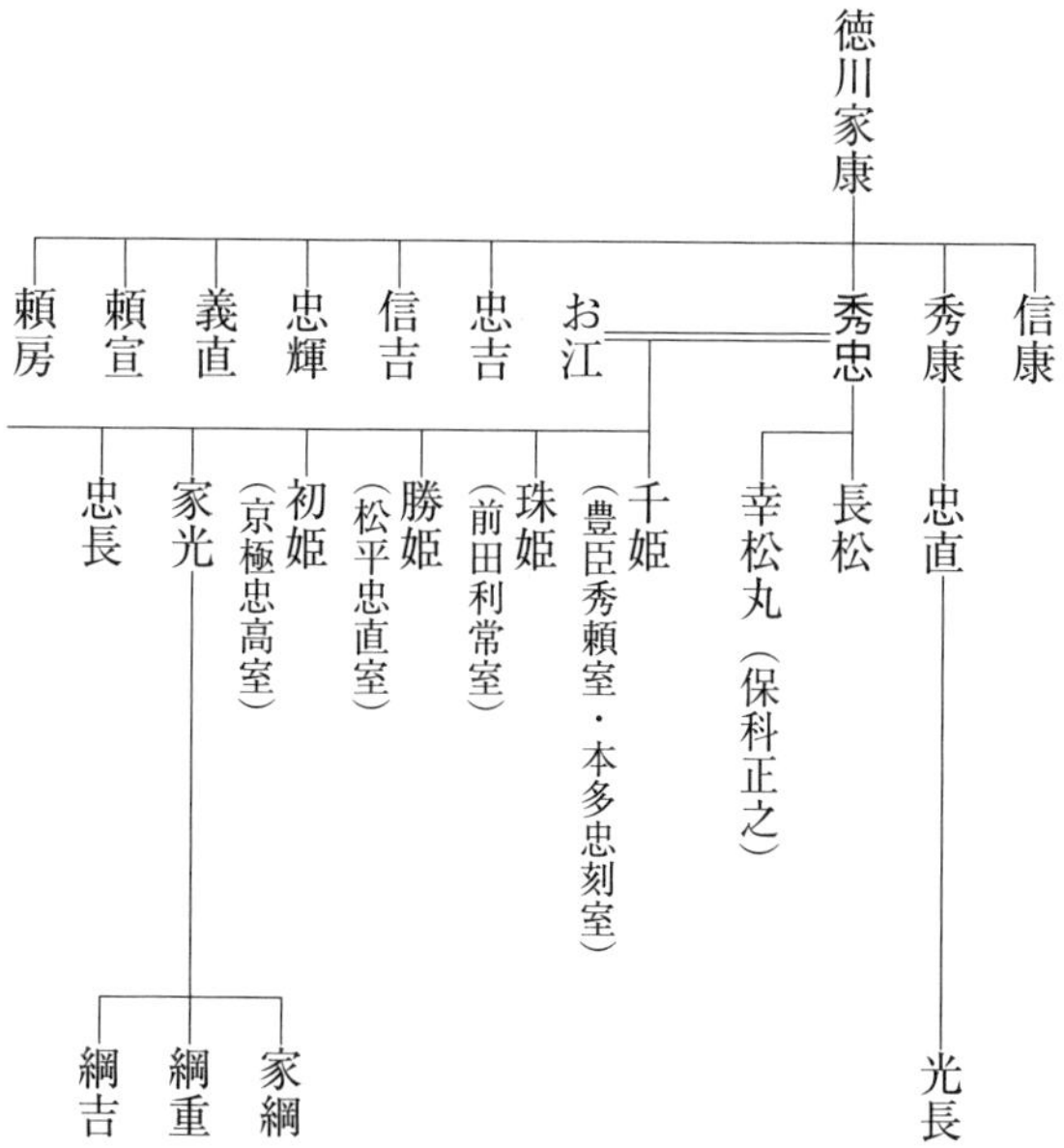
徳川家康
信康
秀康
忠直
光長
秀忠
長松
幸松丸（保科正之）
お江
忠吉
信吉
忠輝
義直
頼宣
頼房
千姫（豊臣秀頼室・本多忠刻室）
珠姫（前田利常室）
勝姫（松平忠直室）
初姫（京極忠高室）
家光
忠長
家綱
綱重
綱吉

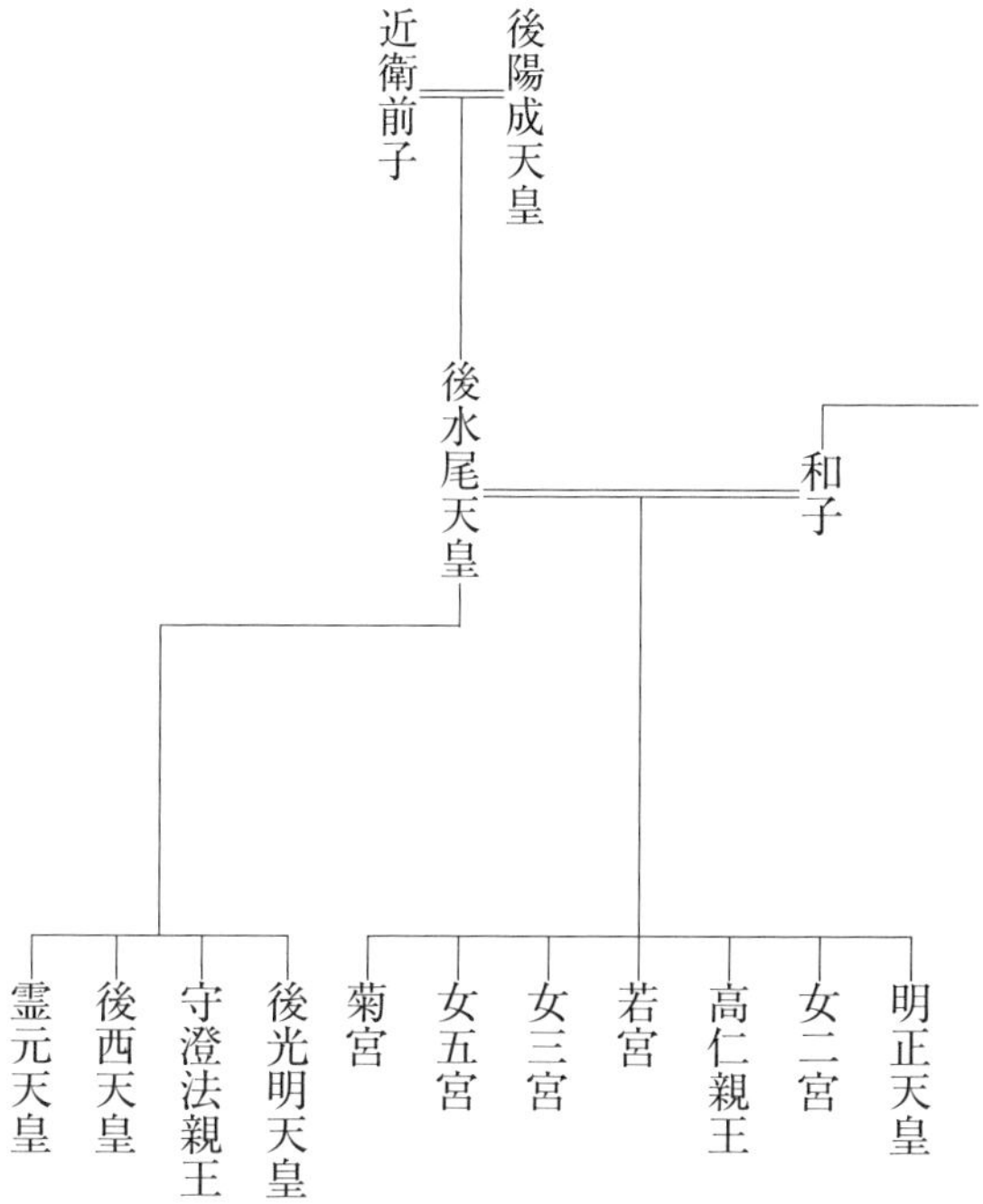
後陽成天皇
近衛前子
和子
後水尾天皇
明正天皇
女二宮
高仁親王
若宮
女三宮
女五宮
菊宮
後光明天皇
守澄法親王
後西天皇
霊元天皇

略年譜

年次	西暦	年齢	事蹟	参考事項
天正 七	一五七九	一	四月七日、遠江浜松城で徳川家康の三男として生まれる	九月一五日、長兄信康が切腹（二一歳）
一二	一五八四	六		この年、次兄於義丸（秀康）が羽柴秀吉の養子となる
一三	一五八五	七		七月、秀吉が関白となる
一八	一五九〇	一二	正月一五日、初めて豊臣秀吉に拝謁する○二一日、聚楽第で秀吉の養女小姫と縁組の祝言をあげる○一一月、上洛○一二月二九日、侍従任官（公家成）	六月、家康が関東へ転封を命じられる○七月、北条氏滅ぶ○八月一日、家康江戸に入る○八月六日、秀康が結城晴朝の養子となる
一九	一五九一	一三	正月?、元服。秀忠と名乗る○七月九日、小姫没（七歳）○一一月八日、正四位下参議兼右近衛権中将に叙任される	
二〇	一五九二	一四	九月九日、豊臣秀忠として従三位権中納言に叙任される	三月、文禄の役始まる
文禄 二	一五九三	一五	一二月、大久保忠隣秀忠付きとなる	八月三日、豊臣秀頼生まれる
四	一五九五	一七	七月八日（?）秀吉に拝謁する○九月一七日、浅	七月八日、関白豊臣秀次高野山に追

			井長政の三女お江と結婚	放○一五日、秀次切腹（二八歳）○八月三日、五大老「御掟」「御掟追加」に署判○この頃から秀吉聚楽第を破却
慶長二	一五九七	一九	四月一一日、長女千姫が伏見城で生まれる	
三	一五九八	二〇	八月一九日、夜伏見を発ち、九月二日、江戸に帰る	正月一〇日、上杉景勝会津に転封○八月一八日、豊臣秀吉没（六二歳）○一〇月、上杉景勝上洛
四	一五九九	二一	次女子々姫が江戸城で生まれる○八月一〇日、江戸を通過した上杉景勝に書状を送る	閏三月三日、前田利家没（六二歳）○同日夜、七武将が石田三成を襲撃。家康の調停で三成が近江佐和山に引退
五	一六〇〇	二二	七月一九日、秀忠会津攻めのため江戸を発つ○二一日、下総古河に着陣。家康も江戸を発つ○二四日、秀忠宇都宮に着陣○家康、下野小山に着く。家康石田三成の挙兵を聞き、二五日、小山で軍議を開く○八月二四日、秀忠宇都宮を発つ○九月二日、秀忠小諸城に着陣○家康江戸を発つ○七日、秀忠真田昌幸の上田城を攻め大きな損害を出す○九日、家康からの使者が秀忠に届き、先を急ぐ○一九日、秀忠夜美濃赤坂に到着する○二三日、大	四月一四日、上杉景勝家老直江兼続、西笑承兌に返書を送る○六月一八日、家康、会津の上杉景勝を攻めるため伏見を発ち、七月二日、江戸に着く○七月一五日、毛利輝元広島を出船○八月一日、伏見城落城○四日、家康江戸に帰る○二三日、福島正則・池田輝政ら岐阜城を落とす○九月一五日、関ヶ原合戦で家康率いる東軍

			津城で家康と対面する○二七日、家康・秀忠、大坂城で豊臣秀頼に対面	が勝利する。大津城開城○九月二三日、毛利輝元大坂城を退去
六	一六〇一	二三	三月二八日、大納言に任官○九月晦日、子々姫が加賀の前田利常に入輿（珠姫と改名）○庶子長丸が生まれる○三女勝姫江戸城で生まれる	
七	一六〇二	二四	九月二五日、長丸没（二歳）	
八	一六〇三	二五	伏見城で四女初姫が生まれ、京極家の養女となる○一一月七日、右近衛大将に任じられる	三月二五日、家康征夷大将軍宣下を受ける○七月二八日、千姫が豊臣秀頼に入輿
九	一六〇四	二六	七月一七日、長男家光が江戸城西の丸で生まれる（幼名竹千代）	
一〇	一六〇五	二七	三月二一日、上洛○四月一六日、伏見城で征夷大将軍宣下を受ける	
一一	一六〇六	二八	五月七日、次男忠長が江戸城で生まれる（幼名国松）	
一二	一六〇七	二九	一〇月四日、五女和子が江戸城で生まれる	
一四	一六〇九	三一		四月、島津家久琉球を占領する○七月、朝廷で猪熊事件起こる
一五	一六一〇	三二	八月、琉球国王尚寧、島津家久に連れられ、駿府・江戸に参府	
一六	一六一一	三三	五月七日、庶子幸松丸（保科正之）生まれる	三月、家康上洛○二七日、後陽成天

				皇譲位○二八日、家康二条城で豊臣秀頼と対面○四月一二日、家康法令三ヵ条を定める
一七	一六一二	三四	正月五日、東国大名に三ヵ条の条々を誓約させる○三月、幕府直轄領に禁教令を出す	
一八	一六一三	三五	一一月一二日、幕府禁教令を全国に拡大○二三日、金地院崇伝「伴天連追放之文」を提出○キリシタン追放の総奉行に大久保忠隣が命じられる	
一九	一六一四	三六	正月二一日、大久保忠隣失脚する○一〇月二三日、江戸を出陣○一一月一〇日、伏見に着陣○一一日、二条城で家康と対面○一七日、家康住吉に着陣。秀忠は平野に着陣○一二月四日、秀忠岡山に進む○真田丸の戦い○五日、秀忠講和に反対する○二〇日、講和成立	七月、方広寺の鐘銘事件起こる○八月一九日、片桐且元弁明のため駿府を訪問○九月二五日、高山右近がマニラに出船○一〇月一二日、大坂方堺を占領（大坂冬の陣の始まり）○二三日、家康上洛
元和元	一六一五	三七	二月七日、中泉に至り、その後江戸に戻る○四月一〇日、江戸を発す○二一日、伏見城に入る○五月四日、伏見城を出る○閏六月一三日、元和一国一城令○七月七日、武家諸法度を制定○一七日、禁中并公家中諸法度を制定	正月三日、家康二条城を出る○四月三日、家康駿府を発す○一八日、家康二条城に入る○五月五日、家康二条城を出る○五〜八日、大坂夏の陣、豊臣秀頼自害。千姫は救出される
二	一六一六	三八	二月一日、江戸城を出て駿府に行く○本多正純・土井利勝・安藤重信・酒井忠世が幕府年寄となる	正月二一日、家康病を得る○三月二五日、家康太政大臣の口宣を受ける

			○七月五日、弟松平忠輝を伊勢朝熊に配流する○八月八日、ポルトガル船・イギリス船の平戸以外での貿易を禁ずる	○四月一七日、家康没（七五歳）
三	一六一七	三九	四月、家康を日光に改葬する。日光社参○六月二九日、上洛○八月一六日、オランダ人に渡海朱印状を交付○二六日、朝鮮通信使来日し、国書を奉呈する○九月五日、浅野長晟・福島正則ら西国の外様大大名九名に領知判物を発給する	八月二六日、後陽成上皇崩御（四七歳）
四	一六一八	四〇	正月一日、大奥法度を出す○三月五日、松平忠輝を飛驒に移す○この年宣教師はすべて死罪にすると命じる	
五	一六一九	四一	五月二七日、上洛○六月二日、福島正則改易○九月、大坂・大和郡山を巡検	
六	一六二〇	四二	六月一八日、和子後水尾天皇に入内○江戸で第三期天下普請始まる。大坂城普請始まる	
七	一六二一	四三	四月、日光社参○五月七日、江戸城西の丸に移る○五月二二日、オランダ・イギリスに日本人の売買・武器輸出・海賊行為を禁止する○九月、越前藩主松平忠直、嫡子仙千代を江戸に遣わす	この年、平山常陳事件
八	一六二二	四四	八月五日、元和大殉教○九月、山形藩主最上義俊を家中騒動のため改易とする。本多正純が山形へ	七月一三日、平山常陳ら長崎で処刑される

九	一六二三	四五	遣わされる。本多正純に改易を命ずる 正月一〇日、松平忠直を豊後に配流する○一一～一四日、江戸城に大名を招き、茶宴を行う○四月一八日、日光社参○五月、上洛○七月二七日、家光征夷大将軍宣下を受ける。秀忠大御所となる。土井利勝・井上正就・永井尚政が大御所付年寄となる○一〇月一三日、江戸でキリシタン大殉教。この日秀忠は東金で鷹狩り	六月、家光日光社参○七月一三日、家光上洛
寛永元	一六二四	四六	九月二二日、秀忠竣工した江戸城西の丸に入る○一一月三日、家光本丸に入る○この年大名旗本に領知朱印状を発給する	
二	一六二五	四七		七月一三日、家光日光社参○八月九日、鷹司孝子家光に入輿○一一月、天海が上野に伽藍を創設
三	一六二六	四八	六月、上洛、二条城に入る○九月六日、後水尾天皇二条城に行幸。中宮和子も二条城に行啓○一三日、太政大臣に昇進○一五日、お江没（五四歳）○一六日、大坂城普請を検分	七月、家光上洛、淀城に入る
四	一六二七	四九	七月、上方諸宗出世法度を出す。これにより天皇の綸旨七、八十枚が無効となる（紫衣事件）	
五	一六二八	五〇	三月一〇日、秀忠大徳寺沢庵らの抗弁書を読んで	六月一一日、高仁親王夭逝

			激怒○五月、シャムで高木作左衛門の船がスペインの艦隊に撃沈される。ポルトガル貿易の停止○六月、タイオワン事件。オランダ貿易が中断する	
六	一六二九	五一	七月二五日、沢庵ら配流	一〇月一〇日、春日局が参内○一一月八日、後水尾天皇突然譲位する
七	一六三〇	五二	この年ポルトガル船の出帆が許される	九月一二日、興子内親王が即位する(明正天皇)
八	一六三一	五三	二月一二日、胸に激痛を覚える○同月、バタビア総督からの特使が江戸に到着。年寄に弁明○五月二九日、徳川忠長を甲州に蟄居させる○六月、奉書船貿易始まる○六月から胸痛に苦しめられる	
九	一六三二	五四	正月一日、御座所で諸大名と対面○二四日、没○二七日、増上寺で葬儀	

参考文献

一　史　料（主に使用したもの）

『大日本史料』第一二編一～六一、東京大学史料編纂所
『大日本古文書　家わけ第二　浅野家文書』東京大学史料編纂所
『大日本古文書　家わけ第三　伊達家文書』一～一〇、東京大学史料編纂所
『大日本古文書　家わけ第八　毛利家文書』一～四、東京大学史料編纂所
『大日本古文書　家わけ第一二　上杉家文書』一～三、東京大学史料編纂所
『大日本古文書　家わけ第一四　島津家文書』一～六、東京大学史料編纂所
『大日本古記録　言経卿記』一～一四、東京大学史料編纂所
『大日本古記録　梅津政景日記』一～九、東京大学史料編纂所
『大日本近世史料　細川家文書』一～二六、東京大学史料編纂所
『日本関係海外史料　イギリス商館長日記』訳文編上・下、東京大学史料編纂所
『新訂増補国史大系　徳川実紀』第一編・第二編（「台徳院殿御実紀」「大猷院殿御実紀」）　吉川弘文館　一九八一年

『東武実録』（『内閣文庫所蔵史籍叢刊一・二』（一）（二）　汲古書院　一九八一年
『徳川諸家系譜』第一～第四　続群書類従完成会　一九七〇～八四年
『史料徳川夫人伝』（高柳金芳校注）　新人物往来社　一九九五年
『新訂　寛政重修諸家譜』第一巻～第二二巻　続群書類従完成会　一九六四年
『当代記・駿府記』（史籍雑纂）　続群書類従完成会　一九九五年
『御当家紀年録』（児玉幸多編）　集英社　一九九八年
『黒田家文書　第一巻　本編』　福岡市博物館　一九九九年
『鹿児島県史料　旧記雑録後編』一～五　鹿児島県維新史料編さん所　一九八一～八五年
『長野県宝　真田家文書（一）』　松代藩文化施設管理事務所　二〇〇四年
『真田幸村と大坂の陣』（特別展図録）　大阪城天守閣特別事業委員会　二〇〇六年
『多聞院日記』（増補続史料大成）一～五　臨川書店　一九三五～七八年
『義演准后日記』（史料纂集）第一～第四　続群書類従完成会　一九七六～二〇〇六年
『泰重卿記』（史料纂集）第一～第三　続群書類従完成会　一九九三年
『新訂本光国師日記』第一～第七　続群書類従完成会　一九六六～七一年
『十六・七世紀イエズス会日本報告集』（松田毅一監訳）第Ⅰ期第五巻・第Ⅱ期第一巻～第三巻
一九八八・九〇・九六・九七年
『三河物語』（『日本思想体系二六』）　岩波書店　一九七四年

『黒田家譜』（貝原益軒著） 歴史図書社 一九八〇年
『関ヶ原始末記』（『改定史籍集覧』第二六冊） 臨川書店 一九八四年
『高山公実録』上巻（上野市古文献刊行会編） 清文堂出版 一九九八年
『お湯殿の上の日記』九（『続群書類従 補遺三』） 続群書類聚完成会 一九五八年
『慶長年中卜斎記』（『改定史籍集覧』第二六冊） 臨川書店 一九八四年
『慶長年録』（『内閣文庫所蔵史籍叢刊六五』） 汲古書院 一九八六年
『豊内記』（『続群書類従』第二〇輯下・合戦部） 続群書類従完成会 一九七九年
『信濃史料』一〜三二（信濃史料刊行会編） 一九五二〜七二年
『福島太夫殿御事』（『改訂史籍集覧』第一五冊） 臨川書店 一九八四年
『宗国史』（上野市古文献刊行会編） 同朋舎 一九八一年
『徳川禁令考』前集第三（司法省蔵版・石井良助校訂） 創文社 一九五九年
『南紀徳川史』一〜一八（堀内信編） 臨川書店 一九七〇〜七二年
『御当家令条・律令要略』（石井良助編） 創文社 一九五九年
『寛明日記』（『内閣文庫所蔵史籍叢刊』六七） 汲古書院 一九八六年
『改正武野燭談』（『日本随筆大成 翁草三』） 吉川弘文館 一九七八年
『加賀藩史料』一〜一八（前田育徳会編） 清文堂 一九八〇年
『松井文庫所蔵古文書調査報告書』二 八代市立博物館未来の森ミュージアム 一九九七年

二　書籍・論文

朝尾直弘『日本の歴史一七　鎖国』　小学館　一九七五年

浅倉直美「天文～永禄期の北条氏規について」（『駒沢史学』九〇）　二〇一八年

跡部　信「新発見の書状が語る「大坂幕府構想」」（『歴史街道』二〇一九年三月号）　PHP研究所　二〇一九年

岩生成一『日本の歴史一四　鎖国』　中央公論社　一九六六年

笠谷和比古『近世武家社会の政治構造』　吉川弘文館　一九九三年

同　右『関ヶ原合戦』　講談社　一九九四年

同　右『関ヶ原合戦と近世の国制』　思文閣出版　二〇〇〇年

同　右『関ヶ原合戦と大坂の陣』（戦争の日本史一七）　吉川弘文館　二〇〇七年

同　右『徳川家康』（ミネルヴァ日本評伝選）　ミネルヴァ書房　二〇一六年

片山正彦「豊臣政権の対北条政策と『長丸』の上洛」（『織豊期研究』七）　二〇〇五年

加藤榮一編・解説『日欧交渉と南蛮貿易』（岡田章雄著作集三）　思文閣出版　一九八三年

加藤榮一『幕藩制国家の形成と外国貿易』　校倉書房　一九九三年

久保貴子『徳川和子』（人物叢書）　吉川弘文館　二〇〇八年

同　右『後水尾天皇』（ミネルヴァ日本評伝選）　ミネルヴァ書房　二〇〇八年

熊倉功夫『後水尾天皇』（中公文庫）　中央公論新社　二〇一〇年
佐藤孝之「元和九年秀忠上洛の江戸出立日をめぐって」
（『東京大学史料編纂所研究成果報告』二〇一二―六）　二〇一三年
鈴木健一『江戸詩歌の空間』　森話社　一九九八年
白峰旬『新解釈　関ヶ原合戦の真実』　宮帯出版社　二〇一四年
鈴木尚『骨は語る　徳川将軍家・大名家の人びと』　東京大学出版会　一九八五年
曽根勇二『片桐且元』（人物叢書）　吉川弘文館　二〇〇一年
高木昭作「江戸幕府の成立」（『岩波講座日本歴史九　近世一』）　岩波書店　一九七五年
同　右『日本近世国家史の研究』　岩波書店　一九九〇年
谷口克広『信長と家康』（学研新書）　学研パブリッシング　二〇一二年
千野原靖方『里見家改易始末』　崙書房　二〇〇一年
東京都江戸東京博物館編『遊びと求道の心』　財団法人東京都歴史文化財団　一九九七年
中村孝也『新訂　徳川家康文書の研究』中巻・下巻之一　日本学術振興会　一九八〇年
永積洋子『平戸オランダ商館日記』（講談社学術文庫）　講談社　二〇〇〇年
同　右『朱印船』（日本歴史叢書）　吉川弘文館　二〇〇一年
根岸茂夫『近世武家社会の形成と構造』　吉川弘文館　二〇〇〇年
花岡興史「江戸幕府の城郭政策にみる「元和一国一城令」」（『熊本史学』九七）　二〇一三年

尾藤正英『江戸時代とはなにか』岩波書店 一九九三年
福田千鶴『幕藩制的秩序と御家騒動』校倉書房 一九九九年
同　右『徳川秀忠』新人物往来社 二〇一一年
同　右『春日局』（ミネルヴァ日本評伝選）ミネルヴァ書房 二〇一七年
藤井讓治『江戸幕府老中制形成過程の研究』校倉書房 一九九〇年
同　右「一七世紀の日本」（『岩波講座日本歴史一二　近世二』）岩波書店 一九九四年
同　右『徳川家光』（人物叢書）吉川弘文館 一九九七年
同　右『徳川将軍家領知宛行制の研究』思文閣出版 二〇〇八年
同　右「慶長五年の「小山評定」をめぐって」（『龍谷日本史研究』四二）二〇一九年
船岡　誠『沢庵』（中公新書）中央公論新社 一九八八年
光成準治『関ヶ原前夜』（NHKブックス）日本放送出版協会 二〇〇九年
村上　直「大久保忠隣と本多正信」（北島正元編『江戸幕府　その実力者たち』）新人物往来社 一九六四年
山本博文『寛永時代』（日本歴史叢書）吉川弘文館 一九八九年
同　右『江戸城の宮廷政治』（後に講談社学術文庫、二〇〇四年）読売新聞社 一九九三年
同　右『天下人の一級史料』柏書房 二〇〇九年

著者略歴

一九五七年　岡山県生まれ

一九八二年　東京大学大学院人文科学研究科修士課程修了

現在　東京大学史料編纂所教授

主要著書

『江戸お留守居役の日記』(講談社、二〇〇三年)

『江戸時代の国家・法・社会』(校倉書房、二〇〇四年)

『「忠臣蔵」の決算書』(新潮社、二〇一二年)

『赤穂事件と四十六士』(吉川弘文館、二〇一三年)

『家光は、なぜ「鎖国」をしたのか』(河出書房新社、二〇一七年)

人物叢書　新装版

徳川秀忠

二〇二〇年(令和二)三月十日　第一版第一刷発行

著者　山本博文《やまもとひろふみ》

編集者　日本歴史学会
代表者　藤田覚

発行者　吉川道郎

発行所　株式会社 吉川弘文館
東京都文京区本郷七丁目二番八号
郵便番号一一三―〇〇三三
電話〇三―三八一三―九一五一〈代表〉
振替口座〇〇一〇〇―五―二四四
http://www.yoshikawa-k.co.jp/

印刷＝株式会社 平文社

製本＝ナショナル製本協同組合

ISBN978-4-642-05296-2

『人物叢書』(新装版)刊行のことば

人物叢書は、個人が埋没された歴史書が盛行した時代に、「歴史を動かすものは人間である。個人の伝記が明らかにされないで、歴史の叙述は完全であり得ない」という信念のもとに、専門学者に執筆を依頼し、日本歴史学会が編集し、吉川弘文館が刊行した一大伝記集である。

幸いに読書界の支持を得て、百冊刊行の折には菊池寛賞を授けられる栄誉に浴した。

しかし発行以来すでに四半世紀を経過し、長期品切れ本が増加し、読書界の要望にそい得ない状態にもなったので、この際既刊本の体裁を一新して再編成し、定期的に配本できるような方策をとることにした。既刊本は一八四冊であるが、まだ未刊である重要人物の伝記についても鋭意刊行を進める方針であり、その体裁も新形式をとることとした。

こうして刊行当初の精神に思いを致し、人物叢書を蘇らせようとするのが、今回の企図である。大方のご支援を得ることができれば幸せである。

昭和六十年五月

日本歴史学会

代表者 坂本太郎